编审委员会

主　任　李树忠

副主任　吴景明

委　员　（按姓氏笔画排序）

　　　　　　王敬波　卞建林　孔庆江

　　　　　　曲新久　杨　阳　杨秀清

　　　　　　李欣宇　费安玲　焦洪昌

法学 系列教材

刑法学总论

曲新久 / 著

XING FA XUE ZONG LUN

中国政法大学出版社

声　明　1. 版权所有，侵权必究。
　　　　2. 如有缺页、倒装问题，由出版社负责退换。

图书在版编目（ＣＩＰ）数据

刑法学总论/曲新久著. —北京：中国政法大学出版社，2017.8
ISBN 978-7-5620-7569-1

Ⅰ.①刑… Ⅱ.①曲… Ⅲ.①刑法－法的理论－中国－教材 Ⅳ.①D924.01

中国版本图书馆CIP数据核字(2017)第166489号

出 版 者	中国政法大学出版社
地　　址	北京市海淀区西土城路25号
邮　　箱	fadapress@163.com
网　　址	http://www.cuplpress.com （网络实名：中国政法大学出版社）
电　　话	010-58908435（第一编辑部） 58908334（邮购部）
承　　印	固安华明印业有限公司
开　　本	720mm×960mm　1/16
印　　张	16.5
字　　数	260千字
版　　次	2017年8月第1版
印　　次	2019年12月第2次印刷
印　　数	4001~7000册
定　　价	46.00元

编写说明

　　法学的实践性历来为法学教育所重视和强调，如何培养法科学生的法律运用能力也一直是法学教育的重点和难题。随着国家统一法律职业资格考试对法治实践水平的着重考察，以及同等学力人员申请硕士法学学位教育对理论知识结合司法实务的迫切需求，本系列教材编写组结合互联网科技和移动电子设备的发展趋势，根据全国各大法学院校不同学制法学教育的特点，针对学生法学基础深浅不一、理论与实践需求各异的现状，以掌握法学最基础理论知识、应对国家统一法律职业资格考试和同等学力人员申请法学硕士学位专业考试、提升司法实践能力和法律运用能力为目标，组织编写"法学e系列教材"。

　　本系列教材的特点主要体现在以下几个方面：

　　第一，本系列教材的编写人员均为中国政法大学从事法学教育数十年的知名教授，拥有极为丰富的法学教学经验和丰硕的科研成果，同时深谙司法实务工作特点和需求，能够在授课过程中完美地结合法学理论知识与法律实务技能，多年来深受学生的喜爱和好评。他们立足于法学教育改革和教学模式探索创新的需要，结合互联网资源信息化、数字化的特点，以自己多年授课形成的讲义和编著过的教材为基础，根据学生课堂学习和课外拓展的需要与信息反馈，经过多年的加工与打磨，精心编写而成。本系列教材是各位编写人员数十年法学教学、司法实践与思考探索的结晶，更是他们精心雕琢的课堂教学的载体和平台。

　　第二，知识详略得当、重点突出，完善法科学习思维导图。首先，本系列教材内容区别于传统法学全日制本科、研究生专业教材和学术著作，主要涉及法学教育中最根本、最重要的知识要点，教材篇幅适中，内容简洁明了、通俗易懂，准确阐述法学的基本概念、基本理论和基本知识，主要使学生了解该学科的通说理论。其次，本系列教材不仅旨在传授法学基础知识，更要帮助学生在脑海中形成脉络清晰的树状知识结构图，对于如何解构法律事实、梳理法律关系、分清主次矛盾、找到解决方法，形成科学完整的法学方法论，为法学理论拓展或法律实务工作奠定坚实的基础。最后，对于重难点内容进行大篇幅详细对比和研究，使学生通过学习本教材能够充分掌握重要知识点，培养学生解决常见问题的能力；对其他相关知识点如学术前沿动态和学界小众学术观点，则以二维码的形式开放线上学习平台,为有余力者提供课外拓展学习的窗口。

第三,实践教学与理论教学相结合,应试教学与实务教学相结合。本系列教材承载了海量案例库和法律法规库,同时结合扫描二维码形式跳转到相关资源丰富的实务网站,充分结合案例教学、情景教学、课后研讨和专题研究等教学、学习方法,引导学生从理论走向实践、从课堂走向社会。同时,为了满足学生准备国家统一法律职业资格考试和同等学力人员申请法学硕士学位专业考试的需要,本书设置了专项题库和法规库并定期更新,以二维码的形式向学生开放各类考试常考的知识点及其对应的真题、模拟题,提供考点法律法规及案例等司法实务必备信息,引领学生从法学考试走向法律实务、从全面学习走向深度研究。

第四,立体课堂与线下研讨相结合,文字与图表、音视频相结合。除了完善课前预习和课堂授课内容,本系列教材也为学生提供了丰富、立体的课下学习资源,结合网络学习平台,加强出版单位和读者沟通,加强师生互动沟通,不断更新、完善教师教学效果、学生学习成果、出版整合资源成果。

本系列教材是各位参编教师数十载潜心研究、耕耘讲台的直接成果,搭乘e时代的高速科技列车,以法学结合互联网、教材结合二维码为创新方式,攻克法学教育资源庞杂、重难点难以兼收的难题,希望为广大法科学子和司法实务工作者提供更加科学、实用的法学教材。我们相信,这些成果的出版将有力地推动各类法学院校法学教学改革和法律人才培养目标的实现,我们也希望能够得到广大从事法学教育工作的专家、学者的鼓励、交流与批评、指正!

编审委员会
2017 年 7 月

前言

本教材为同等学力人员学习、研究我国《刑法》总则而编写，为方便同学们和教师使用本书，特作以下说明。

第一，本书以我国《刑法》总则为刑法总论之知识源泉，凡是《刑法》总则直接或者间接所涉及的概念、规则、原则均加以阐述，并以刑法规定内容为中心做适当的理论拓展。因此，强烈建议同学和教师们使用本书时与《刑法》的有关规定结合起来。

第二，本书覆盖了刑法学总论大纲的全部知识点。同等学力人员申请硕士学位法学之《教学大纲》第四编《刑法》总论部分，采用了我国传统的刑法学总论知识体系，相对较为保守，其中个别知识要点，或者是不符合我国《刑法》总则精神，或者是落后于刑法理论与实践发展，本书在予以尊重的同时并指出其不妥之处，希望学生和教师加以注意。其中，较为重要的有以下几点：①本书没有采取"犯罪客体、主体、客观方面、主观方面"之"四要件说"安排犯罪论知识点，而是采用了主客观二分的阶层体系，既保持了与传统犯罪论知识的联系，继承传统刑法理论的基本成果，又能够满足犯罪论体系的新发展要求。尽管本书没有采用"四要件说"的犯罪论体系，但是对于该理论体系的内容与特征进行了比较全面的介绍，阅读本书后可以比较充分地了解和掌握该理论体系的基本内容。②《教学大纲》将《刑法》第4条规定的刑法基本原则归结为"刑法适用平等原则"并不妥当，正确的归纳应当是"法律面前人人平等原则"，这是我国宪法原则在《刑法》中的重申，平等原则在刑法领域并不限于"适用"，同时还是一项重要的立法原则，对于指导《刑法》的修改补充具有十分重要的意义。③《教学大纲》将《刑法》第5条规定的刑法基本原则归结为"罪责刑相适应原则"并不妥当。《刑法》第5条规定的刑法基本原则应当是"罪刑相适应原则"或者"罪刑相当原则"，并暗含刑罚个别化原则，这是立法者的原意。本书注意到，有司法解释使用"罪责刑相适应原则"，但是，更多的司法解释使用"罪刑相适应原则"之名称，后者与前者相比，有着明显的理论与实践优势。逐步放弃"罪责刑相适应原则"名称，而只使用"罪刑相适应原则"名称更为妥当。当然，同学们应当知道和了解"罪责刑相适应原则"名称。④《教学大纲》

第四章第四节"刑事责任"部分,本书没有设专章专节讨论,对此,大家阅读《教学大纲》做基本了解即可。

第三,本书根据法学 e 系列教材丛书的基本要求编写,借助于二维码拓展教材知识内容,但是受限于篇幅,二维码的使用还是比较"节俭"的,同学们在学习、研究过程中,应当更充分地借助于网络资源,广泛地阅读刑法案例、司法解释以及相关的法律法规等,以尽可能广泛地拓展知识面。

水平所限,难免错讹,敬请同学和老师们批评指正。

曲新久
2017 年 6 月 1 日

图书总码

目录

第一章 刑法概述 （1）
第一节 刑法的概念、渊源与分类 （1）
第二节 刑法的根据、目的与功能 （11）
第三节 刑法的规范、体系与解释 （17）

第二章 刑法的基本原则 （26）
第一节 罪刑法定原则 （26）
第二节 法律面前人人平等原则 （33）
第三节 罪刑相当原则 （36）

第三章 刑法的适用范围 （43）
第一节 刑法的空间效力 （43）
第二节 刑法的时间效力 （51）

第四章 犯罪概述 （57）
第一节 犯罪的概念与基本特征 （57）
第二节 犯罪的分类 （61）
第三节 构成要件与犯罪构成 （64）

第五章 客观构成要件罪行 （74）
第一节 结果 （74）
第二节 实行行为 （81）
第三节 因果关系 （89）
第四节 行为对象 （94）
第五节 时间、地点、工具、方法 （95）
第六节 身份 （95）
第七节 单位犯罪 （97）

第六章 主观构成要件罪过 （100）
第一节 犯罪故意 （100）
第二节 犯罪过失 （105）

第三节　犯罪目的与动机 …………………………………… (108)
　　第四节　无罪过事件 ………………………………………… (110)

第七章　正当化事由 ……………………………………………… (112)
　　第一节　正当防卫 …………………………………………… (112)
　　第二节　紧急避险 …………………………………………… (119)

第八章　罪责的阻却与减免 ……………………………………… (123)
　　第一节　刑事责任能力 ……………………………………… (123)
　　第二节　违法性认识可能性 ………………………………… (130)
　　第三节　期待可能性 ………………………………………… (131)

第九章　未完成罪 ………………………………………………… (134)
　　第一节　未完成罪概述 ……………………………………… (134)
　　第二节　犯罪预备 …………………………………………… (143)
　　第三节　犯罪未遂 …………………………………………… (145)
　　第四节　犯罪中止 …………………………………………… (149)

第十章　共同犯罪 ………………………………………………… (154)
　　第一节　共同犯罪概述 ……………………………………… (154)
　　第二节　共同犯罪人的种类及其刑事责任 ………………… (159)

第十一章　罪数 …………………………………………………… (168)
　　第一节　罪数区分的意义与标准 …………………………… (168)
　　第二节　实质的一罪 ………………………………………… (170)
　　第三节　法定的一罪 ………………………………………… (173)
　　第四节　处断的一罪 ………………………………………… (175)

第十二章　刑罚概说 ……………………………………………… (180)
　　第一节　刑罚概念 …………………………………………… (180)
　　第二节　刑罚功能 …………………………………………… (183)
　　第三节　刑罚目的 …………………………………………… (186)

第十三章　刑罚的体系与种类 …………………………………… (191)
　　第一节　刑罚体系概述 ……………………………………… (191)
　　第二节　主刑 ………………………………………………… (192)
　　第三节　附加刑 ……………………………………………… (198)
　　第四节　非刑罚处理方法 …………………………………… (204)

第十四章　刑罚的裁量 ……………………………………………（206）
　　第一节　刑罚裁量概述 ………………………………………（206）
　　第二节　刑罚裁量的情节 ……………………………………（209）
　　第三节　量刑制度 ……………………………………………（219）

第十五章　刑罚执行 ………………………………………………（232）
　　第一节　刑罚执行概述 ………………………………………（232）
　　第二节　缓刑的监督考察及其撤销 …………………………（234）
　　第三节　减刑 …………………………………………………（236）
　　第四节　假释 …………………………………………………（240）

第十六章　刑罚消灭 ………………………………………………（246）
　　第一节　刑罚消灭概述 ………………………………………（246）
　　第二节　时效 …………………………………………………（247）
　　第三节　赦免 …………………………………………………（252）

第一章 刑法概述

本章知识结构图

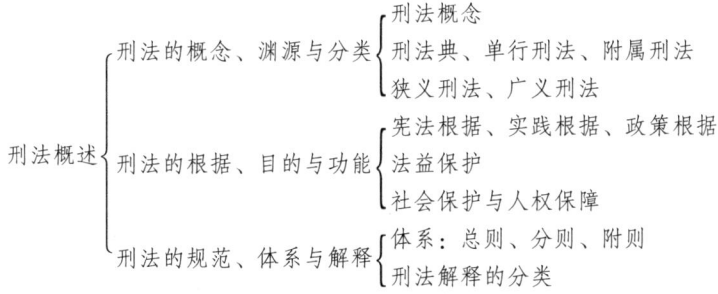

第一节 刑法的概念、渊源与分类

一、刑法的概念

（一）刑法概念及其与刑法学的关系

刑法是规定犯罪和刑罚的法律。这是关于刑法概念最简明扼要的形式定义。这一定义可以作为刑法学体系的逻辑起点。刑法的这一定义由犯罪、刑罚这两个核心概念以及二者之间的关系即罪刑关系所构成。犯罪与刑罚是刑法之中最重要的一对范畴，是刑法的两个最基本概念，刑法以这两个最基本概念和这两个概念之间的关系（即罪刑关系）为中心展开。围绕着犯罪展开，抽象地研究犯罪的概念、特征、构成要件以及形态等问题，形成犯罪论；围绕着刑罚展开，抽象地研究刑罚的概念、本质、功能、目的、种类与体系以及刑罚的裁量和适用等问题，形成刑罚论。犯罪论与刑罚论是构成刑法学总论的两个最主要的部分。对于犯罪论与刑罚论所不能包含的关于刑法的其他一般性问题——刑法的概念、基本原理、原则、适用范围等问题的研究，便构成刑法学

· 1 ·

绪论。绪论、犯罪论、刑罚论也就是刑法学总论知识体系的三大组成部分。

与刑法学总论对应的是刑法学分论,刑法学总论是关于犯罪与刑罚的一般理论知识体系,而刑法学分论则是关于各种具体犯罪的理论知识体系。刑法学总论是分论的高度抽象,刑法学分论以各种具体犯罪及其刑罚为研究对象,又是各种具体犯罪及其刑罚的理论抽象。如此一来,刑法学知识体系内部便形成从一般到特殊、从抽象到具体的理论关系。刑法学是刑法解释学,因而与刑法(特别是刑法典)有着密切的联系。刑法学体系与刑法典体系有许多契合之处,最为突出的是,刑法典区分为刑法总则与分则,刑法学区分为总论与分论(或称罪刑各论)。与刑法总则对应的是刑法分则,刑法分则主要是规定各种具体犯罪的名称(罪名)、概念与特殊构成要件(罪状)及其具体刑罚(法定刑)。而作为理论体系,刑法学体系又区别于刑法典体系,不是刑法典体系的简单摹本,刑法学体系有其自身的理论逻辑。

实际上,刑法的基本概念并不限于犯罪与刑罚,刑法定义中的基本概念是可以适当增加的。例如,犯罪与刑罚这两个最基本的实体概念之间,还有另外一个重要概念——刑事责任。刑法又可以定义为规定犯罪、刑事责任与刑罚的法律规范的总称。由于刑事责任是因犯罪而产生的法律责任,刑罚仅仅是实现刑事责任的基本方法而不是唯一方法,所以,刑法又可以定义为规定犯罪与刑事责任的法律规范的总和。刑事责任是与民事法律责任、行政法律责任并列的三大法律责任之一,刑罚是犯罪的法律后果,所以,刑法又可以定义为规定犯罪及其法律后果(主要是刑罚)的法律规范的总和。这些刑法概念我们都可以在不同的教科书中找到。在许多国家,作为犯罪的法律后果并不限于刑罚,还包括保安处分,所以在这些国家,刑法又可以定义为关于犯罪、刑罚和保安处分的法律规范的总称。[1]尽管我国刑法理论界有人建议将保安处分规定于刑法典之中,但是因为我国刑法没有将其作为犯罪的法律后果,所以作为刑法解释学的我国刑法学教科书没有采用这一定义。

徐家富强制医疗案

---

[1] 所谓保安处分,是指为了预防犯罪、保护社会,对有危害社会之危险性的人所实施的保全、矫治措施。举例来说,对于有罪行而无罪责,但是可能会再次危害社会的严重精神病人,不能判处和适用刑罚,但是可以予以强制隔离、治疗。

第一章 刑法概述

　　法（法律）是由国家制定并由国家强制力保证实施的行为规范的总和。作为法律概念的自然延伸，刑法是由国家制定并动用刑罚加以保证的法律规范的总和。所以，作为法的一种，或者说法律的一个部门，刑法还必须进一步地从犯罪、刑罚以及罪刑关系背后的法规范概念入手定义，如此，刑法便可以定义为刑事法律规范的总和。这一定义决定了刑法学是规范法学。一方面，刑法学以现行有效的刑法规范为研究对象，刑法学是研究刑法规范体系的科学，是刑法规范的系统表达，而不是单纯的语言学概念体系，刑法和刑法学均属于概念体系，但从来不是纯粹的逻辑概念的展开；另一方面，刑法又是刑法学研究成果在立法与司法方面的转化，直接或者间接地表现刑法学研究成果。刑法学，作为一门科学，是指导立法者制定刑事法律和司法者运用刑事法律，以及帮助人们预测法院如何裁决刑事案件的学问。

　　刑法主要是指刑事实体法。在英美法系国家，刑法是包括刑事诉讼程序法与刑事证据法在内的法律规范体系。在大陆法系国家，刑法是刑事实体法，与刑事程序法（包括刑事证据法）、刑事执行法相对分离。在我国，刑法、刑事诉讼法、监狱法分属实体、程序、执行三大领域，构成了我国的刑事法整体，三者之间本应既密切联系又相互区别——实际情况却可能是区别多于联系。刑法是规定犯罪与刑罚之实体的法律。刑事诉讼法（包括刑事证据法）是规定犯罪与刑罚具体实现程序（以及证明规则）的法律。刑法与刑事诉讼法之间既相互联系又相互制约：一方面，刑事诉讼法是刑法的形式，为刑法任务的实现而服务，刑事诉讼法是实现刑法实体正义的工具；另一方面，刑事诉讼法又有着自己独立的程序正义价值并由此构成对刑法规范内容与适用的制约。监狱法则是规定刑罚（自由刑）实际执行的主要法律。目前，我国尚无统一的刑事执行法，刑法规定关于刑罚执行最重要的制度，而其他有关自由刑执行的大部分内容均在监狱法中加以规定。

　　刑法是制定法，是成文法。法律与制定法有时是指同一概念，有时则并不是同一个概念。法理学上，人们时常将制定法与自然法相对应，制定法是国家立法机构制定的法律，是实证的法，而在制定法之上还存在着具有更高规范效力的自然法。在这里，将刑法定义为制定法、成文法，是指刑法是国家立法机构制定的法律规范，是法院处理刑事案件的法律依据，习惯法不属于我国刑法的渊源。

所以，刑法是实证意义上的法。但是，刑法学不仅需要关注刑法规范的解释与适用，还需要关注作为制定法的刑法背后的正义性问题，例如，与科学、道德、宗教的关系问题，成文法的善恶问题，等等。如此，刑法学便关涉到法理学，特别是自然法学，进而指向哲学以及更为广泛的政治学、伦理学等社会科学领域。

（二）刑法的基本特征

1. 独立性。在当代民主法治国家，刑法是立法者根据本国宪法制定的基本法律。我国《刑法》第1条规定，"根据宪法"，制定刑法。刑法是宪法之下的基本法，是一个相对独立的法律部门。一方面，刑法不能背离宪法，违反宪法的刑法规范是无效的；另一方面，刑法以自己特有的方式独立地保护特定的社会关系。

刑法的意义在于保护而不是调整社会关系。一般来说，刑法总是站在民法、商法、行政法等其他部门法的背后，作为整个法律规则体系规范有效性的最后保障而存在。社会关系的法律调整主要由民事法律、行政法律等部门法承担，只有在民商、行政等法律部门调整失败且不能通过民事制裁、行政处罚等法律责任实现方法加以保护时，刑法才登台、上场。因此，刑法具有独立于其他法律部门的特殊属性。

2. 严厉性。刑法主要以最具痛苦性的制裁手段——刑罚去惩罚犯罪、保护社会。法律制裁包括刑事制裁、民事制裁、行政制裁三大类。在这三大类法律制裁体系中，刑事制裁体系是最为严厉的。刑罚不仅可以剥夺犯罪人的特定财产、权利，还可以剥夺犯罪人的人身自由，在许多国家，包括我国在内，还能够剥夺犯罪人的生命。所以，严厉性是刑法区别于其他法律部门的一个重要特征。

当然，刑罚体系是最为严厉的制裁体系，并不意味着每一种刑罚方法实际上均比其他法律制裁措施、强制措施严厉。在我国，法律没有确立行政处罚的严厉性不能超过刑罚处罚的严厉性原则，所以像行政拘留、罚款等行政处罚措施的严厉性并不亚于短期自由刑、罚金等刑罚方法。最为典型的是，劳动教养曾经作为最为严厉的行政制裁措施而长期存在，这种"行政"制裁方法可以剥夺违法者1~3年，甚至4年的人身自由，并且可以非经人民法院依法裁决而直接由行政机构决定实施。我国法学界曾经比较广泛地批评劳动教养措施过于严厉，程序上非经人民法院裁决明显不符合法治原则。终于，2013年12月28日全国人民代表大会常务委员会通过《关于废止有关劳动教养法律规定的决定》，废止劳动教养。但是，废除行政拘留目前尚未纳入立法视野，罚款远高于罚金的立法现象广泛存在。刑罚通过剥夺犯罪人的权益使罪犯遭受痛苦，这是刑罚的基本属性。所以，刑罚是最为严厉、最为痛苦的法律制裁。但是，刑罚并非可以无限制地剥夺犯罪人的任何权益，刑罚所制造的痛苦也并非越重越好，犯罪人作为人的基本权利——人格、尊严、宗教信仰等不可以被剥夺，[1] 残忍的、不人道的、侮辱性的待遇和刑罚为各国所禁止，违反者构成国际犯罪之酷刑罪。

视频：正在谢幕的劳动教养制度

3. 广泛性。刑法之外的其他部门法一般只调整和保护某一方面的社会关系。例如，民法所调整和保护的社会关系是平等主体之间的财产关系以及与财产关系密切相关的人身关系；行政法调整拥有国家行政权的行政主体与行政相对人之间的行政关系；而刑法所保护的社会关系则具有广泛性，涉及各种各样的社会关系以及社会关系的许多方面。刑法保护对象的范围几乎涵括所有法律部门的调整对象，因为只要立法者将一个法律事实以刑罚作为法律后果，即最后以刑罚制裁手段作为该法律规范有效性的保证，这个法律规范便因此而具有刑法性质，成为一条刑法规范。

4. 最后性。刑法广泛地保护各种社会关系，但是，刑法并非保护全部的社会关系，也并非保护社会关系的方方面面，而是保护重要社会关系中具有公共性和重要性的利益。刑法所保护的这些利益直接或者间接地规定于宪法之中，可以列举出一个长长的清单：生命、健康、财产、人身自由、人格与名誉、隐私与生活安宁等个人利益；公共安全、经济秩序、公共秩序、公平正义的司法、环境与卫生以及各类重要社会管理制度等社会利益；国家主权统一、领土完整和安全等国家利益。生命权是最为重要的宪法性权利，具有公共属性。故意杀死一个公民，不仅是对特定公民生命的侵犯，还是对全体人民的侵犯。同样的道理，不具有重要之公共属性的利益，刑法则不予以保护。刑法因此具有最后性。

刑法的最后性主要体现为两点：①刑法作为整个法律规范体系有效性的最后保障而存在，其他法律部门作为一个法律规范体系最

---

[1] 言论自由、出版自由等是否可以剥夺，死刑是否属于酷刑，没收犯罪人的合法财产（一般没收）是否具有正当性，在理论界还存在争议。

终依靠刑法维持其规范效力,刑法是法律体系中的保护法、保障法。②只有当民事法律、行政法律等法律部门不足以制止某种危害社会的行为从而保护某种重要利益时,立法者才考虑动用刑法,司法者才考虑适用刑法。举例来说,1979年《刑法》第121条规定,违反税收法规,偷税、抗税,情节严重的,以犯罪论。立法上,没有将抗税手段限制在"暴力、威胁方法"范围内,审判实务中便将无正当理由拒不缴纳税款的行为也作为抗税行为追究刑事责任。1997年《刑法》第202条将抗税罪的罪状修改为"以暴力、威胁方法拒不缴纳税款的",如此,以"暴力、威胁方法"为手段的行为表明抗税罪的"抗税"性质,这才从立法上解决了这一问题,体现了刑法的最后性特征。刑法的最后性特征,要求刑法应当具有谦抑与保守的品格。但是,这并不与我国目前至今后相当长时间内刑法体系逐渐扩张的趋势相矛盾。

二、刑法的渊源

法律的"渊源"是一个具有比喻性并且极端模糊的概念。我国法理学界通说将法律的渊源视为法律的创制与形式,只有对法律适用者具有直接拘束力的法律规范才属于法律渊源。法律渊源包括两种基本含义:一是指其来源——创制(制定创造与习惯创造);二是指其形式——可识别的表达方式(名称与载体)。在我国,刑法规范只能来源于立法机关所制定的并以法律的名称表现出来的严格意义上的法律。

（一）刑法典

刑法典是指立法机关以刑法(典)名称颁布的系统规定犯罪、刑事责任、刑罚、刑法适用的一般原则、规则以及各种具体犯罪与刑罚的法律。《中华人民共和国刑法》是我国的刑法典,该刑法典于1979年7月1日第五届全国人民代表大会第二次会议通过,并于1980年1月1日起施行;1997年3月14日第八届全国人民代表大会第五次会议进行了全面修订,并于1997年10月1日起施行。[1]目前,已有多个刑法修正案,对刑法典的部分条文进行了修改、补充。

---

[1] 审判实践中,刑事判决书、起诉书等司法文书涉及"刑法第某条"时,"刑法"是指刑法典,目前是指1997年《刑法》,司法文书如果需要特指或者比较说明,则分别称之为"1979年《刑法》"或"1997年《刑法》"。

刑法修正案属于刑法典的自然发展，其对于刑法典具体条文的修改内容自然地融入整个刑法典之中，因此，起诉书、刑事判决书等司法文书不必引用刑法修正案，而应当直接引用修改后的刑法典条文。使用刑法修正案的方式连续不断地修改刑法的重要意义是：通过对刑法典的条文进行灵活、零敲碎打式的修订，既可以迅速对刑事立法需要做出反应，又可以有效地维持刑法典的体例、编排顺序在较长的时间内不变，保持刑法典体系的稳定性和统一性。

（二）单行刑法

单行刑法是指立法机关以决定、规定、补充规定、条例等名称颁布的，规定某一类或者某一种犯罪及其刑罚或者刑法特殊事项的法律。1979年《刑法》施行期间，全国人民代表大会常务委员会（以下简称全国人大常委会）先后颁布实施了23个单行刑法。依据刑法附则的规定，23个单行刑法中的15个因已纳入1997年《刑法》或者已不适用而被废止；8个单行刑法中有关刑事责任的规定已纳入1997年《刑法》而不再有效，但有关行政处罚和行政措施的规定继续有效。当然，随着其他有关法律的出台，以往单行刑法所包含的行政处罚和行政措施的规定也会完全失效。例如，《禁毒法》出台后，《全国人民代表大会常务委员会关于禁毒的决定》自2008年6月1日起完全废止。由于《中华人民共和国刑法》并没有直接标明"刑法典"，1997年《刑法》颁布施行之后，全国人大常委会于1998年12月29日颁布《关于惩治骗购外汇、逃汇和非法买卖外汇犯罪的决定》，1999年10月30日颁布《关于取缔邪教组织、防范和惩治邪教活动的决定》，这是我国现行有效的单行刑法。现在，大致可以确定未来刑事立法原则上不再采用单行刑法的立法方式。

我国属于单一制的国家，地方性法规不能直接规定刑法规范，为公民设立刑事禁令，从而成为刑法的渊源。但是，我国《刑法》第90条规定："民族自治地方不能全部适用本法规定的，可以由自治区或者省的人民代表大会根据当地民族的政治、经济、文化的特点和本法规定的基本原则，制定变通或者补充的规定，报请全国人民代表大会常务委员会批准施行。"这种地方性法规与一般地方性法规的相同之处是均没有普遍效力；不同之处在于：这些变通或者补充的规定需报请全国人民代表大会常务委员会批准才能生效实施，因此在某种意义上讲，这种地方性法规已经转化成适用于特定地域——民族自治地方的刑法规范，属于我国刑法的渊源。民族自治地方的刑事变通或者补充的规定，以决定、规定、补充规定等名称颁布实施，一般应归入单行刑法的范围。

（三）附属刑法

附属刑法是指规定于民法、经济法、行政法等非刑事法律当中的刑法规范的总称。这类刑法规范附属在非刑事法律之中，故称之为附属刑法。1979年《刑法》实施期间，我国先后有130多个附属刑法条文，如《专利法》第63条规定，假冒他人专利，情节严重的，对直接责任人员比照1979年《刑法》第127条（假冒商标罪）的规定追究刑事责任。这一条文规定的内容属于刑法规范，但它不是规定在刑法典或者单行刑法之中，而是规定在专利法之中，所以属于附属刑法的范围。从以往的立法经验来看，附属刑法所规定的具体犯罪主要是与刑法典、单行刑法之外的其他法律所规定的内容密切相关。像假冒专利罪就与专利法的内容有着密切的联系，立法者制定专利法时从刑事政策上考虑认为有必要将原本不是犯罪的假冒专利行为予以犯罪化。

1979年《刑法》施行之后，我国颁布实施了众多的单行刑法和附属刑法条款，刑法学界尤其是实务界批评说，刑法规范体系过于零乱，不便查找。当然，这也从一个侧面反映了我国刑事司法实务专业水准相对较低。所以，1997年《刑法》以统一性作为立法修改目标之一，将包括《惩治军人违反职责罪暂行条例》在内的全部单行刑法以及全部附属刑法纳入刑法典。1997年《刑法》实施之后，经济法、行政法当中的一些法律条文虽然重申了刑法的某些规定，因而属于附属刑法的范围，但是这些附属刑法条文并没有对刑法规范进行实质的修改、补充，大多属于提示性规定，不具有附属刑法的实质内容，其中一些条文十分笼统地规定："构成犯罪的，依法追究刑事责任。"[1]这种规定基本上没有什么规则意义。如前所述，刑法具有最后性，刑法是最后法、保障法，所以，违反刑法的刑事违法行为一定是违反其他法律、法规的违法行为。但是，违反民事、经济、行政法律、法规的违法行为并非都是刑事违法行为。同时需要注意，独立性也是刑法的基本属性，刑法上所规定的犯罪行为并不需要其他法律在

---

[1] 未来的立法趋势可能是不再有实质性内容（具体犯罪构成要件与刑罚）的附属刑法。

文字上明示其为违法行为。例如，我国规定的许多经济犯罪并不以民事、经济、行政法律、法规的上述笼统性规定即"构成犯罪的，依法追究刑事责任"为必要条件；同样的道理，在民事、经济、行政法律、法规笼统地规定"构成犯罪的，依法追究刑事责任"的情况下，刑法可能并没有将这种行为规定为犯罪。如此，司法实践中也就不可能追究相关违法行为的刑事责任。所以，如前所述，这种规定基本上没有什么实际规则意义，只有微弱的提示意义。当然，这些法律规定依然属于附属刑法的范围。但是，行政法规当中的类似规定，毫无疑义，完全不能归入附属刑法的范围。

（四）国际刑法

国际刑法乃国际法的组成部分，是国际社会惩治国际犯罪的实体性规范和程序性规范的总和。国际刑法可以成为国内刑法的直接或者间接渊源。

国际刑法规范主要规定于国际条约之中。国际条约在一国作为法律渊源的适用方式，或者是直接适用，或者是转化为国内法适用。国际刑法规范可以区分为保障人权和惩罚国际犯罪两大类，而保障人权的国际规范又可以区分为倡导性规范与刚性规范两类。对于规定保障被告人合法权益的国际刑法规范来说，属于我国刑法的直接渊源，我国司法机关应当尊重并努力达到国际条约中保障人权的倡导性规则，遵守国际条约中保障人权的刚性规则以确保达到国际社会的基本标准。规定国际犯罪因而具有刑事责任意义的国际条约，由于并不直接包含刑罚制裁的规定，不能直接成为一国国内刑法规范，需要通过刑事立法转化为国内刑法，才能成为一国法院定罪量刑的法律根据。在这类国际刑法规范还没有直接转化为国内刑法的情况下，可以成为缔约国与他国展开国际刑事司法合作的法律根据。最重要的是，在一国刑法还没有明文规定某种行为是犯罪，但国际条约规定其为国际犯罪的情况下，该国虽然不能直接依照本国法追究外国犯罪嫌疑人的刑事责任，但是可以国际条约为依据，适用"或起诉或引渡"的原则，引渡犯罪人给其他有权管辖的国家。当然，如果国际公约规定的国际犯罪在国内法中已有规定，国内法就无需再作专门规定。例如，我国《刑法》分则没有规定酷刑罪这一罪名，这一国际犯罪可以为我国《刑法》分则所规定的刑讯逼供罪、暴力取证罪、虐待被监管人罪乃至故意伤害罪、故意杀人罪等犯罪所涵括，也就不需要专门刑事立法规定"酷刑罪"这一具体罪名。当然，依据国际公约的规定扩张解释刑讯逼供罪的构成要件还是十分必要的。

三、刑法的分类

(一) 广义刑法与狭义刑法

刑法是规定犯罪和刑罚的法律。因此，从广义上讲，凡是规定犯罪与刑罚的法律规范均应当归入刑法的范畴。换言之，广义刑法是指包括刑法典、单行刑法、附属刑法、国际刑法在内的所有关于犯罪与刑罚的法律规范的总称。从狭义上讲，刑法就是指刑法典。换言之，狭义刑法即刑法典。广义刑法与狭义刑法的区分意味着"刑法"一词使用范围（语境）的差异。所以，我们需要根据语境注意区分人们是在狭义上还是在广义上使用"刑法"一词。广义刑法与狭义刑法的区分与刑法的独立性和广泛性特征有着密切的联系。狭义刑法即刑法典直接体现着刑法的独立性，同其他法律部门一样，刑法依据宪法而制定，具有独立性，是一个独立的法律部门；广义刑法则体现了刑法与民事、经济、行政等法律部门之间的密切联系，刑法总是站在这些法律部门的背后，当这些法律部门不足以调整、保护特定的利益时，刑法进行第二次保护，从根本上确保整个法律规范体系的有效性。

(二) 普通刑法与特别刑法

普通刑法是指在一国范围内普遍适用的刑法规范的总称。特别刑法是指适用于特定的人、特定时间、特定地域或者特定事项的刑法。一般来说，刑法典属于普通刑法，单行刑法属于特别刑法，附属刑法也多属于特别刑法。国际刑法则需要视其内容而定，或者属于普通刑法，或者属于特别刑法。

(三) 形式刑法与实质刑法

形式刑法是指从名称（形式）上就可以知道其属于刑法范围的法律，如刑法典、单行刑法。实质刑法是指从名称上看不出是刑法但其内容规定有犯罪、刑罚的法律，主要是指附属刑法。1979年《刑法》颁布实施以来的一些单行刑法，在主要规定有关犯罪与刑罚的同时还包含有行政处罚的规定，但这并不影响其实质刑法的性质。1997年《刑法》施行后颁布实施了两个单行刑法。1998年12月29日《全国人大常委会关于惩治骗购外汇、逃汇和非法买卖外汇犯罪的决定》,从名称(形式)上就可以知道是属于刑法范围的法律,内容也是规定骗购外汇、逃汇和非法买卖外汇犯罪及其处罚,属于实质刑法,没有疑问。1999年10月30日《全国人大常委会关于取缔邪教组织、防范和惩治邪教活动的决定》是否属于实质刑法,甚至是否属于单行刑法的范围,尚有不同的意见。本教科书认为,虽然《关于取缔邪教组织、防范和惩治邪教活动的决定》具有综合性,而且,对于邪教组织、邪教活动并没有具体的犯罪与刑罚的规定,但是本质上以立法的方式确定应对邪教组织、邪教活动的刑事政策,依然属于特别刑法,可以归入实质刑法的范围。

第二节 刑法的根据、目的与功能

一、刑法的根据

(一) 宪法根据

《刑法》第1条规定:"……根据宪法,结合我国同犯罪作斗争的具体经验和实际情况,制定本法。"该条中"根据宪法"的规定意味着宪法是制定刑法的法律根据。宪法是国家的根本法,在一国法律体系中具有最高的法律效力。《刑法》根据宪法而制定,意味着刑法必须符合宪法的规定、原则与精神,而不能违反宪法或者与宪法相矛盾,否则属于无效。我国《宪法》第5条规定:"一切法律、行政法规和地方性法规都不得同宪法相抵触。"刑法以宪法为根据,不仅要求刑法的制定、修改与补充必须符合宪法,也自然地要求刑法的解释与适用也必须符合宪法。

(二) 实践根据

按照《刑法》第1条的规定,根据宪法制定刑法,需要结合我国同犯罪作斗争的具体经验和实际情况。这意味着制定以及修正我国刑法,应当进行调查研究,总结同犯罪作斗争的具体经验和实际情况。如此,刑法规范体系的规范有效性才能真正地转化为现实有效性,才能具有实效。实践是现实的,而任何现实的东西都总是与历史密切联系的,刑法的制定在立足于现实之实践经验和实际情况的基础上,自然还需要借鉴我国历史上同犯罪作斗争的经验与教训。在全球化的背景下,我国同犯罪作斗争的具体经验和实际情况必须置于全球范围内观察和思考,因此,制定刑法有必要借鉴国外的立法经验、立法技术和立法成果。

（三）政策根据

1979年《刑法》以前，我国的法制十分落后，法律为政策所取代，抽象而多变的政策对法制有一定的负面作用。但是，1979年《刑法》第1条依然明确规定"惩办与宽大相结合"是制定刑法的政策根据。1997年《刑法》全面修订过程中考虑到"惩办与宽大相结合"作为刑事政策，已经具体体现在立法当中，因此删除了这一规定。[1]尽管1997年《刑法》没有继续规定惩办与宽大相结合的刑事政策，但这一政策在刑事立法中有大量体现，对于刑事司法活动以及具体刑事政策的制定和执行都有指导意义。[2]根据以往的刑事政策实践，这一政策的精神实质概括起来包括"区别对待""宽严相济""分化瓦解""打击少数、教育改造多数"4条。[3]"惩办与宽大相结合"刑事政策还可以具体化为一系列具体的刑事政策。现在，司法实践将"惩办与宽大相结合"的称呼修正为"宽严相济"，用意在于"宽"字而不是"惩办"当头。

《最高人民法院关于贯彻宽严相济刑事政策的若干意见》

二、刑法的目的

（一）刑法目的与刑法任务的区别

各国刑法典一般不规定刑法的目的。刑法典中明确规定刑法的任务是源自苏联社会主义刑法的一个重要传统，用以表明社会主义刑法鲜明的无产阶级本质，而不是像西方资产阶级刑法那样掩盖其阶级性。我国1979年《刑法》第2条就有刑法的任务的规定，该条文中关于运用刑罚与"一切反革命作斗争"和"保障社会主义革命顺利进行"的规定，表现其阶级性、革命性特征。1997年《刑法》废除了反革命罪罪名，并暗示"社会主义革命"的结束，第1条还特别规定"为了惩罚犯罪，保护人民"而制定刑法，《刑法》第2条进一步明确规定，刑法的任务"是用刑罚同一切犯罪行为作斗争，以保卫国家安全，保卫人民民主专政的政权和社会主义制度，保护国有财产和劳动群众集体所有的财产，保护公民私人所有的财产，保护公民的人身权利、民主权利和其他权利，维护社会

---

[1] 郎胜主编：《〈中华人民共和国刑法〉释解》，群众出版社1997年版，第1页。

[2] 参见敬大力主编：《刑法修订要论》，法律出版社1997年版，第20~21页。

[3] 肖扬主编：《中国刑事政策和策略问题》，法律出版社1996年版，第72页以下。

秩序、经济秩序，保障社会主义建设事业的顺利进行"。这一规定依然在相当程度上反映了我国刑法的社会主义特色，而更重要的是，我国刑法通过规定刑法任务的方式间接地规定了刑法的目的。

我国大多数刑法教科书或者将刑法任务的规定直接等同于刑法目的，或者认为刑法目的可以直接从刑法任务中推导而出，这不是没有疑问的。因为，刑法目的与刑法任务实质上存在着相当大的差异。日常生活中，任务就是指定担任的工作、指定担负的责任，如人们使用生产任务、政治任务等用语。"任务"在语义上暗含着"上对下"的指令、指使、下达之涵义。"刑法任务"意味着政府工具化看待并使用刑法，公安、检察机关（实际情况是往往还包括法院）"为了惩罚犯罪"而将刑法作为工具加以利用，在刑事政策的决策与执行过程中，法律尤其是刑法常常被政府机构及其人员看作维护秩序的武器。刑事政策中有"善于运用法律武器"的说法。[1]换言之，刑法的任务包括"为了惩罚犯罪"的内容，警察、检察官甚至法官以及他们背后的组织系统，将惩罚犯罪视为他们自己的工作、职责和任务。与任务不同，目的乃主体（人）基于自身的需要由内及外的要求、追求与希望，反映了主体之于客观事物的实践关系。目的贯穿于人类实践活动的始终，是人的实践活动的根据。刑法目的不包括"惩罚犯罪"的内容，刑法目的的意义在于表明：包括刑法在内的法律是理性的实体，而不是政府为了维护秩序以及保护自身利益而加以利用的工具。

（二）刑法的目的是保护法益

刑法的目的是保护利益——国家、社会、个人的利益。利益是对人们有益的东西，是满足人们需要的保障条件。"需要"则是人们对外在世界的依赖关系。人们的一切有目的的活动，都是为了实现自己的利益。古人曰："天下熙熙，皆为利来；天下攘攘，皆为利往。"[2]马克思说："人们奋斗所争取的一切，都同他们的利益有

---

[1] 例如，1991年3月2日通过的《全国人大常委会关于加强社会治安综合治理的决定》第3条规定："要善于运用法律武器，搞好社会治安综合治理。全国人民代表大会及其常务委员会通过的刑事的、民事的、行政的、经济的等方面的法律，为社会治安综合治理提供了有力的法律武器和依据。各级国家机关、社会团体、企业、事业单位必须严格依法办事。全体公民要学法、知法、守法，学会运用法律武器同各种违法犯罪行为作斗争。"

[2] 《史记·货殖列传》。

关."[1]人从来都只是为了自己的利益,而不知疲倦地忙碌和奔波。犯罪也是如此,犯罪人总是为了满足自己的某些需要,故意或者过失地侵害或者威胁个人、社会、国家的具体利益。刑法所保护的这些利益,理论上称之为法益。保护法益也就是国家制定和适用刑法所追求、希望的目标。所以,刑法的目的是保护法益。

刑法是用来保护法益的,而且只是保护那些最重要的法益,即具有公共性质的个人利益和能够还原为个人利益的社会利益和国家利益,而不是保护所有的合法利益。刑法所保护的这些最为重要的法益体现在宪法当中。刑法所保护的利益大体上可以列出一个较为详细并且相对稳定的清单:个人的生命、健康、人身自由、人格、名誉、尊严、隐私等;社会的公共安全与安宁、公共信用、公众福利、善良风俗、自然资源与环境等;国家的主权、领土安全、国家的统一、国信国交、国家权威与信用、国家政权与职能、国有财产等。但是,侵害这些利益的具体行为则是随着时代、社会政治、经济、文化、风俗以及社会需要的变化而变化的,想给这些具体行为列举出一个一劳永逸的清单,几乎是不可能的。在同一个国家的同一个时期,由不同的人去罗列犯罪行为清单,结果将大相径庭。由立法者通过刑法对这些具体行为加以规定,就是将这种可变性固定化、定型化,使得犯罪行为具有确定的性质与形式。

生命、健康、人身自由、人格、名誉、尊严、隐私等利益,均属于个人的利益。但是,所有这些个人利益具有公共性,侵害个人的这些重要利益,不仅是对个人利益的侵害,也是对于人类整体利益的侵害,应当由相对中立的公共机构代表人类社会的整体追究加害者的责任。被害人以个人的力量合法地恢复被侵害的利益,一般是在民事法律或者社会层面上实现对于自己个人利益的保护,这种个人利益背后的整体利益即公共利益则由国家予以保护,这也就构成了刑法的目的。

一般来说,国家利益和社会利益就是公共利益,国家利益和社会利益本身就具有公共性,但是历史形成或者现实设置的被宣布为"国家利益"和"社会利益"的某些利益可能只是某些特权集团的私利,不具有公共性。在刑法领域,应受刑法保护的国家利益和社会利益必须能够还原为个人利益。《世界人权宣言》第29条第2项

---

[1]《马克思恩格斯全集》(第1卷),人民出版社1963年版,第82页。

规定:"人人在行使他的权利和自由时,只受法律所确定的限制,确定此种限制的唯一目的在于对旁人的权利和自由给予应有的承认和尊重,并在一个民主的社会中适应道德、公共秩序和普遍福利的正当需要。"《中华人民共和国宪法》第2条第1款规定:"中华人民共和国的一切权力属于人民。"所以,抽象地讲,社会利益、国家利益无非是个人利益的一般化,是个人的共同利益,任何一种社会利益、国家利益都应当能还原为一种个人利益。

刑法所保护的法益还必须具有宪法属性,依据宪法应当依法予以保护,这些重要利益或者是宪法明示的,或者是宪法暗示的。由宪法确认的个人利益、社会利益、国家利益,才可能是一个社会当中最基本的、最重要的利益,只有这些利益才具有公共之性质,才可以成为刑法保护的对象,纳入刑法的保护范围。所以,刑法目的是保护具有宪法意义的重要利益。一方面,超出宪法范围之外的利益,不应成为刑法保护的对象。如果刑法的保护范围超出宪法的保护范围,就会造成刑法对个人自由的过度干预,从而过分地缩小了公民自由的范围。另一方面,宪法意义上的法益一般是重要的利益,但不是所有的宪法意义上的法益都应当纳入刑法的保护范围。因为,在不同的国家,人们对于法益的理解和解释是不同的,即使在同一个国家,由于时代的变化,也会导致法益观念的极大差异与变化。对于过去没有必要加以保护的利益,随着社会政治、经济、文化等因素的发展、变化,保护的需求会逐渐增大,就需要进行相应的刑事立法;反之,当某一法益不需要刑法再加以保护的时候,则需要从立法上或者司法上进行非犯罪化处理。但这里的问题是:在将某种法益纳入刑法中时,这种法益必须是在宪法规定的范围之内,如果这种法益尚未被纳入宪法之中,就不能将其作为刑法保护的法益,通过刑事立法将侵害这种法益的行为犯罪化。如前所述,制定刑法的法律根据是宪法。

(三)关于规范保护说

当今,对于刑法的目的是保护法益的观点提出有力挑战的是"规范保护说",按照"规范保护说"的观点,刑法的目的并不是保护法益,而是为了维护刑法规范的有效性,以确立、巩固人们对于刑法规范的忠诚。本教科书认为,总体上讲,刑法应当是谦抑、保守、消极的,而不是积极地干预公民的行动自由。"规范保护说"意味着刑法过早、过多地介入社会矛盾与纠纷的解决,将刑法目的之"保护法益"改变为"调整社会关系",从而将刑法的干预提早到行政、民事法律乃至道德调整的领域,容易造成道德与法律的混淆以及社会道德的一元化,也意味着政府运用刑罚强行推行某种道德规范,还意味着政府在运用刑罚预防犯罪领域的成本的极大提高。但是世上没有免费的午餐,这些成本最终都要变成每一位公民的实际负担,负担不仅仅限于纳税,还包括人们的自由支配空间。当然,本教科书并不认为"规范保护说"毫无意义,实际上,随着社会生活的日益复杂以及社会风险的不断提高,有必要将某些行为规范作为利益乃至"价值"本身加以保护。如此我们才能够理解,为什么公民拥有枪支在多数国家是犯罪(在我国还是一种危害公共安全罪——性质很严重的犯罪),而在有的国家却是公民的一项宪法性权利。我国《刑法》分则第一章"危害国家安全罪"中的颠覆国家政权罪、煽动颠覆国家政权罪等犯罪的设立,也需要更多地从规范保护而不是法益保护的角度解释。刑法分则中的一些犯罪,例如,赌博罪,组织卖淫罪,引诱、容留卖淫罪,以及有关淫秽物品的犯罪,也需要更多地从规范保护的角度追寻立法者的立法动机。但是,总体上,此类犯罪在我国《刑法》分则中所占比重很小,而且,对诸如吸毒、卖淫、嫖娼、高利贷、自杀以及教唆自杀、堕胎等行为没有很强的犯罪化要求。此外,我国刑法原则上处罚所有的犯罪预备、犯罪未遂,也在某种程度上表现了我国刑法维护规范有效性的特性。但实际上,正是"法益保护说"即刑法以保护法益为目的,才在司法实践上构成对于犯罪预备、未遂处罚范围的有效控制。

三、刑法的功能

刑法的功能或者说机能是指刑法作为一个有机整体在法律规范体系内可以起的作用或者可以发生作用的能力。刑法的功能是多重、多种的,而不是单一的。一般来说,刑法具有对立统一的两个方面的基本功能。

(一)社会保护功能

社会保护功能,即保护人类社会整体不受犯罪侵害的机能。刑法通过规定什么样的行为是犯罪并规定相应的刑罚,通过司法活动惩罚犯罪行为,保护个人、社会和国家的利益。刑法的社会保护机能与刑法目的有着密切的联系,刑法目的有赖于刑法保护机能的实效发挥。刑法通过规定什么样类型的行为是犯罪并予以刑罚惩罚来保护法益不受侵害，刑法基本上不直接调整社会关系，而是通过保护法益来实现对于社会关系的保护和行为秩序的控制，这种保护与控制是在民事、行政法律之后的最后的法律保护与控制。社会保护功能的价值在于为每一个公民自由地生活提供一个大致安全的、有秩序的社会环境。所以，刑法的社会保护机能意味着平等地保护每一个人的利益和限制每一个人的自由。

（二）人权保障功能

人权保障功能，即保障无罪的人不受刑事追究，保障有罪的人只是受到法律限度内的惩罚。人权保障机能与刑法基本原则有着更为密切的联系。刑罚权与其他国家权力一样，必须受到限制和制约，否则就会被滥用而侵害公民的基本权利。国家动用刑罚惩罚犯罪，必须依法进行，严禁超越法律规定滥用刑罚权，侵害无辜的人或者犯罪人的合法权益。人权保障功能意味着对于国家运用刑罚权惩罚犯罪从而保护社会的限制，意味着刑法对于国家权力（主要是代表国家的世俗政府的权力）的限制。

抽象地讲，目的与原则的对立统一关系，直接决定了刑法的社会保护功能与人权保障功能是对立统一的两个基本方面，这两个基本方面是潜在的、可能的，并非总是显现的、实际的。刑法的社会保护与人权保障功能能否实际发挥作用，与一个国家的政治文明状况、经济发展水平、文化传统特征有着密切的联系。我国现阶段尚处于社会主义初级阶段，政治文明有待进一步提高，经济尚处于发展之中，重人治、轻法治的文化传统尚待进一步改造与维新。所以，刑法的社会保护功能与人权保障功能均不足，而且时常处于冲突之中。

第三节 刑法的规范、体系与解释

一、刑法规范

人类行为应受到社会规范——主要是最终由国家强制力保障的法律规范的控制。法律规范一般可分为义务性规范和授权性规范两种。根据义务性规范，无论人们愿意与否，都必须做出或不做出一定的行为，例如，父母抚养教育未成年子女，子女赡养扶助父母，以及禁止杀人、偷盗……都是义务性规范。根据授权性规范，被授权者有权实施或者不实施一定的行为，例如，被授予选举权的人可以参加投票选举，也可以不参加投票选举；具有民事权利能力和民事行为能力的人可以相互合意签订契约设定新的权利和义务关系，也可以什么都不做。义务性规范与授权性规范是社会规范互动的两个方面，法律为国家机关、公民等设定义务，同时又授予国家机关以公权力，授予个人、法人等以私权利，国家机关行使公权力以及公民、法人等行使私权利，又会产生新的义务性规范，新的义务性规范则又意味着新的授权性规范。于是，义务性规范与授权性规范互动结合，形成了一套完整而复杂的社会规范体系。

刑法规范是规定犯罪构成要件及其法律后果（主要是刑罚），从而指示人们行动的法律规范。刑法规范主要是义务性规范，又以禁止性义务规范为主，命令性义务规范为辅，并以最严厉的法律制裁——刑罚作为威胁。也就是说，刑法规范的主要意义是禁止人们实施损害、威胁他人利益的行为，而不是要求人们关心、帮助、救助他人。禁止性规范以消极义务为内容，即禁止人们为一定的行为，人们只要消极地不实施刑法禁止的行为即可，它一般直接由刑法加以规定，而不需要其他法律再特别规定。命令性规范以积极义务为内容，即命令人们为一定的行为，它是禁止性规范的必要补充，也由刑法加以规定，但刑法之外的其他法律往往更为详细地规定人们如何具体履行这一义务。

刑法规范还包括授权性规范和任意性规范——授权、允许公民实施诸如正当防卫、紧急避险、正当冒险等行为。刑法授权性规范和任意性规范，离不开刑法义务性规范，并以义务性规范为前提，是刑法义务性规范的必要补充和例外。[1]这不同于民法以规定授权性规范（以及任意性规范）为原则、禁止性规范（以及强制性规范）为例外的特点。

刑法规范通过刑法条文表达，并存在于刑法体系之中。刑法条文是一种直观的文字存在，刑法规范则不仅仅是法律文字，同时还潜在于法律条文背后。刑法条文一般不直接规定刑法规范的实质内

---

[1] "补充"，意味着规定授权性规范、任意性规范不是刑法立法的主要任务；"例外"，意味着刑法规范本质上是禁止与命令，而且主要是禁止，授权性规范、任意性规范可以作为刑事禁止与命令的一部分。举例来说，刑法禁止杀人，禁止杀人的规范内容中实际上包含允许正当防卫杀人的内容，这样一来，授权性规范、任意性规范不是与刑法禁令并列的刑法规范，而是作为例外存在于刑法禁令内部。

容，而是通过刑法条文的文字规定抽象地表达刑法规范的实质内容，即禁止公民实施什么行为、命令公民实施什么行为。刑法条文可以区分为总则条文与分则条文，刑法总则条文一般来说是原则性、一般性的规定，不直接规定刑法规范的实质内容，但在整个刑法体系中间接地影响刑法规范的实质内容；刑法规范的具体内容主要通过刑法分则中规定具体犯罪与刑罚的条文（罪刑式法条）表达，一个刑法分则条文可以表达若干个刑法规范，若干个刑法分则条文也可能表达同一个刑法规范。刑法规范由三部分内容组成：①假定，即刑事法律义务，一般表现为刑法分则罪刑式法条的抽象的逻辑前提；②处理，即制裁条件，表现为刑法分则条文的罪状，其内容是具体犯罪的特殊构成要件；③制裁，即国家强制，主要表现为刑法分则条文的法定刑。刑法规范存在于刑法体系之中，任何一个具体的刑法规范都不能与刑法乃至整个法律体系相分离，而是刑法以及整个法律制度的一个小单元。

　　刑法规范的意义主要在于两个方面：一方面，刑法规范是针对一般人的行为规范，具有一般性，它禁止或者命令（以及授权、允许）公民实施特定的行为；另一方面，刑法规范是针对司法官员的裁判规范，它指示司法人员如何认定、判断公民的行为是否构成犯罪以及如何追究犯罪行为人的刑事责任。这两个方面是统一的，而不是分离的。刑法规范的本质是禁止与命令，刑法分则中的罪刑式法条以"……的，处……"（"如果……那么……"）的模式将一定的法定事实构成（犯罪）与法律后果（主要是刑罚）挂钩，就是在向一般人、法律适用者表达禁止和命令的应然规范——例如禁止杀人，但是有权正当防卫杀人；或者说，禁止杀死无辜的人。在刑法分则条文（罪刑式法条）中，"……的"的内容是罪状，是对于具体犯罪构成要件（要素）的描述；对于罪状描述内容的高度抽象是罪名，即具体犯罪的名称，如故意杀人罪、抢劫罪、盗窃罪等；"处……"的内容是法定刑，是适用于具体犯罪的刑罚种类与幅度，是处罚犯罪人的直接法律根据。如前所述，刑法是刑事实体法。实体是与程序相对的，实体是指针对一般人的行为规范而言的，也就是说，表达行为规范的犯罪构成要件的诸概念（"如果……"的内容），以及作为法律效果的刑罚（"那么……"的内容），属于实体性规定，因为这些概念直接影响人们对于行为之刑事合法性的判断，是一般人有权知道的内容。

民主决定了刑事立法是人民自己为自己立法，同时也是为裁判者立法。抽象地讲，刑法规范的裁判意义与行为意义就像一枚硬币的两个面，难分先后，也就是说，刑法典以及整个刑法究竟首先是行为规范还是裁判规范，何者为先、何者为后，不能抽象地判断，人们也许看重其正面，也许看重其反面。在本教科书看来，作为行为规范的禁止与命令更多地通过道德、习俗、宗教、文化的千言万语加以体现，人们一般并不去关注刑法（尤其是自然犯罪）的规定，而是依据道德、习俗、宗教等就可以知道什么是犯罪；而裁判规范则需要演化为千言万语的专业概念、规则、原则，以便有效地实现刑法的人权保障机能，从这一意义上，刑法典的内容主要是裁判规范。刑法义务抽象地作为刑法分则之罪刑式法条的逻辑前提而存在。也就是说，刑法典总则的规定主要是裁判规范的内容。[1]刑法分则的规定（处理与制裁的内容）是裁判规范，同时又抽象地体现了行为规范（假定的内容）。

二、刑法体系

刑法体系是指刑法的组成与结构。科学合理的刑法体系有利于更好地发挥刑法的整体功能，从而既有利于刑法的解释与适用，也能使刑法条文更简洁、便于检索。

刑法有狭义与广义之分，刑法体系也就有狭义与广义的区分。

（一）狭义的刑法体系

狭义的刑法体系是指刑法典的体系。各国刑法典一般由总则与分则两大部分构成，先总则、后分则。我国刑法也是如此。

《中华人民共和国刑法》由两编和附则组成，第一编为总则，第二编为分则，最后为附则。编下有章、节、条、款、项等层次。[2]第一编总则共五章，依次为：刑法的任务、基本原则和适用范围；犯

---

〔1〕 关于正当防卫、紧急避险的规定具有行为规范意义，指导公民进行正当防卫、紧急避险等正当行为。

〔2〕 基本层次是：编下设章，章下设节，但多数章（尤其是刑法分则各章）下不设节；章、节之下是具体条文，条文是刑法典的基本单位，从第1条至第452条，以统一的顺序编号，不受编、章、节的影响而连续编号。刑法典以修正案的形式增加条文时，在相应的条文后面采取该条之一、之二的编号方式，例如，《刑法》第262条（拐骗儿童罪）之后先后增加两条，分别是第262条之一（组织残疾人、儿童乞讨罪）、第262条之二（组织未成年人进行违反治安活动罪）。条下为款，另起一段表示，有的条文只有一款；条、款之下为项，标志是另起一段且包含使用括号的基数编号。例如，《刑法》第91条关于公共财产的规定，包括2款，其中第1款又包含3项；《刑法》第92条关于公民私有财产的规定，只有1款，其中包含着4项。

罪；刑罚；刑罚的具体运用；其他规定。总则的内容是一般性规定，规定刑法的基本原则、适用范围以及有关犯罪与刑罚的一般原则与规则。第二编分则共十章，分别规定了十类犯罪，依次为：危害国家安全罪；危害公共安全罪；破坏社会主义市场经济秩序罪；侵犯公民人身权利、民主权利罪；侵犯财产罪；妨害社会管理秩序罪；危害国防利益罪；贪污贿赂罪；渎职罪；军人违反职责罪。各类犯罪的排列次序大致反映了立法者对于刑法保护的客体的价值判断次序。分则的内容是具体性规定，规定各种具体犯罪与法定刑。附则由刑法的最后一个条文和两个附件组成，与总则、分则并列，但不另立一编。"附则"为1997年《刑法》所增设，1979年《刑法》中没有"附则"的设置。

刑法总则与分则是一般与特殊、抽象与具体的关系，二者之间形成指导与被指导的关系，刑法总则指导刑法分则的适用，除非刑法分则有特别规定，刑法总则的规定适用于刑法分则。换言之，刑法分则规定各个具体犯罪类型的法律要件及其法律后果（刑罚），翻开我国《刑法》分则，可以找到故意杀人、故意伤害、强奸、抢劫、盗窃等各种具体犯罪及其刑罚的规定；刑法总则规定刑法适用的一般原则、基本规则，各种不同类型犯罪的共通性要件、形态以及刑罚体系、种类与适用原则、规则等共同性问题。这些共同性规定大多是抽象规定，也就是从刑法分则中抽象出来的内容，如故意、过失、犯罪预备、未遂、中止以及刑罚的适用等。以犯罪故意为例，《刑法》第14条规定了什么是故意犯罪：犯罪故意是明知自己的行为会发生危害社会的结果，并且希望或者放任这种结果发生的心理状态。这样，我们就可以此概念为指导去解释《刑法》分则规定的各个具体故意犯罪的"故意"的具体内容。[1]也有的像提取公因数一样，将刑事责任年龄、刑事责任能力、国家工作人员、司法工作人员、重伤、轻伤等在刑法分则条文中经常出现的概念、术语抽离出来，放在总则中统一加以规定，可以节省文字，保持刑法典的简洁，便于检索。所以，正确地适用刑法就需要将刑法分则的具体内容与刑法总则的抽象规定结合起来、统一起来，进行体系化的整体思考。

---

[1] 以故意杀人罪为例，《刑法》第232条十分简单地规定："故意杀人的，处死刑、无期徒刑或者10年以上有期徒刑……"我们将总则规定与分则规定结合起来，可以得出结论：《刑法》第232条的杀人故意是指：明知自己的（杀人）行为会发生（使得他人死亡的）危害社会的结果，并且希望或者放任这种（死亡）结果发生的心理状态。

(二) 广义的刑法体系

广义的刑法体系是以刑法典为核心，由刑法典、单行刑法、附属刑法以及国际刑法所组成的刑法规范体系。单行刑法和附属刑法以及国际刑法中有关刑法适用以及犯罪与刑罚的一般性规定，属于对刑法典总则的补充、修改，成为总则的组成部分，在一定程度上导致刑法总则内容的变化。单行刑法和附属刑法补充、修改刑法典总则的情况较少，多数情况下，单行刑法和附属刑法的内容属于对刑法典分则罪刑式法条的补充或修改。这些补充、修改属于分则的范围，与刑法总则形成特殊与一般、具体与抽象的关系，它们的适用仍然要以刑法典总则为指导，也就是说，刑法典总则规定既适用于刑法典分则，也适用于单行刑法、附属刑法中有关具体犯罪与刑罚的法律规定。对此，《刑法》第 101 条明确规定，刑法总则适用于其他有刑罚规定的法律，但是其他法律有特别规定的除外。其他有刑罚规定的法律，是指刑法典之外的单行刑法、附属刑法等特别刑法。

对于规定具体犯罪（罪名、罪状）与刑罚（法定刑）的分则条文（罪刑式法条）来说，当一个行为同时触犯普通刑法即刑法典分则的罪刑式法条与特别刑法的罪刑式法条时，应当按照特别刑法优于普通刑法的原则，适用特别刑法。当一个行为同时触犯特别刑法的两个罪刑式法条时，应当按照新法优于旧法的原则，适用新法。无论是行为触犯多个还是单个罪刑式法条，都需要在整个刑法以至法律体系内与其他法条联系起来理解、解释，以求刑法条文的正确适用。

三、刑法解释

（一）刑法解释的概念与分类

刑法的解释就是对刑法规范涵义的阐明。刑法规定大多是抽象的，涵义抽象的刑法规定只有通过解释才能具体适用于复杂多样而且不断发展变化的各种各样的具体案件。刑法解释对正确适用刑法条文、正确定罪量刑，具有十分重要的意义。刑法解释可以根据不同的标准加以区分。

1. 按照解释的效力，可以将刑法解释分为立法解释、司法解释和学理解释三类。

（1）立法解释。立法解释就是指由立法机关对刑法所作的解释。

立法解释又分为以下三种情况：①刑法或者相关法律中的解释性规定。例如，《刑法》第94条规定："本法所称司法工作人员，是指有侦查、检察、审判、监管职责的工作人员。"②立法机关制定《刑法》时在"法律的起草说明"中所作的解释。例如，1997年3月6日王汉斌在第八届全国人民代表大会第五次会议上《关于〈中华人民共和国刑法（修订草案）〉的说明》。③刑法施行过程中立法机关的专门解释。1981年6月10日全国人大常委会《关于加强法律解释工作的决议》指出，凡关于法律、法令条文本身需要进一步明确界限或作补充规定的，由全国人大常委会进行解释或用法令加以规定。例如，2000年4月29日第九届全国人大常委会第十五次会议通过的《关于〈中华人民共和国刑法〉第93条第2款的解释》，是我国全国人大常委会第一次专门对《刑法》作出的立法解释。

（2）司法解释。司法解释是指最高司法机关对具体应用刑法所作的解释。全国人大常委会《关于加强法律解释工作的决议》第2条规定："凡属于法院审判工作中具体应用法律、法令的问题，由最高人民法院进行解释。凡属于检察院检察工作中具体应用法律、法令的问题，由最高人民检察院进行解释。最高人民法院和最高人民检察院的解释如果有原则性分歧，报请全国人大常务委员会解释或决定。"

（3）学理解释。学理解释是指未经国家授权的机关、团体或者个人从理论上或学术上对刑法所作的解释。学理解释不具有法律约束力，但对正确地刑事司法乃至刑事立法都有重要参考价值。因为，我国刑法典总体上呈现框架性、粗线条、内容高度抽象的特征，具体化和精细化程度远低于大陆法系国家的刑法，更远逊于英美法系的制定法，特别需要以刑法理论为支撑的学理解释指导刑法的具体适用。

2. 按照解释对象，又可以将刑法解释分为主观解释和客观解释。

（1）主观解释。主观解释是指解释立法者立法时的意思，即解释立法者通过法律条文时的本意（原意）。这是对立法者主观立法原意的解释，故也称为原意解释。主观解释的困难在于：立法当时往往有着不同的观点与主张，充满着争论与妥协，即使立法者是一个人，也不大可能用清晰的语言将自己的目的与动机准确地表达出来，况且，立法者当时可能见识有限，不能准确地预见当今社会的问题,而且刑法时间久远会造成"死人苛求活人"的问题,立法文献资料的缺乏又会加剧探求立法者原意的困难。但是,无论如何,立法者是理性存在的,不管立法机构事实上由多少人构成,也不管每个人事实上对于刑法每一个条文的真实意思如何,刑法都存在着一个理性的"作者"——立法者,人们可以基于历史背景与社会现实,从刑法文本、立法理由等权威性文献中寻找到立法者的意思。当然,以如此方法寻找立法者的真实意思已经与文本解释十分接近了。

(2)客观解释。客观解释是指解释客观存在的法律文本本身。也就是说,法律解释以法律文本为解释对象,故又称文本解释。客观解释的优点是:可以让法律在保持稳定不变的情况下,适应社会情况的变化。法律文本常有语义不清的情况,文本的意思直接受制于解释者的理解,而解释者的立场、知识、情感、意志等个人因素直接地影响着他对于法律的理解,由此而产生的问题是,如何妥当地处理实践中会出现的"法官造法"现象。在我国究竟以主观解释和客观解释的哪一种解释为基础,或者说着重于哪一种解释,理论上的意见并不一致。

3. 按照解释的方法,刑法解释又可以分为文理解释和论理解释。

(1)文理解释。文理解释是指根据刑法所用文字的文义及其通常使用的方式使其涵义明确的解释方法。例如,《刑法》第96条规定:"本法所称违反国家规定,是指违反全国人民代表大会及其常务委员会制定的法律和决定,国务院制定的行政法规、规定的行政措施、发布的决定和命令。"再如,《刑法》第99条规定:"本法所称以上、以下、以内,包括本数。"这些都属于文理解释。文理解释是刑法的最基本的解释方法,文理解释就足以使刑法规定清晰,没有必要再进行论理解释。

(2)论理解释。论理解释是指对法律条文的涵义按照立法精神,根据法理所作的解释。刑法论理解释的结果可能是扩张解释(即扩大刑法条文的字面含义),也可能是限制解释(即缩小刑法条文的字面含义),无论是对刑法规范进行扩张解释还是限制解释,均需要遵循刑法学原理,做有根据(宪法根据、实践根据、政策根据)、守原则(刑法基本原则)、合目的(法益保护主义)的理性的严格解释,而不能任意地进行解释。

论理解释的具体方法包括体系解释、历史解释、目的性解释、社会学解释、合宪性解释等。

体系解释，是指针对一个条文、一个概念的解释，需要在整个刑法体系乃至整个法律体系范围内进行合理的解释。

历史解释，是指根据立法过程中的相关资料以及新旧刑法文字内容、条文顺序等变化寻求立法者的立法原意和条文的应有含义。

目的性解释，是指按照制定刑法的目的来解释刑法相关条文的意义。整个刑法的目的是保护法益，而刑法分则的每一章、每一节以及每一个罪刑式法条都有其立法目的，这一解释方法就是从目的出发解释刑法条文的意义。

社会学解释，是指着重于预测法条适用于社会将会产生的实际效果，在法条可能的语义范围内进行解释。

合宪性解释，是指刑法的解释应当符合宪法的原则与精神，而不能与宪法相抵触。合宪性解释在上述所有解释方法中具有优越地位，但是，刑法解释并非总是涉及宪法，在没有涉及宪法的时候，上述解释方法何者具有优越地位，法理学和刑法解释学上的见解并没有统一。

若干重要术语
的刑法解释

本教科书认为，刑法解释应当立足于刑法的文字规定，以刑法目的——保护法益为指引，遵守刑法的基本原则，尤其是罪刑法定原则，在刑法乃至整个法律体系范围内综合运用各种解释方法理性地进行严格解释，以揭示合乎正义的法规范本质。

第二章　刑法的基本原则

本章知识结构图

刑法的基本原则 { 罪刑法定原则　法律面前人人平等原则　罪刑相当原则

刑法基本原则的基本特征

罪刑法定原则的历史与意义

第一节　罪刑法定原则

罪刑法定原则的基本含义是，"法无明文规定不为罪""法无明文规定不处罚"。也就是说，什么样的行为是犯罪，以及应当处以怎样的刑罚，由法律予以明确规定。

一、罪刑法定原则的核心内容

罪刑法定原则的核心含义是：犯罪与刑罚由法律明确规定。

（一）法律原则

"法无明文规定不为罪""法无明文规定不处罚"中的"法"，是就法律而言。也就是说，什么样类型的行为是犯罪，以及应当适用怎样的刑罚予以惩罚，由成文的法律予以明确规定。在我国，法律是由立法机关——全国人民代表大会及其常委会遵循宪法程序制定并颁布实施的法律规范的总称。依据《立法法》第8条的规定，关于"犯罪和刑罚"的事项只能制定法律。根据《立法法》第7条的规定，刑法是国家宪法之下的"基本法律"，只能由全国人民代表大会制定和修改，在闭会期间，全国人大常委会可以对刑法进行"部分补充和修改"，但是不得同刑法的基本原则相抵触。所以，国务院制定的行政法规、地方人民代表大会及其常委会制定的地方性法规均不能规定犯罪与刑罚。司法实践中，尽管某些犯罪的具体构成要件需要根据行政法规的具体规定加以明确，但是这不等同于授权国务院制定刑法规范。

法律原则要求规定犯罪与刑罚的法律即刑法是公开而稳定的。公开意味着刑法以成文法的形式公布,为所有的人所知晓,罪刑法定是对于"刑不可知,则威不可测"的否定;而成文法又与法律的稳定性相关联,法律尤其是刑法必须稳定,又不能静止不变,而刑法的改变也同样需要以成文法的形式进行。法律原则意味着成文的法律是规定犯罪与刑罚的唯一渊源,并进一步派生出禁止习惯法、判例法的原则。

(二) 明确性原则

刑法关于犯罪、刑罚及其相互关系的规定应当清楚明确,而不能模糊不清。因为只有明确的刑法规定才能为一般人和司法人员所理解、遵守,否则,一般人无法预测自己的行为会产生怎样的法律后果,个人自由便无从谈起,司法官员也将无从理解甚至歪曲刑法,恣意擅断便难以避免,法治则会荡然无存。

视频:消失的罪名

刑法必须是明确的。法律含混不清"使人民处于对少数法律解释者的依赖地位,而无从掌握自己的自由,或处置自己的命运"。当然,"对刑罚的无知和刑罚的捉摸不定,无疑会帮助欲望强词夺理",导致更多的人去犯罪。所以,"了解和掌握圣经法典的人越多,犯罪就越少"。[1]当然,对法律的明确性要求也不能太过分,一种华而不实的明确性可能比老老实实的含糊不清更有害。[2]刑法的明确性,并不是指司法实践中遇到的任何刑事案件都必须有字面上明确规定的解决方案,而是指在整个法律体系范围内刑法的行为规范和裁判规范是明确的。如何既保证刑法规范的明确性,又保证刑法规范必要的张力,是刑法研究的一个重要课题。

基于罪刑法定原则的要求,多数国家的宪法和刑法原则上承认:内容不明确的刑法规范,不应当予以适用,不明确即无效。但是,由于刑法规范内容明确与否的判断是一个颇为困难并且容易发生分歧的问题,因此,以刑法规范缺乏明确性为由,宣告该刑法规范不具有法律效力,需特别审慎适用。以刑法规范的内容不明确为由,宣告刑法规范无效而不应当适用,实际上是一个法

---

[1] [意]贝卡里亚著,黄风译:《论犯罪与刑罚》,中国大百科全书出版社1993年版,第15页。
[2] 参见沈宗灵:《现代西方法理学》,北京大学出版社1992年版,第60页;张文显:《二十世纪西方法哲学思潮研究》,法律出版社1996年版,第64页。

律审查问题,是一个宪法问题。在我国,法官在刑事案件的审判过程中不能直接决定某一刑法规范的内容因缺乏明确性而宣告其无效。依据宪法和立法法的精神,目前应当由立法机关予以审查。

(三) 正当法律程序

在英美法系国家,正当法律程序是法治原则——罪刑法定原则的核心内容之一,正是"正当法律程序"原则确保了习惯法的存在不仅没有构成对个人自由的危害,相反,对有效地保护个人自由起到了至关重要的作用。英美法系的历史经验告诉我们,正当法律程序这一原则是无论怎么强调都不为过的。因为"犯罪"和"刑罚"与"程序"密切联系在一起,任何犯罪都必须通过特定的诉讼程序并运用证据加以证明;任何一种刑罚,也必须遵循特定的程序,才能实际上施加于具体的犯罪人。不经过法律规定的正当程序,不得剥夺任何人的生命或者自由,或者科以其他刑罚。正是正当法律程序将"法治"与恣意妄为的"人治"区别开来。

二、罪刑法定的派生原则

(一) 禁止事后法

刑法必须是适用于未来且非溯及既往的,刑法没有溯及既往的效力。被告人的行为是否有罪以及在有罪的情况下具体如何处罚,只能根据行为当时的法律,而不能依据行为后颁布实施的法律进行评价,这就是禁止事后法的原则。但是,新法不认为是犯罪或者处刑较轻的,则具有溯及既往的效力,这是禁止事后法的例外规则。换言之,对于被告人不利(规定行为构成犯罪或者加重责任乃至证据法所作的不利于被告人的证据规则的改变)的法律不具有溯及既往的效力,对于被告人有利的法律则具有溯及既往的效力。我国《刑法》第3条在规定罪刑法定原则时没有使用"行为时"加以限定,也就是没有明示禁止事后法的原则,但是依据国际公约并联系我国《刑法》第12条的规定,立法者和司法者必须严格遵循禁止事后法的原则。

禁止事后法的原则主要是用来限制立法者的,按照这一原则,立法的目的是针对未来的一般事项,而不是针对过去的某一具体的事件或者案件。当然,禁止事后法的原则在限制立法者的同时,也当然地构成对法官适用法律的限制,这就是,法官只能适用行为人行为当时的法律，而不能根据行为之后的法律（事后法）作出被告人有罪或者罪重的刑事判决。溯及既往的法律有一种难以忍受的荒谬性：今天命令一个人在昨天做或不做某件事。溯及既往的刑法构成对个人自由极其严重的侵害。个人的自由在于人们依据一般性的、抽象的刑法规范作出预测，安排自己的行动和生活。溯及既往的法律规则命令公民"今天遵守明天的'法律'"，这是在剥夺人的预测和选择能力，也就是剥夺人的自由，是令人难以容忍的。所以，禁止溯及既往是罪刑法定原则首要的、最重要的派生原则。

在传统上，禁止事后法只是禁止不利于被告人的事后法适用于判决尚未确定的案件。与此同时，对被告人有利的法律，也只能溯及适用于判决尚未确定的案件，而不能溯及适用于判决已经确定的案件。这是为了维护法律和判决的权威性和稳定性，而不是将公民的个人自由置于优先考虑的地位。1966年联合国《公民权利和政治权利国际公约》第15条第1款规定，如果在犯罪之后依法规定了应处较轻的刑罚，犯罪者应当减刑。这一规定之中隐含以下内容：有利于被告人的事后法，不仅应当适用于判决尚未确定的案件，而且应当适用于判决已经确定的案件。对这一规定作出如此扩张解释，符合该公约保障人权的根本宗旨。不少国家和地区的刑法典，如意大利、法国、俄罗斯和我国澳门特别行政区刑法典，都规定：旧法规定有罪而新法认为无罪的行为，即使判决已经确定，新法也有溯及力。这是禁止事后法之例外规则的新发展，符合自由精神和人道原则，值得我们重视。因为，原来认定某行为是犯罪的旧法被废除后，社会也就不会因为这些法律的继续适用而从中获益，继续适用这些法律，缺乏合理根据。

（二）禁止类推

罪刑法定原则自然要求禁止类推适用法律，即不得类推适用不利于被告人的刑法规定。

类推适用，是指通过比较分析"法律明文规定的事项"与"法律未明文规定的事项"二者之间共同或者相似的要素，将前者适用于后者的一种法律适用方法。在刑法中，类推主要是指将法律没有明文规定为犯罪并处以刑罚的案件事实比照刑法规定的最相类似的条文定罪量刑的制度。1979年《刑法》第79条规定，刑法分则没有明文规定的犯罪，可以比照刑法分则最相类似的条文定罪判刑，并报请最高人民法院核准。类推适用是刑法以外的其他法律（尤

刑法上的难题：类推适用与扩张解释的区别

其是民法）经常使用的填补法律规范漏洞的方法。但是，类推适用是将刑法分则没有规定为犯罪的行为作为"犯罪"予以刑罚处罚，因而与罪刑法定原则水火不容、直接冲突，罪刑法定原则自然而然地要求不得类推适用刑法分则条文定罪量刑。至少在这一意义上，可以说，我国1979年《刑法》没有实行罪刑法定原则。1997年《刑法》取消了类推（定罪判刑）制度，禁止不利于被告人的类推适用，但是允许类推适用有利于被告人的刑法规定。

禁止类推适用，是禁止类推适用不利于被告人的刑法规定，主要是设置刑事禁止与命令的刑法分则条文，即罪刑式法条，但有利于被告人的刑法规定，主要是刑法总则条文规定的从轻、减轻、免除处罚以及减免罪责和刑事责任的规定，可以通过类比推理的方法适用于特定的形式上不完全符合的刑事案件。例如，《刑法》第67条第2款规定："被采取强制措施的犯罪嫌疑人、被告人和正在服刑的罪犯，如实供述司法机关还未掌握的本人其他罪行的，以自首论。"这一规定可以采用类比推理的方式，将被采取行政拘留的人包括在内。具体来说，被行政拘留处罚的，与被采取强制措施、判处自由刑完全不同，但是却又类似，都是失去人身自由，而因为何种原因失去人身自由与自首成立条件没有任何冲突，结论便是：被行政拘留的人，如实供述司法机关还未掌握的本人其他罪行的，符合自首的实质条件，应当以自首论。

刑法禁止类推适用刑法分则条文，但是，在刑法分则条文内允许采用与类推适用相似的"类比推理"方法解释具体的构成要件。例如，刑法分则中有许多法条采取列举加概括立法形式，即首先列举规定具体的行为方式等构成要件，然后采取"其他……"概括性规定，比较重要的法条与罪名主要有：《刑法》第114条和第115条第1款规定的以危险方法危害公共安全罪、《刑法》第225条非法经营罪、《刑法》第236条强奸罪、《刑法》第263条抢劫罪等犯罪。对于此类法条来说，需要比照具体规定类比解释"其他……"的具体内容，与类推适用十分相似，但是却完全不同。

刑法分则条文都是比较抽象、一般的规定，禁止类推适用的实际作用也不能过于夸大。但是，分则条文内部的类比推理不能像1979年《刑法》类推适用刑法分则条文那样过于宽泛、任意。例如，1979年《刑法》施行期间，曾经将通奸造成婚姻家庭关系破裂或者其他严重后果的案件，比照暴力干涉婚姻自由罪类推为破坏婚姻家庭罪判刑。而通奸破坏婚姻家庭与暴力干涉婚姻自由罪的构成要件之间的差异性太大，相似性太低，甚至可以说根本不同。如此类推适用暴力干涉婚姻自由罪的法条，今天看来，明显不妥当。再如，1979年《刑法》施行期间曾经存在将鸡奸男童的行为比照强奸罪类推定罪的事例，后来司法解释将此种行为以流氓罪（"其他流氓活动"）定罪量刑，可见"其他……"规定的弹性是很大的。现在，司法人员采取类比推理方式解释刑法分则条文当中的"其他……"等概括性规定时，必须严格地进行，不能没有限制地任意解释。

（三）禁止习惯法

刑法应以制定法为依据，刑法是立法机关制定的成文法，习惯不是刑法的渊源，判例也不是刑法的渊源。从法律渊源上讲，我国刑法乃制定创造，而非习惯创造。当然，习惯与判例对于刑法的解释与适用具有重要之参考意义。

在普通法系国家，法官曾经享有依据习惯创制刑法规范的权力，法官可以创制新罪名，判例所形成的罪名是普通法罪，普通法成为刑法的一个重要渊源。现在，普通法系法官已经无权创制新的刑法规范和罪名，普通法罪也均已明确规定于制定法之中，制定法所发挥的作用越来越大，在这一意义上，普通法不再是刑法的渊源——刑事禁令的来源与存在的形式。但是，一方面，以往的判例仍然可以作为解释现行法律的根据而出现在判决理由之中；另一方面，判例法原则要求下级法院必须遵循上级法院特别是最高法院的判例中所确立的法律原则，上级法院则通常不能背离自己先前作出的判决。在这一意义上，普通法仍然是刑法的渊源。

在大陆法系国家，习惯法始终没有容身之地，各级法院的判例和解释不能创造刑事法律规范。大陆法系国家法律一般并没有规定下级法院必须遵循上级法院的判例，但是，最高法院判决所确立的原则、规则具有重要的规范作用，下级法院很少去有意识地背离。在我国，宪法将立法权授予全国人民代表大会及其常委会，所以，习惯法无论如何也不能成为刑法的渊源。法院不能根据习惯确定公民负有刑法没有规定的刑事义务，也不能在某一习惯对被告人有利的情况下，根据该习惯排斥或者否定刑法所规定的刑事禁令的效力。在我国，判例也不是法律的渊源，但是，审判制度的行政化色彩使得法院更为关注上级法院将如何判决同类案件，长期的审判实践形成一般的法律确信，上级法院特别是最高法院的判决具有相当

《最高人民法院关于案例指导工作的规定》

(四) 禁止不定刑

罪刑法定原则要求严格依照法律定罪处刑，立法者不能规定、司法者不能适用绝对不定刑和绝对不定期刑。绝对不定刑是指刑法只规定什么行为是犯罪而不规定具体如何处罚，在这种情况下，如何处罚犯罪人完全由司法人员自由决定。绝对不定期刑主要是指立法者在刑法中不规定、法官司法时不宣告自由刑的期限，剥夺犯罪人多长时间的人身自由完全由刑罚执行机关（监狱）决定。我国刑法对于各种具体犯罪主要是规定了相对确定的法定刑，在法定刑（特定刑种和刑度）相对确定的范围内，法官根据案件的具体情况裁判一个相对合理的、确定的刑罚予以宣告（宣告刑）。这一方面保证了刑罚的法定性，另一方面有利于法官遵循罪刑相当原则、刑罚个别化原则自由裁量。

我国刑法规定罪刑法定原则的特殊性

三、罪刑法定原则的理论基础

作为支配现代刑法的一种基本理念，罪刑法定原则的思想发源于资产阶级启蒙思想家。德国著名古典刑法学派学者冯·费尔巴哈（Von Feuerbach，1775~1833）在1801年出版的刑法教科书中最早将罪刑法定原则表述为："无法律则无刑罚，无犯罪则无刑罚，无法律规定的刑罚则无犯罪。"或者说"法无明文规定不处罚""法无明文规定不为罪"[1]，这是罪刑法定原则的经典表述。从思想渊源上看，近代启蒙思想家对于罪刑法定原则理论的阐述做出了历史性的贡献，三权分立的政治理论、自然法的思想和心理强制学说成为罪刑法定原则的思想渊源。其中，自然法的思想已经没落，心理强制学说已经落伍，只有三权分立政治理论仍然有效，是罪刑法定原则以至法治原则的政治基础。没有三权分立便没有罪刑法定原则，也没有法治。此外，自由、民主、人权理论，大致上也可以用来作为罪刑法定原则的理论基础。

我国《宪法》规定，"中华人民共和国的一切权力属于人民"，这集中体现了我国刑法确立罪刑法定原则的基础。一切权力属于人民，刑罚权自然也属于人民。只有人民才有权决定什么行为是犯罪和应处以何种刑罚。人民行使权力的机关是人民代表大会，最高权

---

[1] [德]冯·费尔巴哈著，徐久生译：《德国刑法教科书》，中国方正出版社2010年版，第31页。

力机关即全国人民代表大会，经过法定立法程序，用法律的形式明文规定什么行为是犯罪以及应处以何种刑罚，使它成为定罪量刑的唯一准绳。什么是犯罪以及对犯罪处以何种刑罚，由民选立法机构立法确定，相当于人民为自己立法。于是，对于全体公民而言，抽象地说，刑法不单纯是一种外在强制，更重要的是一种自我约束，因而罪刑法定原则与民主相连，民主是罪刑法定原则的基础。犯罪与刑罚由刑法加以明文规定，在法律范围内，个人享有选择和活动的自由，自由得到保障，因而罪刑法定原则与自由相连，自由是罪刑法定原则的基础。刑法确保个人、社会和国家的宪法意义上的重要利益得以保护而不为犯罪所侵害，安全也就得以保证，一个安全的社会就是一个有秩序的社会，罪刑法定与秩序、安全相连，社会秩序与安全是罪刑法定原则的基础。所以，罪刑法定原则与诸多法律价值相联系，既是这些法律价值的必然要求，又是实现这些法律价值的基本保障。罪刑法定原则是能够同时兼顾上述各种价值目标的法治原则，以自由、民主、秩序等基本法律价值为基础，而不是这些价值中的单一性或者说偏一性选择。总之，尽管自由、民主、秩序、人权等概念空洞而缺乏具体性，但是集合在一起大致上构成了罪刑法定原则的理论基础。

第二节 法律面前人人平等原则

一、法律面前人人平等原则的基本含义及其理论基础

人人平等的思想根深蒂固地存在于人类早期文化尤其是宗教观念之中，但是人类制度史基本上是不平等的历史。在封建社会，人们根据其先天的身份或地位，如王族、贵族、神父、平民、农奴等，来享有权利和承担义务，无平等性可言。欧洲启蒙思想家提出了"法律面前人人平等"的革命性口号，资产阶级革命颠覆了封建等级特权制度，确立了人人平等的原则。因此，平等原则最初主要是用来反对封建等级特权制度的。洛克说："人类天生都是自由、平等和独立的。"[1] 卢梭说："每个人都生而自由平等。"[2] 1776年美国《独

---

[1] [英]洛克著，叶启芳、瞿菊农译：《政府论》（下篇），商务印书馆1964年版，第59页。
[2] [法]卢梭著，何兆武译：《社会契约论》，商务印书馆1963年版，第9页。

立宣言》宣布:"人人生而平等。"1789年法国《人权宣言》第1条规定:"在权利方面,人们生来是而且始终是自由平等的。"第6条又进一步规定:"法律是公共意志的体现。全国公民都有权亲身或经由其代表参与法律的制定。法律对于所有的人,无论是施行保护还是进行处罚都是一样的。在法律面前,所有的公民都是平等的,故他们都能平等地按其能力担任一切官职、公共职务和地位,除德行和才能上的差别外不得有其他差别。"由此以后,公民在法律面前人人平等的原则就成为一项重要的宪法性原则,也成为法治的一项基本原则。1948年的《世界人权宣言》第7条规定:"法律面前人人平等,并有权享受平等保护,不受任何歧视。人人有权享受平等保护,以免受违反本宣言的任何歧视行为以及煽动这种歧视的任何行为之害。"由此以后,法律面前人人平等的原则又成为国际人权公约所规定的一项重要原则。

所有的人,因为是人,所以是平等的。按照法律面前人人平等的原则,人的道德价值是相同的,在基本的权利与义务的分配上,每一个人(因为他是人,因而)是平等的。公民在立法上都应当受到平等的保护,任何公民都不得享有任何不公正的特权,也不能受到任何歧视,而应受到公正无偏见的待遇。这是正义的必然要求。1966年联合国大会通过的《公民权利和政治权利国际公约》第26条规定:"所有的人在法律面前平等,并有权享受法律的平等保护,不受歧视。在这方面,法律应禁止任何歧视并保证所有的人得到平等的和有效的保护,以免受基于种族、肤色、性别、语言、宗教、政治或其他见解、国籍或社会出身、财产、出生或其他身份等任何理由的歧视。"否则,是非正义的。

平等并不否定社会分工和社会权威。否定社会分工,否定社会权威,只能说是一种极端的平均主义,它与真正的公正毫不相干。我们清楚地知道并接受:在社会关系网络之中,每个人的身份并不相同。因此,刑事义务还要根据公民的不同身份进行特别规定。国家公务人员的特殊身份,要求其承担廉洁、公正、勤勉等义务,公务人员"不得取得与职务相悖的利益""不得徇私舞弊""不得滥用职权""不得玩忽职守";家庭成员的特殊身份,要求其承担赡养、抚养、扶助、不得虐待其他家庭成员等义务;军人的身份,要求其承担"服从命令,听从指挥""在任何情况下不背叛祖国"等义务,而且不同身份的军人在不同的情况下又要承担不相同的义务……不同的人承担不相同的刑事义务,也是正义的要求。问题在于,不同的身份意味着个人在社会系统中的不同位置,不同的位置又因间隔而形成等级地位。刑法赋予不同身份的人以各不相同的刑事义务,实质上也就是在进行等级排列或者改变等级排列,给每个公民定位,在这一点上,现代民主社会与古代等级特权社会完全相同。但根本不同的是,现代刑法并不专横地给予每个人固定不变的位置,而是使每个人在社会网络系统中自由地分布和流动,从而符合公意。换句话说,公民的特殊社会身份并不是一个永恒不变的不平等的标记,而是社会公众合意的结果。这样一来,刑事义务就不纯粹是强制性的,更为重要的是,能够为每一个公民所自愿承担。

平等原则不仅要求对刑事义务的分配采取平等主义的原则,而且要求对于权利的授予也必须采取平等的原则。比如正当防卫,每一个公民都应当拥有这样的权利,将正当防卫的权利只授予一部分公民,而不授予另一部分公民,是不公正的。每一个人都应当拥有防卫的权利。当然,刑法可以授予某些特殊身份的人某种特别权利,比如人人都有正当防卫的权利,但是法律授予警察执行职务防卫行为时拥有更广泛的权利——如使用武器、警械、戒具等;或者限制某些人的自由,比如人人可以采取紧急避险行为,但是职务上、业务上负有特定责任的人无权为了避免本人危险而不履行职务、业务。如同刑事义务的分配一样,对特殊身份的人的权利与自由的特别授予或者特别限制,必然要求这些特殊身份的取得或者抛弃是公正的,而不是违反公意的先天安排。

我国《宪法》规定,"中华人民共和国公民在法律面前一律平等",任何组织或个人"都必须遵守宪法和法律","都不得有超越宪法和法律的特权"。法律面前人人平等在我国首先是宪法原则。因此,刑法面前人人平等是自然的,是不言而喻的。但是,现实生活告诉人民,人民币面前都还做不到平等,何况法律面前。我国司法实践中确实存在着种种不平等现象。所以,1997年《刑法》特别强调了这一原则。《刑法》第4条规定:"对任何人犯罪,在适用法律上一律平等。不允许任何人有超越法律的特权。"这一原则集中地体现了刑法的平等性。法律面前人人平等原则,既是一项刑法基本原则,又是一项重要的宪法原则。依据这一原则,所有的人在法律面前平等,平等地受法律的保护,任何人都不能因为种族、肤色、性别、语言、宗教、政治或者其他见解、国籍或者社会出身、财产、出生或者其他身份等任何理由受到歧视。在刑法领域，任何人犯罪，都应当受到刑事追究，任何人都不被允许有超越法律的特权，任何人也不得受到歧视。

二、平等原则的范围

《刑法》第 4 条关于法律面前人人平等原则的规定，字面上强调适用法律人人平等，而不是像宪法那样规定"法律面前人人平等"，所以不少刑法教科书将《刑法》第 4 条归结为"适用刑法人人平等"或者"平等适用刑法的原则"，似乎这一原则仅仅适用于司法领域而不包括立法领域。但是实际上，法律面前人人平等原则不仅是刑事司法原则，还是刑事立法的原则。

作为司法原则，刑法规范必须严格地适用于它所应当适用的所有场合，适用刑法既反对特权，又反对歧视。特权与歧视就像硬币的两面，一面是特权，另一面就是歧视。我国宪法和刑法强调了反特权，并不意味着不反歧视。反特权必然要求反歧视，因为一部分人的特权，就是对另外一部分人的歧视。法律面前人人平等原则要求：对于任何人都要平等地出罪和入罪，在定罪、量刑、行刑三个基本环节一律平等。

作为立法原则，人人都应当受到法律的平等保护。在我国，刑法除了规定对国有资产、利益予以特别保护而受到一定的批评之外，对于其他各种利益基本上做到了平等保护，所以，依据刑法的规定，法律面前人人平等的原则实际上也是刑事立法的基本原则。在刑法领域，本书反对将平等原则仅仅限于司法而不包括立法的观点。

第三节 罪刑相当原则

一、罪刑相当原则的名称及其基本含义

罪刑相当原则，又可以称为罪刑均衡原则、罪刑相适应原则，其基本含义是刑罚惩罚的轻重应当与犯罪的轻重相适应。古代刑法早期，曾实行"以牙还牙，以眼还眼，以血还血"的同态复仇原则，侵害行为与惩罚之间具有一种对等性。同态复仇原则既反映了人类朴素的公平意识，还反映了罪刑等价、相当、均衡的最初观

念。但是，同态复仇原则不可等同于罪刑相当原则。历史地看，刑法通过禁止私人复仇的方法垄断惩罚犯罪的权力，刑罚源于禁止复仇。罪刑相当原则之公正性与同态复仇背后的最初公平观念相关，却不是同态复仇的简单置换。现代意义上的罪刑相当原则产生于西方资产阶级国家，之后为世界各国刑法所接受。第二次世界大战以后，罪刑相当原则也在一些国际条约中得到体现和贯彻。

《刑法》第5条规定："刑罚的轻重，应当与犯罪分子所犯罪行和承担的刑事责任相适应。"这一规定表明罪刑相适应原则已经成为我国刑法的基本原则之一。

我国1979年《刑法》基本上贯彻了罪刑相当原则，但并没有明确规定罪刑相当原则是刑法的一项基本原则。1997年修订《刑法》时，刑法起草者认为："罪刑相当，就是罪重的量刑要重，罪轻的量刑要轻，各个法律条文之间对犯罪量刑要统一平衡，不能罪重的量刑比罪轻的轻，也不能罪轻的量刑比罪重的重。"[1]这大致概括了罪刑相当原则的基本内容。当然，如果仅仅将罪刑相当原则局限于量刑方面，是不全面、不准确的。因为罪刑相当原则是刑法的基本原则之一，它对于刑事立法以及刑事司法过程中的定罪、量刑、刑罚执行均有指导意义，而不仅仅是一个量刑原则。

我国《刑法》第5条的规定，包括了以下两方面的基本内容：①刑罚的轻重应当与犯罪分子所犯"罪行"相适应；②刑罚的轻重应当与犯罪分子所承担的"刑事责任"相适应。因此，如何解释"罪行"和"刑事责任"，会直接地影响到刑法理论上如何概括《刑法》第5条所规定的刑法基本原则的名称，[2]还会直接影响到该原则的具体内容。

---

[1] 1997年3月6日王汉斌在第八届全国人民代表大会第五次会议上《关于〈中华人民共和国刑法（修订草案）〉的说明》。立法者在刑法分则条文中设置每一个具体犯罪之法定刑时遵循了罪刑相当原则，所以，强调量刑是贯彻罪刑相当原则的主要司法领域，而不是说罪刑相当原则只限于量刑。当然，法定刑规定实际上难免存在不妥之处，需要通过立法进行修改。例如，《刑法》第264条曾经规定，盗窃金融机构，数额特别巨大的，以及盗窃珍贵文物，情节严重的，处无期徒刑或者死刑，并处没收财产。而根据《刑法》第263条的规定，抢劫银行或者其他金融机构的，处10年以上有期徒刑、无期徒刑或者死刑，并处罚金或者没收财产。比较这两项规定，可以发现，盗窃罪法定刑的上述规定明显重于抢劫罪的相关规定，确实不妥。所以，《刑法修正案（八）》遂删除了盗窃罪法定刑的上述规定，并且同时彻底地废止了盗窃罪的死刑，符合罪刑相当原则。

[2] 有一些刑法教科书将《刑法》第5条的规定概括为"罪责刑相适应"原则。本书不采此种概括，因为这一概括存在明显的缺陷。

"罪行"有两种基本含义：①客观罪行；②主客观统一的犯罪，即客观罪行与主观责任统一起来的犯罪行为。"刑事责任"也有两种基本含义：①归责意义上的刑事责任，即主观罪责，与客观罪行相对应；②法律后果意义上的刑事责任，即刑责，与犯罪相对应，是犯罪所引起的法律责任，是犯罪的法律后果。本教科书认为，无论是刑罚与客观罪行和主观罪责相适应，还是刑罚与犯罪和刑事责任相适应，《刑法》第5条所规定的刑法基本原则都应当概括为罪刑相当或者罪刑相适应原则，而不是"罪责刑相适应"原则。

刑罚与客观罪行和主观罪责相适应，也就是罪刑相当。因为客观罪行和主观罪责的统一就是犯罪。[1]本教科书主张，刑罚与客观罪行和主观罪责相适应，隐含着刑事归责意义上的刑事责任即罪责，通过"责—罪—刑"的逻辑结构，对罪刑关系施以调控。无罪责则无犯罪，无犯罪则无刑罚；主观罪责的轻重决定犯罪的轻重，进而影响刑罚的轻重。归责意义上的刑事责任通过"责—罪—刑"的逻辑结构赋予犯罪以伦理性，从而对刑罚的性质、范围与强度进行道德限制，最终赋予罪刑关系以伦理性的内涵。因此，在决定是否对犯罪人适用刑罚以及适用什么样的刑罚时，不仅应当考虑客观罪行的危害性和程度，而且必须特别考虑行为人的主观责任问题。

若将"罪行"解释为主客观统一的犯罪，那么，刑罚与罪行相适应，也就是罪刑相适应。接下来的问题是：如何解释刑罚与刑事责任相适应？从法律后果意义上的刑事责任来谈，刑罚与刑事责任相适应必然意味着刑罚的有无取决于刑事责任之有无，无刑事责任则无刑罚；刑事责任的轻重程度决定刑罚的轻重程度，刑事责任重的刑罚即重，刑事责任轻的刑罚即轻。通过"罪—责—刑"的逻辑结构，刑事责任对罪刑关系进行调控。无犯罪则无刑事责任，犯罪行为是刑事责任的根据，因此，犯罪行为的性质与程度直接决定刑事责任的性质与程度，这体现了刑事责任是国家对犯罪行为的否定性评价。刑事责任由犯罪人承担，为了体现刑事责任对犯罪人

---

[1] 我国《刑法》第5条中的"罪行"，主要是指犯罪行为对于社会的危害程度；"刑事责任"，主要是指犯罪分子罪责即主观恶性的大小。参见黄太云、滕炜主编：《中华人民共和国刑法释义与适用指南》，红旗出版社1997年版，第6页。

的谴责，刑事责任的性质和轻重程度还取决于犯罪人的人身危险性的性质和轻重程度。应受惩罚的是犯罪行为，而惩罚的是犯罪行为人。因此，在决定是否对犯罪人适用刑罚以及适用什么样的刑罚时，我们不仅应当充分考虑犯罪行为的性质和程度，还应当斟酌犯罪人的特点，主要是犯罪人的人身危险性，即犯罪人再次犯罪的可能性。从这个意义上讲，我们同犯罪行为作斗争，最终落实的是同犯罪人作斗争。但是，刑罚与犯罪人的人身危险性相适应，不再属于刑罚与犯罪相当，而属于刑罚与犯罪人（个人情况）相当，属于刑罚个别化原则的范围。一言以蔽之，罪刑相当是用来解决犯罪与刑罚关系的基本原则，刑罚个别化原则是用来解决刑罚与犯罪人关系的基本原则。这两个原则均属于刑法的基本原则，这两个原则既不可互相替代，也不可混为一谈。

由此可见，我国《刑法》第5条的规定是罪刑相当原则的直接表述，这既是立法者的原意，也是刑法文本的意思。依据这一规定，罪刑相当原则是指犯罪分子所受到的刑罚惩罚应当与犯罪的性质以及社会危害性程度相适应。罪刑相当原则意味着：对于任何人来说，无罪不罚，轻罪轻罚，重罪重罚，一罪一罚，数罪并罚，罚当其罪。罪刑相当原则集中体现了刑法的公正性、正义性。与此同时，我国《刑法》第5条还包含刑罚个别化原则的内容。通过刑事责任范畴，我国《刑法》第5条将罪刑相当原则与刑罚个别化原则联系起来。

二、罪刑均衡比例关系的确定

罪刑之间的相当关系，也就是罪刑之间的一种均衡比例关系，罪刑相当原则意味着罪刑之间在质与量两个方面的均衡。

罪刑相当原则的核心内容是：刑罚质和量与客观之害的罪行和主观之恶的罪责分别以及结合在一起形成的犯罪的性质与程度之间的相当关系。具体来说，刑罚应当与下列情况相适应：危害行为的性质、类型、手段、对象、时间、地点和其他情况；对刑法所保护的法益所造成的实际损害或者危险的程度；故意或者过失的程度，期待可能性的状况；等等。罪刑相当关系背后反映的是：犯罪给予犯罪人的欢乐和被害人的痛苦，与刑罚给予犯罪人的痛苦和被害人的抚慰之间的相当关系；各种刑罚方法适用所产生的实际痛苦的质与量，与各种具体犯罪人之刑罚感受能力之间的相当关系；某种犯罪再次发生的危险性，与刑罚预防其再次发生的积极作用之间的相当关系；等等。

从质的方面讲，刑罚必须以犯罪为限，立法上只能对犯罪规定刑罚，司法上只能在实际存在与法定犯罪一致的行为时才能适用刑罚，这是不可动摇的正义原则。这一原则既有利于预防犯罪的功利目的的实现，又是先于预防犯罪之功利目的而存在的正义原则。刑罚作为预防犯罪的手段，不能违背这一原则，无论何时，刑罚都只能是对犯罪人的惩罚，而不能对无辜者——包括所谓的"可能实施犯罪行为"的"潜在犯罪人"施加刑罚惩罚。

从量的方面讲，罪重刑重，罪轻刑轻，罪刑均衡，是一种不能动摇的形式比例均衡关系。在此前提下，罪刑均衡比例关系的实际内容可以而且需要做一定的调整，以满足预防犯罪之功利目的的需要。例如，在罪行微不足道时，应当尽量地不起诉、不定罪或者不判刑；在罪行特别严重时，原则上不能免除对罪犯的刑罚惩罚。

罪刑相当原则，意味着罪与刑之间的大体均衡，符合基本的比例关系，而不是一种数量上的绝对相等、对称。立法者在刑事立法上只要大体上确保罪刑之间的相当即可，而没必要（实际上也不能）做到罪与刑之间的一种绝对相同或者相似——在这方面的过分追求将导致酷刑的产生，而罪刑相当原则否定酷刑。《公民权利和政治权利国际公约》第7条规定："任何人都不得加以酷刑或施以残忍的、不人道的或侮辱性的待遇或刑罚。特别是对任何人均不得未经其同意而施以医药或科学实验。"对于刑事法官来说，在法定的罪刑相当的范围内，应当追求一种个别化的判决，以在具体案件的判决中最大限度地实现实际的刑罚与具体的犯罪相当。

立法者不可能也不应该建立一个完全与犯罪性质相似——更不可能是相同的刑罚体系，但是，立法者还是可以理智地设计与犯罪相适应的刑罚方法和刑罚体系的。刑罚与犯罪相当，不是刑罚外在表现为与犯罪相似，而应当是一种抽象的相当。罪刑相当意味着罪与罚之间是通过温和而不是残暴的方式联系和结合起来的。抽象地讲，惩罚出自事物的本性——黑格尔所说的否定之否定的规律；世俗地讲，刑罚自然地成为犯罪之祸害的"祸害"——边沁所说的"以恶制恶"，但是，刑罚这种"祸害"并不是"以血还血、以眼还眼、以牙还牙"的有形的、肉体的、血淋淋的恐怖报复，而是一种可理解的世俗语言——"恶有恶报"，只要有犯罪发生，惩罚便随之而来。

在立法上，刑罚之分量没有必要完全像数量那样进行无限的分解，但是，惩罚权力的运作应当符合基本的经济学规则，或者说，在最低限度上应当符合简单的算术规则。俗话说，时间就是生命，时间就是金钱。时间因素使刑罚与犯罪之间建立起一种数量关系，通过时间概念，刑罚与犯罪之间可以实现大致公平的换算。现代各国刑罚体系基本上是以自由刑为中心的刑罚体系，自由刑是对付犯罪的主要刑罚手段，而自由刑主要是通过时间尺度与犯罪之间建立量比关系。在当代社会，罚金刑的地位与作用正变得越来越重要。与自由刑一样，罚金刑也可以通过时间尺度与犯罪之间建立量比关系。一些西方国家所实行的日额罚金制无疑主要是以时间尺度作为惩罚与犯罪之间的换算标准，易科制度则是通过时间概念实现罚金刑与自由刑之间的切换。由此可见，惩罚的时间既是刑罚，也是犯罪严重性的标准。

三、罪刑相当原则与刑罚个别化原则的关系

《刑法》第5条不仅直接规定了罪刑相当原则，还间接地规定了刑罚个别化原则及其与罪刑相当原则的关系。

刑罚个别化，或称刑罚个体化、刑罚个人化，是指刑罚的轻重与适用应当与犯罪者的个人情况相适应。也就是说，根据犯罪人的个人情况，有针对性地规定和适用相应的刑罚，以期有效地教育改造罪犯，预防犯罪人再次实施犯罪。按照这一原则，刑罚主要应当与具体犯罪人的个人情况相适应，犯罪人的个人情况包括：实施犯罪的原因和犯罪人的人格特征；犯罪人是否有累犯情节或者前科记录，尤其是犯罪人在犯罪前的一贯表现以及犯罪时的品行或者犯罪后的态度与品行；犯罪人所处的家庭和社会生活环境；等等。

罪刑相当原则与刑罚个别化原则既有联系又有区别。二者之间的基本关系是：罪刑相当原则是调整刑罚与犯罪即罪刑关系的基础性原则，为刑罚个别化原则的运用划定范围与疆界；刑罚个别化原则是调整刑罚与犯罪人之关系的基本原则，它要求刑罚应当根据犯罪人的具体特点有针对性地加以规定、裁量与适用，从而构成对罪刑相当原则的制约与校正。以罪刑相当原则为基础性原则、以刑罚个别化原则为校正性原则，是各国刑法协调罪刑相当原则与刑罚个别化原则之间关系的基本做法。进一步更具体的做法是：在刑法分

罪刑相当原则与刑罚人道主义原则的关系

视频：中国刑罚的人道主义改革

则中，实行"罪"的绝对确定，即规定具体而明确的罪状，"刑"的相对确定即规定相对确定的法定刑，相对确定的法定刑是按照罪刑相当原则，根据各种具体犯罪行为的严重性质和程度而确立的量刑幅度；在刑法总则中，对犯罪人进行分类和定型，并按照犯罪人的不同情况设立一系列具体的刑罚制度，如累犯、惯犯、初犯、自首、立功、缓刑、减刑、假释等刑罚制度。

第三章 刑法的适用范围

本章知识结构图

刑法的适用范围 { 空间效力 ⇨ 对地域的效力、对人的效力
　　　　　　　　时间效力 ⇨ 生效时间、失效时间、溯及力

第一节 刑法的空间效力

一、刑法空间效力概述

刑法的适用范围是指刑法在时间上和空间上的效力范围，即刑法在什么地方、对什么人和在什么时间内具有法律效力。刑法的效力范围包括空间效力和时间效力两方面。

刑法的空间效力，是指刑法在什么地方、对于什么人有效，它解决的是国家的刑事管辖权问题。国际法确认，每个主权国家，除了受到国际法和国际条约规定的限制外，有权采取其认为最好的、最合适的原则来行使刑事管辖权。各国行使刑事管辖权，可以只适用本国的刑法，不适用外国的刑法。这也是国际法惯例。现在，国际法中已形成了以下几个行使刑事管辖权的原则。

（一）属地原则

属地原则又称领土原则，主张刑事管辖权基于属地最高权即国家对于本国的领土主权而产生，即凡是发生在国家领土内的一切犯罪活动，都受这个国家的法律的管辖。这是刑事管辖权最古老的国际法原则，也是各国行使管辖权的最基本原则。

（二）属人原则

属人原则又称国籍原则，主张刑事管辖权基于属人最高权即国家对于本国公民的主权以及本国公民有义务遵守本国法律而产生。由于该原则的适用，一个人如在外国犯罪，要受到双重的刑事管辖，即一方面要受到所在国基于属地最高权而产生的刑事管辖权的

管辖，另一方面又要受到其本国基于属人最高权而产生的刑事管辖权的管辖。对于双重刑事管辖权问题的处理，各国刑法有两种不同的规定：①规定本国刑法全部适用于本国公民在国外的犯罪行为；②规定本国刑法只部分地适用于本国公民在国外的犯罪行为。我国刑法的规定属于第一种情况。[1] 属人原则通常作为属地原则的补充性原则而存在。

（三）保护原则

保护原则又称安全原则，主张外国人在外国犯有危害本国国家或者公民利益的罪行，当该外国人进入本国国境内时，对其行使刑事管辖权。这个原则已得到各国的普遍承认，用以扩大国内刑法的空间效力范围，进一步地补充属地原则之不足。我国刑法也采取了保护原则，但是作了一定的限制。

（四）世界性原则

世界性原则也称普遍管辖原则，主张对外国人在外国犯有损害外国国家或外国人的罪行，在一定条件下，主要是进入或者曾经进入本国司法管辖区域时，根据本国的刑法行使刑事管辖权。这个原则的论据是所谓的"犯罪世界性说"。它认为犯罪行为不论发生在什么地方，总是对人类社会的祸害，主张不问犯罪地点属于哪一个国家，犯罪人和受害者的国籍如何，以及犯罪是否直接或者间接地侵犯了本国国家利益或者本国公民的利益，只要有犯罪行为在世界上发生，国家就有权根据本国的刑法加以惩罚。世界上只有极少数国家的刑法采取这个原则。

（五）永久居所或营业地原则

这是20世纪60年代以后发展起来的一个新的行使刑事管辖权的原则。关于制止危害国际民用航空安全的《关于在航空器内的犯罪和其他某些行为的公约》（亦称《东京公约》）、《关于制止非法劫持航空器的公约》（亦称《海牙公约》）和《关于制止危害民用航空安全的非法行为的公约》（亦称《蒙特利尔公约》）引入了这

---

[1] 1979年《刑法》属于第二种情况，1997年《刑法》进行了修改。1979年《刑法》第4条规定，中华人民共和国公民在中华人民共和国领域外犯下列各罪的，适用本法：①反革命罪；②伪造国家货币罪（第122条），伪造有价证券罪（第123条）；③贪污罪（第155条），受贿罪（第186条），泄露国家机密罪（第186条）；④冒充国家工作人员招摇撞骗罪（第166条），伪造公文、证件、印章罪（第167条）。第5条规定："中华人民共和国公民在中华人民共和国领域外犯前条以外的罪，而按本法规定的最低刑为3年以上有期徒刑的，可以适用本法；但是按照犯罪地的法律不受处罚的除外。"

个原则。例如,《东京公约》第 4 条第 2 款规定,如果犯罪人或受害人在一个缔约国有永久居留权,那么该缔约国对这类犯罪案件也有刑事管辖权。这是对刑事管辖权的国际法原则的新发展。现在有的国家的刑法已开始采用这一原则。

二、我国刑法对地域的效力

《刑法》第 6 条第 1 款规定:"凡在中华人民共和国领域内犯罪的,除法律有特别规定的以外,都适用本法。"这是对属地原则的规定。

(一)领域的范围

领域即领土,由领陆、领空、领水和底土构成。领陆是指陆地领土,包括岛屿。领水包括内水和领海。内水包括国境以内的江、河、湖泊,领海基线以内的内海、内海湾、内海峡、河口和港口水域。如果是两国之间的界水,通常以河流中心线为界,如果是可航行的河道,则以主航道中心线为界。领海是指与一国海岸或内水相连的在领海基线以外、领海线以内的属于该国主权之下的一定宽度(我国政府于 1958 年 9 月 4 日发表声明,宣布我国领海宽度为 12 海里)的海域。领空是指领陆、领水的上空,它只及于空气空间(大体在 100 公里~110 公里的高度),不包括外层空间。底土是指领陆和领水以下的底土(理论上直至地心)。

《刑法》第 6 条第 2 款规定:"凡在中华人民共和国船舶或者航空器内犯罪的,也适用本法。"根据国际惯例,领域还包括悬挂本国国旗的船舶和航空器,谓之国旗原则。按照国旗原则,悬挂本国国旗的船舶和航空器属于拟制领土,也就是为解决管辖权问题所作的假设,并不是真正的领土。这里所说的船舶或者航空器,既包括军用的也包括民用的;既指航行途中的,也指处于停泊、停飞状态中的;既指在公海或公海上空的,也指停靠于外国港口、停飞于外国机场的悬挂我国国旗的船舶、航空器。应当注意:适用该条款,以我国的船舶、航空器在我国境外为限,若已经进入或者停泊在我国境内,不适用该条款,应直接适用《刑法》第 6 条第 1 款。各国刑法一般都有类似于我国《刑法》第 6 条第 2 款的规定,但是不构成对我国刑法地域效力的否定,进入或者停泊在我国境内的外国的船舶、航空器内有犯罪发生的,适用《刑法》第 6 条第 1 款,我国拥有刑事管辖权。总之,凡在我国的船舶、航空器内犯罪的,即使该船舶、航空器是在我国境外,我国也享有刑事管辖权。

（二）犯罪地的确定

犯罪地即发生犯罪的地域,包括犯罪行为地和犯罪结果地。《刑法》第6条第3款规定:"犯罪的行为或者结果有一项发生在中华人民共和国领域内的,就认为是在中华人民共和国领域内犯罪。"这是对犯罪地确定标准的规定。犯罪行为可以是部分,也可以是全部;可以是作为,也可以是不作为,不作为以应作为地为犯罪地;既可以是犯罪预备行为,也可以是犯罪实行行为;既可以是实行犯的实行行为,也可以是帮助犯的帮助行为、教唆犯的教唆行为。犯罪结果可以是部分,也可以是全部;可以是有形结果,也可以是无形结果;既包括犯罪行为所实际造成的危害结果,也包括犯罪分子预期发生的危害结果。

（三）例外情况

凡在我国领域内犯罪的,均适用我国刑法。这是原则,但是原则往往有例外,属地原则的例外有两种情况:

1. 《刑法》第11条规定:"享有外交特权和豁免权的外国人的刑事责任,通过外交途径解决。"外交特权和豁免权,是指按照国际法或者有关协议,在平等互惠的前提下,为使一国外交代表在驻在国能够有效地执行职务,而由驻在国给予的特别权利和优遇。根据国际惯例和有关国际条约,享有外交特权和豁免权的人不受接受国的刑事管辖。享有外交特权和豁免权的人员范围如下:①按照国际惯例,外国的国家元首（皇帝、国王、共和国主席、总统等）、政府首脑（总理、首相、部长会议主席等）、外交部长享有全部外交特权和豁免权。②根据《维也纳外交关系公约》的规定,充任使馆馆长的外交代表（大使、公使、代办）和使馆的其他外交人员（参赞、一等、二等、三等秘书和随员）以及陆、海、空军武官等,包括他们的配偶和未成年子女;使馆的行政和技术人员及与其构成同一户口的家属,如非接受国国民而且不在该国长久居留;外交使差。③按照我国的有关规定和实践,除外交人员外,凡依照我国与各国所订条约、协议应享受若干特权和豁免的商务代表,也予以外交待遇。此外,下列人员经我国外交部核定,也得享受若干特权和豁免:途经或者临时留在我国境内的各国驻第三国的外交官;各国派来中国参加会议的代表;各国政府来中国的高级官员;依照国际公约应享受外交特权与豁免的其他人员,如按照《联合国宪章》规定享有特权和豁免的有关人员。④按照《维也纳领事关系公约》(1979年我国加入该公约)的规定,领事代表(总领事、领事、副领事、领事代理人以及名誉领事和其他领事馆人员)也享有一定的特权和豁免,但其司法豁免权低于外交人员。1963年《维也纳领事关系公约》第41条第1项规定:"领事官员不得予以逮捕候审或羁押候审,但遇犯严重罪行之情形,依主管司法机关之裁决执行者不在此列。"该条的第2、3项和第42条规定了对领事人员在刑事管辖方面的其他优遇。

享有外交特权和豁免权的人员虽然享有人身不可侵犯和刑事管辖豁免等特权,但是,外交代表人身不受侵犯原则,并不排斥由于代表本人的不法侵害行为而引起的他人的正当防卫,也不保证不会在例外的情况下采取防止他进行犯罪的措施。他们犯罪不适用我国刑法,不意味着他们可以不受任何约束违反我国法律。他们应当尊重和遵守我国的法律。《维也纳外交关系公约》第41条第1项规定:"在不妨碍外交特权与豁免之情形下,凡享有此项特权与豁免之人员,均负有尊重接受国法律规章之义务。此等人员并负有不干涉该国内政的义务。"所以,享有外交特权和豁免权的外国人在我国领域内犯罪,我国不能行使刑事管辖权,即不能按照司法程序对他们进行搜查、拘留、逮捕、起诉以及定罪、判刑和执行刑罚,但是可以通过外交途径加以解决。外交途径有:要求派遣国召回,或者建议派遣国依法处理;宣布其为不受欢迎人员或者不能接受。《维也纳外交关系公约》第9条规定:"①接受国得随时不具解释通知派遣国宣告使馆馆长或使馆任何外交职员为不受欢迎人员或使馆任何其他职员为不能接受。遇此情形,派遣国应斟酌情况召回该员或终止其在使馆中之职务,任何人员得于其到达接受国境前,被宣告为不受欢迎或不能接受。②如派遣国拒绝或不在相当期间内履行其依本条第1项规定所负义务,接受国得拒绝承认该员为使馆人员。"外交人员一旦被宣布为不受欢迎的人,须立即停止在接受国执行职务,并且必须离开该国。如果他拒绝离开,接受国政府可以设法强制执行其决定。

2. 香港、澳门特别行政区不适用内地刑法。我国实行"一国两制"政策,香港、澳门特别行政区享有高度自治权,包括立法权、独立的司法权和终审权,所以,从理论上讲,尽管香港、澳门特别行政区的刑法属于中国刑法的一部分，但香港、澳门特别行政区不适用内地刑法。国际法上，中华人民共和国中央人民政府是中国唯一的合法政府，台湾是中国的一个省，大陆刑法当然适用于台湾地区，只不过由于两岸长期分离，大陆刑法在绝大多数情况下实际上难以适用于台湾地区。如果两岸未来以和平方式结束敌对状态实现实际的统一，按照"一国两制"的政策，大陆刑法也将不适用于台湾地区。

这里所言"香港、澳门特别行政区不适用内地刑法"，是指香港、澳门特别行政区的司法机关审理刑事案件不以内地刑法而以自己的刑法为法律依据，犯罪行为地和结果地是否在香港、澳门特别行政区，在所不问。反之，亦然。也就是说，犯罪行为或者结果地发生在香港、澳门特别行政区，但犯罪行为的一部分发生于内地，如犯罪的组织策划或者犯罪工具的准备等预备行为发生在内地的，内地法院不仅有刑事管辖权，而且对于被告人在香港、澳门特别行政区实施的犯罪亦有权依照内地刑法予以审判。

三、我国刑法对人的效力

（一）对我国公民的效力

我国公民是指取得中华人民共和国国籍的自然人。我国公民在我国领域内犯罪，一律适用我国刑法。但是，依据我国《宪法》的规定，全国人民代表大会代表在全国人民代表大会各种会议上的发言和表决，不受法律追究。

我国公民在我国领域外犯罪，按照属人原则应当适用我国刑法，其中，国家工作人员和军人在领域外犯罪从严掌握。

1. 我国公民在我国领域外犯罪原则上适用我国刑法。《刑法》第7条第1款规定："中华人民共和国公民在中华人民共和国领域外犯本法规定之罪的，适用本法，但是按本法规定的最高刑为3年以下有期徒刑的，可以不予追究。"此规定表明，我国公民在领域外犯我国刑法规定之罪的，原则上都适用我国刑法，但是，法定最高刑为3年以下有期徒刑的，可以不予追究。这里的"可以"，是指由司法机关斟酌情况自由裁量决定。这里的"最高刑"是指某一条文中与罪行轻重相对应的法定量刑幅度的最高刑。

2. 国家工作人员和军人在我国领域外犯罪一律适用我国刑法。《刑法》第7条第2款规定："中华人民共和国国家工作人员和军人在中华人民共和国领域外犯本法规定之罪的，适用本法。"这一规定表明：国家工作人员和军人在领域外犯罪，无论罪轻罪重，均适用我国刑法。如此规定，是因为国家工作人员和军人均属于有特定职责的人，应对他们有更严的要求。这一规定对保护人民的利益和维护国家的尊严有重要的意义。"国家工作人员"是指《刑法》第93条规定的人员。军人是指中国人民解放军的现役军官、文职干部、士兵和具有军籍的学员和中国人民武装警察部队的现役警官、文职干部、士兵及具有军籍的学员。执行军事任务的预备役人员和其他人员以军人论。

(二) 对外国人的效力

外国人是指具有外国国籍的人和无国籍的自然人。如前所述，依据《刑法》第6条和第11条的规定，外国人在我国领域内犯罪，按照属地原则适用我国刑法，但是享有外交特权和豁免权的外国人的刑事责任，通过外交途径解决。

外国人在我国领域外犯罪，我国刑法的效力又可分为以下两种情况：

1. 外国人在我国领域外针对我国国家或者公民的犯罪。《刑法》第8条规定，外国人在我国领域外实施针对我国国家或者公民的犯罪，而按我国刑法规定的最低刑为3年以上有期徒刑的，可以适用我国刑法，但是按照犯罪地的法律不受处罚的除外。这是按照保护原则所作的规定。按照这一规定，如果所犯的罪按照我国刑法规定的最低刑不满3年有期徒刑，或者按照犯罪地的法律不受处罚，则不适用我国刑法。这是适用保护原则的限制性条件。

2. 外国人在我国领域外实施国际犯罪。《刑法》第9条规定："对于中华人民共和国缔结或者参加的国际条约所规定的罪行，中华人民共和国在所承担条约义务的范围内行使刑事管辖权的，适用本法。"依据这一规定，外国人在我国领域外实施我国缔结或参加的国际条约所规定的国际犯罪，我国在所承担条约义务的范围内行使刑事管辖权。

为惩治国际犯罪，维护国际社会秩序，在有关国际组织的主持下，国际上先后制定了一系列旨在加强国际合作、有效防止和惩处国际罪行的国际条约。国际犯罪是国际社会通过国际公约的形式予以明文禁止并确认其应受刑事制裁的行为。我国先后参加了1963

年 9 月 14 日签订于东京的《关于在航空器内的犯罪和其他某些行为的公约》、1970 年 12 月 16 日签订于海牙的《关于制止非法劫持航空器的公约》、1971 年 9 月 23 日签订于蒙特利尔的《关于制止危害民用航空安全的非法行为的公约》、1948 年 12 月 9 日联合国大会通过的《防止及惩治灭绝种族罪公约》、1973 年 11 月 30 日联合国通过的《禁止并惩治种族隔离罪行的国际公约》、1973 年 12 月 14 日联合国通过的《关于防止和惩处侵害应受国际保护人员包括外交代表的罪行的公约》等国际公约。外国人在我国领域外实施上述国际条约所规定的国际犯罪后进入我国,尽管这些犯罪没有直接侵害我国国家或者公民的利益,但是,这些国际犯罪直接侵犯了国际社会的共同利益,间接地侵犯了我国国家利益,我国司法机关要遵循"或起诉或引渡"的原则,对国际犯罪嫌疑人采取措施。

四、我国刑法对单位的效力

刑法总则关于刑法空间效力的规定应同样适用于单位犯罪,由于单位犯罪的特殊性,刑法对单位的效力亦有其特殊性。

(一)单位国籍的特殊性

自然人区分为中国公民和外国人,单位也应当区分为中国单位与外国单位。凡在我国批准登记设立的法人,属于中国法人;凡不在我国批准登记设立的法人,都是外国法人。我国刑法对中国法人的效力与对中国公民的效力相同;我国刑法对外国法人的效力与对外国人的效力相同。

(二)对单位效力的双重性

由于单位犯罪大多要实行双罚制,因此,刑法对单位的效力,除了对单位组织的效力外,还有对自然人(单位直接负责的主管人员和其他直接责任人员)的效力,刑法对单位犯罪的效力表现为双重性。在这种情况下,很可能出现对两种犯罪主体的效力不相同的情况,如单位是中国法人而自然人是外国人,或者相反。在这种情况下,刑法对这两种犯罪主体(单位和自然人)的效力,应依据刑法的有关规定分别加以确定。

五、外国刑事判决的效力

世界各国各地的刑法均采取属地原则,兼采属人原则、保护原则,国际条约也鼓励、支持更多的国家对国际犯罪行使管辖权,所以，对于同一个具体的刑事案件，可能会有许多个国家拥有刑事管辖权，形成各国刑法空间效力范围的重叠。这样一来就产生一个问题：如果行为人因为同一行为在外国已经被定罪判刑，我国刑法应当如何对待？这就是外国刑事判决的效力问题。

《刑法》第10条规定，无论是中国公民还是外国人，凡在我国领域外犯罪，依照我国刑法应当负刑事责任的，虽然经过外国审判，仍然可以依照我国刑法追究，但是在外国已经受过刑罚处罚的，可以免除或者减轻处罚。这一规定表明：我国作为一个独立自主的主权国家，除条约有特别约定之外，并不受外国法院判决的约束，不将外国法院的刑事判决作法律上的处理。所以，我国就同一行为再行追诉，不违反一事不再理的原则。但是，如果犯罪人在外国已经受过刑罚处罚，那么从人道主义原则出发，应当实事求是地对待这一事实，作为"可以免除或者减轻处罚"的量刑情节对待。

如果我国与外国已签订移管被判刑人双边条约，则会根据条约的规定彼此承认并执行对方国家法院的刑事判决。移管被判刑人，是将被判刑的人移交执行国——主要是被判刑人国籍国，继续执行判刑国判处的刑罚。被判刑人移管至本国服刑，有利于被判刑人重返社会，是人道主义的制度安排。我国可以将被判刑人（被人民法院判处徒刑或者以其他形式剥夺自由的人）移交其本国服刑，我国是判刑国，外国则是执行国；同样，外国可将被该国法院判处监禁或者以其他形式剥夺自由的我国公民移交我国服刑，我国是执行国，外国则是判刑国。目前，我国已经与俄罗斯、乌克兰、西班牙、葡萄牙、澳大利亚、韩国、泰国等多个国家签订移管被判刑人双边条约。一般来说，移管被判刑人需要符合以下具体条件：①被判刑人是执行国的国民；②对被判刑人判处刑罚所针对的行为按照双方法律均构成犯罪；③被判刑人还需要服刑1年以上；④有已经发生法律效力的终局判决；⑤被判刑人同意；⑥判刑国与执行国双方同意。

《中华人民共和国和俄罗斯联邦关于移管被判刑人的条约》

第二节 刑法的时间效力

一、刑法的生效时间

刑法的时间效力，是指刑法在时间上的适用范围，即刑法的生效时间、失效时间以及对刑法生效前的行为是否适用即是否具有溯及力。

刑法的生效时间通常有两种规定：一是从刑法公布之日起施行；二是在公布一段时间后再施行。

二、刑法的失效时间

刑法的失效时间，是指刑法效力的终止时间。通常有两种情况：①由立法机关明确宣布废止，即新法公布后，在新法中或者其他法令中明确宣布，与新法相抵触的旧法即行废止或者失效。例如，《刑法》第452条第2款规定："列于刑法附件一的全国人民代表大会常务委员会制定的条例、补充规定和决定，已纳入刑法或者已不适用，自刑法施行之日起，予以废止。"②自然失效，即由于新法代替旧法，旧法自动失效；或者由于立法时规定的特殊条件已经消失，该法律当然失效。

三、刑法的溯及力

（一）刑法溯及力的概念及其原则

刑法的溯及力，即刑法溯及既往的效力，是指一个新制定的刑事法律适用于它生效前的未经审判或者判决尚未确定的行为。如果新制定的刑事法律不能适用于它生效前的未经审判或者判决尚未确定的行为，那么该刑事法律就没有溯及力。如何规定刑法的溯及力，各国立法例主要有以下四个原则：

1. 从旧原则。新法对过去的行为一律没有溯及力，对过去的行为一概适用行为当时的法律（旧法）。

2. 从新原则。新法具有溯及力，即新法对于过去未经审判或者判决尚未确定的行为一律适用，而不再适用旧法。

3. 从新兼从轻原则。新法原则上溯及既往，但旧法不认为是犯罪或者处刑较轻的，则应按照旧法处理。

4. 从旧兼从轻原则。新法原则上不溯及既往，但新法不认为是犯罪或者处刑较轻的，则应适用新法。

西方国家刑法，大多采用从旧兼从轻原则，也有的采用从新兼从轻原则，绝对禁止从新从重溯及既往，甚至有的国家将禁止从新从重溯及既往（即禁止事后法）的原则作为一条牢不可破的宪法性原则，以维护和保障人权，防止国家刑罚权的无限扩张。

第三章 刑法的适用范围

(二) 我国刑法的具体规定

新中国成立初期公布施行的一些单行刑事法规,在溯及力问题上采取了从新原则。例如,1951年2月21日公布施行的《中华人民共和国惩治反革命条例》第18条规定:"本条例施行以前的反革命罪犯,亦适用本条例之规定。"1952年4月21日公布施行的《中华人民共和国惩治贪污条例》虽然没有明文规定溯及力问题,但是在适用时,也是采取从新原则的。1979年《刑法》关于溯及力的规定采取了从旧兼从轻的原则,但是立法实践中仍有个别的单行刑法并没有遵守这一原则。[1] 1997年《刑法》继续采取了从旧兼从轻的原则。禁止事后法是罪刑法定原则的重要派生原则,所以,罪刑法定原则要求刑事立法与司法必须严格遵循从旧兼从轻的原则。

《刑法》第12条规定,从1949年10月1日中华人民共和国成立以后,至1997年9月30日刑法生效前,这段时间内发生的行为,未经审判或者判决尚未确定的,应按照以下不同情况处理:

1. 行为当时的刑法不认为是犯罪,而现行刑法认为是犯罪的,适用当时的法律,即刑法没有溯及力。

2. 行为当时的刑法认为是犯罪,而现行刑法不认为是犯罪的,应适用刑法,不以犯罪论,即刑法有溯及力。

如果有符合上述情形的刑事案件进入刑事诉讼程序的,应当终止诉讼程序:若在侦查阶段,应当撤销案件;若在审查起诉阶段,应当不起诉;若在审判阶段,公诉机关不撤诉的,应当宣告无罪。

3. 行为当时的法律认为是犯罪,依照现行《刑法》总则第四章第八节的规定应当追诉的,按照当时的法律追究刑事责任,刑法无溯及力。但是如果刑法处刑较轻,适用刑法,刑法就有溯及力。

上述第三种情形是指新、旧法律均认为是犯罪,但是,新法变更了刑罚处罚的规定,处罚变重的没有溯及力,处罚变轻的有溯及力。刑法变更刑罚处罚主要包括三种情形:①犯罪构成要件、量刑情节不变而处罚变更,这是较为典型、常见的情形;②处罚不变而犯罪构成要件、量刑情节变更,进而可能造成实际处刑轻重的变化,这一情形较少;③犯罪构成要件、量刑情节与处罚均有变

---

[1] 例如,1982年3月8日通过的《全国人大常委会关于严惩严重破坏经济的罪犯的决定》(失效);1983年9月2日通过的《全国人大常委会关于严惩严重危害社会治安的犯罪分子的决定》。

更。这三种情形的变化都会造成处刑轻重的变化,若依照现行刑法处刑较轻,则现行刑法具有溯及既往的效力,否则现行刑法不具有溯及既往的效力。

在这里,"处刑较轻"是就具体刑事案件分别适用新法(裁判时法)与旧法(行为时法),然后比较新、旧刑法运用于该具体案件的实际处刑轻重变化,但是又不是直接比较该刑事案件分别按照新、旧刑法应当宣告的刑罚处罚,而是将具体刑事案件适用新、旧刑法,比较其应当适用的法定刑(包括量刑幅度),即"刑法对于某种犯罪规定的刑罚即法定刑比修订前的轻。法定刑较轻是指法定最高刑较轻;如果法定最高刑相同,则指法定最低刑较轻"。由于具体犯罪的法定刑可能只有一个量刑幅度,也可能有多个量刑幅度组成,所以,"如果刑法规定的某一犯罪只有一个法定刑幅度,法定最高刑或者最低刑是指该法定刑幅度的最高刑或者最低刑;如果刑法规定的某一犯罪有两个以上的法定刑幅度,法定最高刑或者最低刑是指具体犯罪行为应当适用的法定刑幅度的最高刑或者最低刑"。[1]这一司法解释基本上反映了我国比较刑罚处罚轻重的司法习惯:一般是比较主刑最高刑的高低,最高刑相同时比较最低刑,主刑相同时再比较附加刑。所以,主刑最高刑轻者,属于处刑较轻;最高刑相同时,最低刑轻者,属于处刑较轻;主刑量刑幅度相同,附加刑轻者,属于处刑较轻。

处刑轻重的比较与从旧兼从轻原则的适用

《刑法》第12条第2款规定:"本法施行以前,依照当时的法律已经作出的生效判决,继续有效。"新法对于已决案件没有溯及既往的效力,是强调维护法院判决的权威性和稳定性,而不允许撤销已生效的判决。1997年9月25日发布的《最高人民法院关于适用刑法时间效力规定若干问题的解释》还进一步明确规定:"按照审判监督程序重新审判的案件,适用行为时的法律。"这具有合理的一面。但是,从公平和功利的角度看,也有不妥的一面。旧法规定有罪而新法认为无罪的,新法应该溯及判决已经确定的案件,从而避免法律宣告某种行为无罪而监狱里还有人为此而坐牢。目前,在《刑法》和《监狱法》没有修改的情况下,实务中可以在法律许可的范围内尽可能大幅度地裁定减刑,最大限度地减少或者免除余刑的执行。

---

〔1〕 1997年12月23日通过的《最高人民法院关于适用刑法第十二条几个问题的解释》。

(三）中间时法的效力问题

所谓中间时法，是指在行为时法（行为人实施行为时的法律）、裁判时法（司法机关审理具体案件时的法律）之间的时间存在着的法律。当裁判时法与行为时法之间存在着中间时法时，中间时法的效力如何？我国《刑法》第12条关于1997年《刑法》溯及力的规定没有涉及。一些国家和地区的刑法明文规定，行为后法律有变更的，适用最有利于行为人的法律。也就是说，如果中间时法最有利于被告人则适用中间时法，排斥裁判时法与行为时法的适用。若仅从我国《刑法》第12条规定的字面含义上看，该条只是规定了在行为时法与裁判时法之间进行比较进而采取从旧兼从轻的原则，没有提到中间时法的效力问题，但是能否说我国《刑法》第12条不容许法官考虑中间时法，尚有疑问。一个显而易见的立法事实是：1997年《刑法》第12条规定在1979年《刑法》和1997年《刑法》之间进行比较，当时并无中间时法的存在，所以该条文并未提及中间时法，如果理论解释者将《刑法》第12条中的1979年《刑法》和1997年《刑法》分别置换为行为时法和裁判时法，进而将第12条解释为刑法（或者立法者本意）排斥考虑中间时法，既不是文本的意思，也未必是立法者的原意。

中间时法的实例及其分析

（四）刑事司法解释及立法解释的时间效力问题

1979年《刑法》实施以来的刑事司法实践的习惯做法是：刑法立法解释和司法解释（即刑法有权解释）具有与解释文本（即刑法）同步的时间效力，也就是说，刑法有权解释适用于其颁布实施之前刑法施行期间发生的未决刑事案件。这为1979年《刑法》颁布实施以来许多重要司法解释所确认。

2001年12月7日施行的《最高人民法院、最高人民检察院关于适用刑事司法解释时间效力问题的规定》（以下简称《规定》）基本上再次确定上述习惯做法，但是规定了一个例外。该《规定》第1条规定："司法解释是最高人民法院对审判工作中具体应用法律问题和最高人民检察院对检察工作中具体应用法律问题所作的具有法律效力的解释，自发布或者规定之日起施行，效力适用于法律的施行期间。"因此，"对于司法解释实施前发生的行为，行为时没有相关司法解释，司法解释施行后尚未处理或者正在处理的案件，依照司法解释的规定办理"（《规定》第2条）。按照本教科书的理解，即使该司法解释与以往的学理解释、惯常理解或者习惯做法相

《最高人民法院、最高人民检察院关于适用刑事司法解释时间效力问题的规定》

《最高人民法院关于适用刑法时间效力规定若干问题的解释》

《最高人民法院关于〈中华人民共和国刑法修正案（九）〉时间效力问题的解释》

第三章
问题与思考

比明显不利于被告人，也应当适用。这是妥当的、合理的。但是，《规定》第3条确立了一个例外："对于新的司法解释实施前发生的行为，行为时已有相关司法解释，依照行为时的司法解释办理，但适用新的司法解释对犯罪嫌疑人、被告人有利的，适用新的司法解释。"另外，《规定》第4条还重申了一个惯例："对于在司法解释施行前已办结的案件，按照当时的法律和司法解释，认定事实和适用法律没有错误的，不再变动。"原则上讲，立法解释的时间效力问题也应当按照上述同样的规则处理。

总之，刑法立法解释和司法解释对于其所解释的刑法规范有效期内的任何时间发生的未决刑事案件都应当适用，这是刑法解释时间效力的基本规则。例外规则是：在同一刑法规范存在着新旧不同的解释时，适用有利于被告人的解释。

第四章　犯罪概述

本章知识结构图

犯罪概述 { 犯罪的概念与基本特征⇨概念、特征
犯罪的分类⇨法定分类、理论分类
构成要件与犯罪构成⇨概念、分类

第一节　犯罪的概念与基本特征

一、犯罪的概念

犯罪是各种具体犯罪的概称，犯罪概念是诸如杀人、伤害、抢劫、盗窃、放火、背叛国家等具体犯罪概念之上的一般概念。如何定义犯罪一般概念以表达各个具体犯罪（各罪）的共性，是刑法和刑法学的一个重大课题。近代罪刑法定原则的确立使刑法中定义犯罪一般概念成为可能，在一定程度上也成为需要。各国刑法定义犯罪概念大致有三种不同的立法例：①从形式上定义犯罪概念，如将犯罪定义为法律规定用刑罚威胁的行为。②从实质上定义犯罪概念，如将犯罪定义为危害社会的行为。这种犯罪定义极为少见，典型的是苏联刑法曾经采用这种定义，这与苏联法学理论特别强调法律的阶级性本质有关。③将犯罪的实质内容与形式内容结合起来定义，将犯罪定义为危害社会的、应当受到刑罚惩罚的行为。我国刑法关于犯罪概念的规定属于第三种情况。

《刑法》第 13 条规定："一切危害国家主权、领土完整和安全，分裂国家、颠覆人民民主专政的政权和推翻社会主义制度，破坏社会秩序和经济秩序，侵犯国有财产或者劳动群众集体所有的财产，侵犯公民私人所有的财产，侵犯公民的人身权利、民主权利和其他权利，以及其他危害社会的行为，依照法律应当受刑罚处罚

的,都是犯罪,但是情节显著轻微危害不大的,不认为是犯罪。"这是我国刑法对犯罪概念所下的定义。犯罪是指危害社会的、依法应当受到刑罚惩罚的行为。

二、犯罪的基本特征

对于犯罪的基本特征,我国刑法学界还有分歧,主要存在着"三特征说"与"两特征说"的争议。"三特征说"认为,犯罪的基本特征是社会危害性、刑事违法性、应受刑罚惩罚性,社会危害性是本质性的、具有决定性意义的特征,其他两个特征是社会危害性的派生或者延伸。"两特征说"主要有三种不同的观点:第一种观点认为,犯罪的本质特征是严重的社会危害性,法律特征是刑事违法性;第二种观点认为,犯罪的本质属性是应受刑罚处罚的社会危害性,法律特征是刑事违法性;第三种观点认为,社会危害性是犯罪的社会属性,依法应受惩罚性是犯罪的法律属性,犯罪的本质特征是社会危害性与依法应受惩罚性的统一。以《刑法》第13条为中心,犯罪有以下三个基本特征。

(一)犯罪是危害社会的行为

犯罪是危害社会的行为,是侵犯刑法所保护之利益的危害行为。犯罪具有社会危害性。犯罪是危害社会的行为,这是刑法的基本原理。这一基本原理具体包含以下三个主要命题:

1. 犯罪是人的行为。法律调整的是人与人之间的关系,保护的是存在于社会关系之中的具有公共性的重大生活利益。人与人之间以行为为中介形成社会关系,没有人的行为也就没有人与人之间的社会关系,也就没有利益的维护与损害。所以,诸如野狗打架、野生动物伤人等自然事件均不具有刑法意义,现代刑法不予关注,只有古代社会的法律才存在着处罚动物的现象。

2. 行为是人的自由意志支配下的身体动静。人具有自由意志,自由意志是人的本质。正是自由意志,一方面将人与动物区别开来,另一方面,将属于自己的行为与不属于自己的动作区别开来。人的行为表现为自由意志支配下的身体的动静,亦即人的客观外在的积极或者消极的活动,能够作用、影响外在的世界,使外在世界发生变化。思想不是行为,仅有犯意(即意图实施犯罪的思想)而无外在的行为,不会危害社会。仅仅具有造成客观损害的外在的身体举动但不是人的意志的自由决定,也同样不构成犯罪。所以,无意识的举动，如睡梦中的举动、抽搐痉挛、精神错乱下的举动、身体的生理反射动作、不可抗力之下的身体动静等，均与人的主观内在意思没有联系，不是人的行为，自然也不是刑法上的危害行为。

3. 人的身体动静危害社会，因而具有刑法意义。犯罪是具有社会危害性的行为。社会危害性，是危害社会的属性，是指行为给刑法保护的国家利益、社会利益或者个人利益造成实际损害或者有造成实际损害之危险的属性。

犯罪是危害社会的行为，这一基本原理及其三个主要命题可以帮助人们按照下列顺序迅速过滤非犯罪现象：自然事件，如野狗咬人，非人类行为，不是犯罪，与刑法无关；人养的狗咬伤人，则进入到法律判断的领域。至于其是否属于犯罪，还需要我们进一步判断是否为人的意思所支配。某人指挥自己养的狗恐吓、咬伤他人，就像"黑社会老大"使个眼色给豢养的手下人杀死、伤害他人，都是人的意思支配下的身体动作，是人的行为，应进入刑法判断的领域。进一步地，还需要判断行为是否侵害了刑法所保护的利益而造成损害结果：指使自己豢养的狗恐吓他人，一般情况下只是侵害了他人的心理安宁，不具有刑法意义，心理安宁为我国民法所保护，一般只产生民事侵权责任，但是具有破坏社会公共秩序属性的，则进入刑法评价领域；咬死、咬伤他人则损害了他人的生命、健康权益，进入刑法判断的领域，至于是否构成犯罪而产生刑事责任，则需要根据具体犯罪（故意杀人罪、故意伤害罪、寻衅滋事罪等）的概念和构成要件进行细致入微的分析判断，而不是单纯依靠犯罪概念就能解决的问题。

如何理解犯罪是危害社会的行为？

综上所述，社会危害性是对于社会的实际损害和损害危险性，是刑法对于危害社会的结果、行为以及客观罪行乃至主观罪过的否定性评价，是分析判断犯罪之构成要件的整体性观念。

社会危害性判断的一般规则：先客观后主观，主客观相统一

（二）犯罪是违反刑法规范的行为

一个人的行为为什么是犯罪？这个人为什么是罪犯？简单地讲，就是因为法律规定这种行为是犯罪，行为人被"依照法律"贴上了罪犯的标签。《刑法》第 13 条所言"依照法律"是指：犯罪是违反刑法规范的行为，犯罪具有刑事违法性。

犯罪的刑事违法性可以简单地表述为行为违反刑法规范，具体表述为违反刑事义务，但是不宜直接表述为行为违反刑法或刑法条文。刑法条文、刑法规范、刑事法律义务三个范畴之间既有联系又有区别。刑法规范外在地表现为刑法条文，但是其内容又超越刑法条文，这是因为刑事法律义务是刑法规范必不可少的内容，但是立法者一般又不把它直接规定在刑法条文之中，而是通过"……的，处……"结构形式的罪刑式法条抽象地表达出来，作为刑法规范的实质内容、罪刑式法条的逻辑前提而抽象地存在。例如，《刑法》第232条规定："故意杀人的，处死刑、无期徒刑或者10年以上有期徒刑；情节较轻的，处3年以上10年以下有期徒刑。"在这样一个刑法分则条文之中，"……的，处……"的结构形式所蕴涵的"如果……，那么……"的内容，抽象地表述出"禁止杀人"的刑事义务。所以，一个人故意实施了非法剥夺他人生命的行为，表明其行为违反了"禁止杀人"的刑事义务，符合刑法条文中的罪状，应当被处以刑法规定的刑罚。实际上，我们不能简单地将刑事违法性表述为违反刑法或者违反刑法分则的某个条文。司法实践中，特别是在起诉书、判决书等司法文书中广泛存在的"被告人×××的行为违反（触犯）刑法第××条"的习惯说法，严格地讲，并不准确，这样说的真正意思是指被告人的行为触犯了《刑法》分则第××条所规定的刑法规范中的刑事义务。

刑事违法性与社会危害性的关系

综上所述，刑事违法性表现为行为人违反行为规范，触犯刑事禁令，而又没有正当理由，表明行为与刑法规范之间的冲突。

（三）犯罪是应当受到刑罚处罚的行为

犯罪是依法应受刑罚处罚的行为，具有依法应受刑罚惩罚性。所以，犯罪与刑罚之间具有关联性、纠缠性。

犯罪与刑罚是一对紧密联系的基本范畴，我们在定义刑罚时，总是离不开犯罪，同样，我们在定义犯罪时，实际上也离不开刑罚，犯罪与刑罚这两个刑法基本范畴之间存在着难以回避的纠缠关系。从实证的角度讲，没有刑罚便没有犯罪，一种行为之所以被规定为犯罪，就是因为法律规定以刑罚作为其法律后果，犯罪与刑罚之间具有密切的关联性、纠缠性。

应受刑罚惩罚性，是指行为人实施了危害社会的、违反刑法禁止与命令的行为，具有应当受到伦理谴责的性质。原则上讲，有罪行，有罪过，即具有社会危害性；推定触犯刑事禁令，具有刑事违法性；应当受到道义谴责的，罪责成立，危害行为也就真正地构成了犯罪，应当承担刑罚处罚的后果。行为人实施违法行为之际具有特殊境遇而应当免于伦理谴责的，则不具备应受刑罚惩罚性，不构成犯罪。到此为止，可以说，犯罪必须是符合法定制裁条件，亦即符合构成要件，并以社会危害性观念为指导进行认定，进而认定属于违反刑事禁令或命令的行为，并且应当受到刑罚制裁。从符合制裁条件到违反刑法规范、违反刑事义务，再到应当受到刑罚制裁，是统一的评价过程，是从不同的层次、不同的角度描述犯罪的规范特征。

"犯罪"一词的多义性

第二节 犯罪的分类

一、犯罪分类的目的与标准

分类是研究的基本方法之一，分类研究可以让我们从各个方面认识研究对象的基本特征。一般来说，刑法学中进行犯罪分类是为了诸如定罪、适用刑罚、确定管辖及诉讼程序、建立刑法体系便于条文检索等目的而服务的。基于不同的目的，从不同的角度，按照不同的标准，可以对犯罪作出不同的分类。随着刑法各种概念的具体展开，犯罪可以作更多的二分法的分类，犯罪的分类是非常多的。例如，因为实行行为的方式可以区分为作为与不作为，所以犯罪可以区分为作为犯罪与不作为犯罪；因为行为人的主观心理状态可以区分为故意与过失，所以犯罪可以区分为故意犯罪与过失犯罪，而故意犯罪还可以进一步区分为故意作为犯与故意不作为犯，过失犯罪则可以进一步区分为过失作为犯与过失不作为犯。其他较为重要的犯罪分类还包括：实害犯与危险犯，预备犯与实行犯，既遂犯罪与未完成犯罪，实行犯与共犯，等等。我们这里主要介绍两种基本分类（即犯罪的理论分类与法定分类）中的重要分类。

二、犯罪的理论分类

（一）自然犯与法定犯

自然犯是指明显违背人伦道德的传统型犯罪，如故意杀人、故意伤害、强奸、抢劫、盗窃等犯罪，自然犯的社会危害性的稳定性相对较强，变动性相对较弱，在不同的国家、地区和不同的历史时期，一般都被规定为犯罪。法定犯是指基于公共管理的目的，为适应社会形势的需要而规定的犯罪,尤其是那些威胁而不是直接侵害刑法所保护的合法利益的犯罪,其特点是没有直接侵害传统的伦理道德,因而社会危害性的变动性较强。自然犯与法定犯的分类,立法渊源最早可以追溯到古代罗马法"自体恶"与"禁止恶"的区分。实际上,由于伦理道德的内容是不断发展变化的,所以,自然犯与法定犯的界限是相对的,而不是绝对的。

(二) 实质犯与形式犯

实质犯是指以对法益造成实际危害或者具体危险为内容的犯罪。刑法分则规定的犯罪绝大多数是实质犯。形式犯是指单纯地违反禁止义务或者命令义务而具有侵害法益之抽象危险的犯罪。规定形式犯的刑法条文是预防性的,这类刑法规范有助于预防某些严重犯罪的发生,或者预防某些不适宜规定为犯罪的违法行为的发生。借助于刑法规范强制推行某些道德规范以预防某些严重犯罪的发生,是形式犯的重要方面。像运用刑罚惩罚的赌博、卖淫、吸毒、同性恋、自杀等所谓"无被害人或以自己为被害人的行为",可以归入形式犯的范围,这在许多国家的刑法中都有所规定,这些刑法规范实际上是纯道德规范的强制推行,有助于预防、减少严重犯罪的发生。当然,这些道德规范的强制推行能否真正地起到预防犯罪发生的效果,尚存疑问。所以,这些犯罪属于许多国家立法和司法中非犯罪化的重要领域。

(三) 重罪、轻罪、轻微罪

以法定刑轻重为标准,可以将犯罪区分为重罪、轻罪、轻微罪。这种分类方法可以追溯至1791年《法国刑法典》的犯罪三分类,当时的《法国刑法典》以及随后颁布实施的1810年《法国刑法典》,将犯罪区分为重罪、轻罪、违警罪三类。我国《刑法》中没有重罪与轻罪的区分,也没有违警罪的概念,理论上和司法实践中将犯罪区分为重罪与轻罪,一般认为,法定最低刑是3年以上有期徒刑的为重罪,其他为轻罪。《治安管理处罚法》所规定的各类行政违法行为,虽然不是犯罪行为,但是大致相当于西方某些大陆法系国家刑法当中的违警罪。2011年《刑法修正案(八)》增加规定了危险驾驶罪,其法定最高刑为拘役。2015年《刑法修正案(九)》不仅扩张了危险驾驶罪的违法行为类型,还增加了两个法定最高刑为拘役的犯罪——替考罪、使用伪造证件罪,这是立法上的重要发展。于是,理论上可以将上述三个犯罪称为轻微罪。考虑到我国已经取消了劳动教养，加之未来可能适当缩小运用行政拘留惩罚行政违法行为的范围，轻微罪的范围会继续扩大。

三、犯罪的法定分类

（一）身份犯与非身份犯

以特殊身份作为犯罪构成要件或者加重、减轻刑罚处罚事由的犯罪，是身份犯。以特殊身份作为犯罪构成要件的犯罪是真正身份犯。例如，贪污罪、受贿罪、玩忽职守罪、徇私枉法罪等。以特殊身份作为加重、减轻刑罚处罚事由的犯罪是不真正身份犯。对于不真正身份犯来说，特殊身份不具有构成要件的意义而具有量刑情节的意义，行为人是否具有某种特殊身份，不影响犯罪成立与否。例如，国家机关工作人员犯诬告陷害罪，司法人员滥用职权犯非法搜查罪、非法侵入住宅罪等。与身份犯相对的是非身份犯，即犯罪的成立不需要行为人具有特殊身份，身份也不影响刑罚处罚的轻重。刑法中的大多数犯罪是非身份犯，如故意杀人罪、故意伤害罪、盗窃罪、抢劫罪等。

（二）亲告罪与非亲告罪

亲告罪即告诉才处理的犯罪。《刑法》第98条规定，告诉才处理，是指被害人告诉才处理。如果被害人因受强制、威吓无法告诉的，人民检察院和被害人的近亲属也可以告诉。亲告罪有侮辱罪、诽谤罪、虐待罪、暴力干涉婚姻自由罪、侵占罪五种犯罪。《刑法》规定的亲告罪之外的犯罪均为非亲告罪，非亲告罪只能由检察机关依法提起公诉，除《刑事诉讼法》有特别规定的以外，被害人本人不能自行提起刑事诉讼。

告诉，是指被害人向有管辖权的人民法院起诉。但是，被害人向公安机关、检察机关告诉的，公安机关、检察机关不能以犯罪"属于告诉才处理"的范围而拒绝受理，公安机关、检察机关应当在各自的权限范围内依法采取适当的行动，进行必要的调查取证，包括对犯罪嫌疑人采取必要的强制措施，但是最终是否起诉犯罪嫌疑人并追究其刑事责任，由被害人自己独立决定。被害人决定不起诉进而不追究行为人刑事责任的，公安、检察机关应当随即停止相应的追诉活动。

（三）自然人犯罪与单位犯罪

自然人犯罪，是指由自然人实施的犯罪。故意杀人罪、故意伤害罪、强奸罪、抢劫罪、盗窃罪等自然犯罪以及绝大多数法定犯罪，自然人均可以构成。极个别犯罪，刑法规定犯罪主体为单位，自然人个人不能构成。单位犯罪，理论上也被称为法人犯罪，是指由法人（单位）所实施的犯罪。单位犯罪限于法定犯罪，不包括自然犯罪。应当指出，无论是自然人犯罪还是法人等单位犯罪，都是由立法者"制定"出来的，某一天立法者规定单位可以构成故意杀人罪、故意伤害罪、抢劫罪、盗窃罪等自然犯罪，这也不是不可能的。

第三节 构成要件与犯罪构成

一、构成要件

（一）构成要件的概念

构成要件是一个与犯罪概念密切相关的重要概念，是判定行为构成犯罪之法律标准的具体内容——组成部分、方面、条件、要素，或者说，构成要件是分解、分析犯罪概念的结果。当然，犯罪概念的不同直接影响着人们分解犯罪的结果即构成要件。

作为现象领域的事实，犯罪是特定时空条件下不可分割的统一体。但是，作为法规范概念，犯罪又是可以而且应当区分为不同方面（部分）并且进一步分解为不同的构成要件、要素。作为规范概念，我们必须重视犯罪一般概念与具体概念的分解与分析，在此前提下进一步地关注构成要件与要素的综合——犯罪构成与不构成问题。

我国刑法学通说将犯罪的基本方面区分为四大方面，即犯罪客体、犯罪客观方面、犯罪主体、犯罪主观方面四大要件：①犯罪客体是指我国刑法所保护而为犯罪行为所侵犯的社会主义社会关系（目前越来越多刑法学教科书用"利益""法益"概念取代"社会关系"），犯罪客体之下以犯罪对象（犯罪客体的物质表现）为具体的构成要件，现在，越来越多的理论做法是将犯罪对象归入客观方面，作为犯罪客观方面的一个具体构成要件。②犯罪客观方面是刑法规定的成立犯罪所需要的客观事实特征，是犯罪的外在表现，包括危害行为、危害结果、因果关系以及犯罪的手段、工具、时间、地点等具体要件。③犯罪主体是达到刑事责任年龄并具有刑事责任能力，实施了危害社会的行为，依法应当负刑事责任的自然人，具体的构成要件包括刑事责任年龄、刑事责任能力以及行为人的特殊身份，法人（单位）也可以成为部分犯罪的主体。传统理论的相当一部分学者曾经不承认并坚决反对法人成为犯罪主体。④犯罪主观方面是犯罪主体对自己所实施的犯罪行为及其危害结果所持的心理态度，包括罪过（故意、过失）、犯罪的目的和动机等具体要件。上述四大构成要件及其具体构成要件的总和，或者说统一在一起形成一个整体，就是犯罪构成，即刑法规定的、确定某行为的社会危害性及其程度而为该行为构成犯罪所必须具备的一系列主客观要件的总和（整体）。

如何在基本面上分解犯罪一般概念，主要是个理论问题。本书采最为传统、简明的主客观二分法，将犯罪一般概念分解为客观构成要件罪行与主观构成要件罪过两个基本方面，这是犯罪最基本的条件，客观罪行和主观罪过之下又包括一系列具体的构成要件，构成罪行与罪过的内部实在，这些具体要件还可以进一步分解为更为具体的构成要素，这些不同层次的犯罪成立条件，广义上均可以称为构成要件。

罪行与罪过是犯罪的两个基本面，或者说基本部分，是成立犯罪的两个基本条件，二者统一在一起是犯罪本体。

客观罪行是犯罪客观方面之事实与评价的统一，其中包括实行行为、行为方法、行为手段、行为工具、行为对象、行为结果、因果关系、时间与地点等更为具体的构成要件，统称为客观构成要件。这些客观构成要件是评价危害行为之社会危害性的客观基础。主观罪过包括故意、过失、目的、动机等具体构成要件，这些具体要件统称为主观的构成要件。主观构成要件是社会危害性评价的主观内容。客观罪行与主观罪过的统一是广义的"罪行"[1]，原则上，犯罪构成表明危害行为具有刑事违法性和应受刑罚惩罚性。当然，存在正当化事由或者罪责阻却事由的，犯罪不成立。

从故意杀人、抢劫、盗窃等具体犯罪概念出发，构成要件是构成各种具体犯罪的要素，是具体犯罪的进一步具体化。也就是说，任何一个具体犯罪都包含着一系列更为具体的主客观成立条件，这

---

[1] 如前所述，"犯罪"有多层含义，"犯罪"与"罪行"常常通用，所以要注意"罪行"在不同语境中的不同涵义。

些成立条件的总称,就是构成要件,存在于刑法分则条文的罪状之中。在这一意义上,构成要件便具有了特殊性、具体性和法定性,罪刑法定原则也就有了具体的着力点。如此,构成要件也就有了一般构成要件与特殊构成要件的区分。实际上,即使是法定的特殊构成要件,依然可以而且常常需要作进一步的分解与分析,进而形成更为具体的一系列概念,只不过,理论上习惯于将这些更为具体的概念归入构成要件解释的范围,而不再称之为构成要素或者构成要件。

《刑法》第232条规定:"故意杀人的,处死刑、无期徒刑或者10年以上有期徒刑;情节较轻的,处3年以上10年以下有期徒刑。"这是我国《刑法》关于故意杀人罪之罪状和法定刑的规定。依据这一规定,故意杀人罪是指"故意杀人"的行为,这几乎是我国刑法中最为简单的犯罪概念,再丰富一些,故意杀人罪可以定义为故意非法杀死他人的行为,依然相当简单,但是,这是一个包含着许多具体概念的类型概念,包含着各种意义上的构成要件。首先,故意杀人罪可以区分为(或者说其中包含着)罪行与罪过两大要件,罪行是非法杀死他人的行为,罪过是杀人故意。二者统一到一起,表明行为人违反了禁止杀人的刑事禁令而应当受到否定性评价和谴责。其次,杀、他人、死亡、因果关系等构成要素,属于故意杀人行为类型内的具体概念——构成要素,是故意杀人罪的特殊构成要件,规定于《刑法》分则条文第232条的罪状之中;"杀(人)"的上位概念——实行行为(其上位概念是危害行为),"人"的上位概念——行为对象,"死亡"的上位概念——损害结果,则属于一般构成要件;《刑法》第232条中的"故意"是指"杀人故意",是具体的构成要素,存在于《刑法》第232条之中,而"故意"属于一般构成要件,规定于刑法总则之中。可见,所谓构成要件之一般构成要件与特殊构成要件的区分,实际上是刑法规范概念之抽象与具体的层次区别,而不是两类不同的构成要件。也就是说,一般构成要件与特殊构成要件的区分,能够表明构成要件从一般到特殊的概念差异,但不是根据同一标准对于构成要件所作的具体分类。

总之,构成要件可以进行广义与狭义的区分:广义的构成要件,是指危害行为构成犯罪所必须具备的不同层次上的所有的抽象条件与具体要素。狭义的构成要件,仅仅是指刑法分则条文规定的各种具体危害行为构成犯罪所必不可缺少的具体的构成要素。

（二）构成要件的分类

罪行、罪过一般要件之下的构成要件（要素）除可以区分为客观的构成要件（要素）和主观的构成要件（要素）之外，还可以进一步作其他的分类。

1. 描述性构成要件和规范性构成要件。根据构成要件的内涵与意义是否需要作价值判断，可以将构成要件区分为描述性要件（要素）和规范性要件（要素）。描述性要素与规范性要素的区分，对于深入理解后面将要讲到的故意理论具有一定的意义。

描述性构成要件，是指那些简单地以人的经验为基础即可作出判断的事实性要素。例如，故意杀人罪之构成要件"人"是指有生命的自然人，故意伤害罪之构成要件"身体"是指由肢体、器官、皮肤等构成的人的身体，"人""身体"这样的构成要件是无需价值判断就可以认识的事实性因素（当然需要依据经验科学规则加以认识），而"死亡""重伤""轻伤"等描述性构成要件需要法医鉴定。

规范性构成要件，是指那些需要进行价值判断才能明确其含义的构成要素，如传播淫秽物品罪之"淫秽"、放火罪之"公共安全"、渎职犯罪之"徇私舞弊"、强制猥亵侮辱他人罪之"猥亵"等与价值判断有关的构成要件。

描述性要素和规范性要素之间的界限并不是绝对的，而是相对的，罪行、罪过的构成要素均属于规范意义上的存在，描述性构成要素或多或少地也必须经过价值判断。这是因为刑法的本质不是为了描述犯罪事实，而是为了规定刑法规范体系，指引公民行动，规范司法人员的刑事司法活动。从这一意义上讲，所有的犯罪构成要件（要素）都具有规范性，只是有的描述性程度更高一些，有的规范性程度更高一些。以盗窃罪的行为对象"他人的财物"为例，他人的财物既具有描述性，又具有规范性，人们不仅需要根据人的一般经验，还需要结合物权法的有关规定作出判断。例如，基于非法占有目的，窃取租赁给他人的、所有权属于自己的财物，或者误将自己的财物当作他人的财物而盗走，依然属于盗窃"他人财物"。总之，描述性程度更高的构成要素归类于描述性构成要件，规范性程度更高的构成要素则归类于规范性构成要件。一般而言，犯罪的构成要件（要素）大多属于描述性构成要件。

2. 成文的构成要件和不成文的构成要件。根据构成要件是否由刑法明文规定，构成要件可以区分为成文的构成要件和不成文的构成要件。

成文的构成要件，是指刑法条文明文规定的构成要件（要素）。绝大多数犯罪的构成要件是成文的。例如，《刑法》第192条（集资诈骗罪）规定："以非法占有为目的，使用诈骗方法非法集资……"该条明文规定的"非法占有为目的"是集资诈骗罪的构成要件。

不成文的构成要件，是指刑法条文中虽然没有明文表述出来，但应当认为是犯罪构成要件的要素。例如，《刑法》分则第三章第五节规定的八种金融诈骗罪，除了集资诈骗罪、贷款诈骗罪外，其他金融诈骗罪没有规定以"非法占有的目的"为必要要件，但是，这些犯罪均以"非法占有的目的"为构成要件。同样，盗窃罪、诈骗罪、贪污罪、职务侵占罪等具体犯罪，《刑法》分则条文没有明文规定以"非法占有的目的"为构成要件，但刑法理论和实务中公认这些犯罪"以非法占有为目的"。不成文的构成要件需要通过刑法理论揭示，并在刑事司法过程中由司法人员进行补充。当然，不成文的构成要件有时并非不言而喻，而需要从具体犯罪概念内明文规定的诸构成要素之间的相互关系上，并置于此罪与彼罪的相互联系之中加以把握。

3. 单一构成要件与复合构成要件。根据构成要件的复杂程度，构成要件可以区分为单一构成要件与复合构成要件。

如前所述，"构成要件"与"构成要素"常常互换使用，但是，二者在使用层次上又存在着一定的区别，构成要件是构成要素之上的构成要素，而构成要素是指构成要件之内的构成要件。一句话，构成要件是构成要素的上位概念，构成要素是构成要件的下位概念。我们可以说构成要件的构成要素，也可以说构成要素的构成要素，但是一般不说构成要素的构成要件。所以，单一构成要件，是指一个相对独立的、不可分的最小的构成要素。复合构成要件，则是由多个构成要素所组成的构成要件。复合构成要件内部包含着多个构成要素，并且形成一定的结构而具有更为重要的规范意义。以诽谤罪为例，"捏造事实诽谤他人"是客观罪行，是与罪过对应的构成要件，这一构成要件中包含着若干更为具体的独立的单一构成要素——"捏造""事实""诽谤""他人"，这些单一构成要素之间形成一定的结构形式，表达诽谤罪客观罪行的规范意义，而客观罪行与主观罪过结合在一起，则可以构成诽谤罪的构成要件——故意捏造事实诽谤他人，完整地表达"禁止诽谤他人"的刑法规范。原则上讲，单一构成要素至少需要置于复合构成要件之中才能获得规范含义，而复合构成要件则离不开单一构成要素，其规范意义主要取决于单一构成要素的结构形式。

最高级别的复合构成要件是完整地表达刑法规范的构成要件，即具体犯罪全部构成要素所形成的构成要件整体，[1] 这一意义上的构成要件还可以进一步区分为简单构成要件与复杂构成要件。我国传统犯罪构成理论则称之为简单犯罪构成与复杂犯罪构成：简单构成要件，是指实行行为、行为对象、危害结果以及主体身份等构成要件均属于单一构成要素且形成单一结构的构成要件。例如，故意杀人罪之"故意杀人的"构成要件是简单构成要件，有"故意""杀""人"等三个单一构成要素，并形成单一结构，侵害单一法益，表达单一刑法规范——禁止故意杀人。复杂构成要件，是指实行行为、行为对象、危害结果以及主体身份等构成要件中的一个或者多个属于复合构成要件或者有多个单一构成要素并形成复杂结构的构成要件。像绑架罪、抢劫罪、受贿罪等许多犯罪的构成要件属于典型的复杂构成要件。简单构成要件与复杂构成要件的区别表现在构成要素数量、结构形式、法益多寡以及行为规范的复杂性上。当然，如同简单与复杂的区别是相对的，复杂构成要件与简单构成要件的区别也是相对的。以诽谤罪为例，表面看来，构成要件均属单一构成要素，实质上也表现出法益、行为规范的单一性，但是"诽谤"这一构成要素内涵的复杂性造就了诽谤罪构成要件结构的复杂性，诽谤罪构成要件的结构形式主要表现为捏造并散布虚构的事实，但是并不限于这一构成要件结构形式，还包括明知是虚伪事实而散布的行为，所以，诽谤罪的构成要件表面上是简单构成要件，实际上是复杂构成要件。

4. 基本构成要件、加重构成要件、减轻构成要件。根据构成要件的独立性程度，构成要件可以区分为基本构成要件、加重构成要件、减轻构成要件。

基本构成要件，又称标准构成要件，是指刑法分则条文规定的

---

[1] 相当于我国传统刑法理论的规格、静态意义上的"犯罪构成"。

基准构成要件,是由多个构成要素构成表现法益通常侵害程度的完整构成要件形态。在基本构成要件的基础上派生出来的构成要件,或者是加重构成要件,或者是减轻构成要件。加重基本构成要件的构成要件,是加重构成要件;减轻基本构成要件的构成要件,是减轻构成要件。例如,《刑法》第 232 条规定:"故意杀人的,处死刑、无期徒刑或者 10 年以上有期徒刑;情节较轻的,处 3 年以上 10 年以下有期徒刑。"分号前的规定为基本构成要件,有自己独立的法定刑量刑幅度;分号后"情节较轻"的规定,是减轻构成要件,有自己独立的相对较轻的法定刑量刑幅度。再如,《刑法》第 236 条第 1 款规定:"以暴力、胁迫或者其他手段强奸妇女的,处 3 年以上 10 年以下有期徒刑。"这是关于强奸罪标准构成要件及其法定刑的规定,而第 236 条第 3 款规定(强奸妇女、奸淫幼女,有法定五种情形之一的,处 10 年以上有期徒刑、无期徒刑或者死刑)则是加重构成要件的规定。

基本构成要件与加重构成要件、减轻构成要件的主要区别在于:基本构成要件是基础、基准,加重构成要件和减轻构成要件是基本构成要件的加与减,是以基本构成要件为基础、为基准派生出来的。因此,基本构成要件具有独立性,能够独立地表达刑法规范,而加重构成要件、减轻构成要件则依附于基本构成要件,与基本构成要件结合在一起表达刑法规范意义。换言之,规定基本构成要件的罪状与法定刑结合在一起能够独立地表达刑法规范——行为规范与裁判规范,特别是行为规范,基本构成要件必定表达行为规范,而加重构成要件、减轻构成要件必须以基本构成要件为基础、为基准,或者说,必须援引基本构成要件,进而与自己的法定刑结合在一起表达刑法规范意义,特别是裁判规范。

(三)构成要件(要素)的意义

构成要件(要素)与罪刑法定原则密切相关,构成要件(要素)的主要意义在于界分应当受刑罚处罚的犯罪行为和不应受刑罚处罚的行为(罪与非罪),并且进一步地区分这种犯罪行为与那种犯罪行为(此罪与彼罪),具体地落实罪刑法定原则,实现法治。

如前所述,尽管我们可以不加区分地将构成要件与构成要素统称为"构成要件",但是在特定情况和情境下,我们又要注意二者的差异。构成要素是构成要件之下的构成要件,是底层的构成要件。换言之,构成要件与构成要素是两个不同层次的概念,构成要

可有可无的
构成要件

素一般表现为单一的概念,构成要件表现为由诸多构成要素构成的复合概念。所以,离开构成要件,构成要素无所依托;而没有构成要素,构成要件则空洞无物。当然,要件与要素在一般意义上并没有太大的区别,要件是重要的条件,要素是重要的因素。同样,构成要件与构成要素的这一区别也是相对的:构成要素是构成要件之下的构成要件,构成要件则是构成要素之上的构成要素。构成要件的语境和意义趋于理论、抽象、一般化,一般存在于刑法总则规定和刑法理论当中,构成要素的语境和意义指向法定、具体、特殊,以刑法分则条文的罪状为居所。但是,无论是构成要件还是构成要素,都是用来定性罪名、定型犯罪概念的,正是通过具体分析以及综合分析构成要件整体,进而判断行为是否构成犯罪以及构成什么犯罪。

犯罪构成要件与构成要素的另一个重要差异是:客观罪行与主观罪过可以相对独立地存在,而具体的构成要件以及更为具体的构成要素存在于特定的罪行、罪过之中才有意义。罪行与罪过的相对独立性表现为:有罪行的存在,公安、检察机关的侦查部门就可以采取调查、立案等相应的法律行动,一般公民就可以采取正当防卫等法律行动,与罪行相关联的包庇、窝藏等行为可以独立构成犯罪;而罪行和罪过同时存在,原则上,犯罪就可以构成(成立),检察机关就可以向人民法院起诉。当然,公安、检察机关尤其是检察机关不能故意地闭起眼来不管罪行、罪过之外的排除犯罪性的正当性事由或者罪责阻却事由的存在。如果存在正当化事由,行为便不具有刑事违法性;如果存在罪责阻却事由,罪责便被否定,犯罪不能构成,行为人也就不能承担刑事责任。

二、关于犯罪构成

我国传统刑法理论一般认为,犯罪构成是指刑法规定的、确定某一具体行为的社会危害性及其程度而为该行为在构成犯罪所必须具备的一切的主观要件与客观要件的总和(整体)。犯罪概念与犯罪构成二者之间的关系表现为:犯罪概念是基础,犯罪构成是犯罪概念的具体化。犯罪概念回答犯罪是什么,犯罪具有哪些基本的、最重要的特征;犯罪构成则是在犯罪概念的基础上,进一步回答危害行为必须具备什么样的要件以及这些要件如何结合在一起构成犯罪。

我国刑法之中并没有"犯罪构成"这一概念、术语,"犯罪构成"到底是一个法律概念还是一个理论概念,直到今天还有一定的争议,刑法理论通说主张犯罪构成既是一个法律概念,又是一个理论概念。因为犯罪构成是刑法规定的理论抽象,是认定犯罪成立的标准、规格,因而犯罪构成概念不仅是一个理论概念,还是一个法律概念。但是,在本书看来,当犯罪概念独立存在的时候,作为犯罪概念具体化的犯罪构成又作为一个整体性概念而存在,逻辑上是有疑问的。也就是说,犯罪概念可以区分为犯罪客体、犯罪客观方面、犯罪主体、犯罪主观方面四大要件(四大方面),但是不能具体化为另外一个包含着上述四个方面的独立概念,一个与"犯罪"概念并列、并行的"犯罪构成"概念,并没有什么"具体化"或者说"具体性"可言。受苏联刑法影响,我国刑法理论最初定义犯罪构成时落脚在"总和"上,由于"总和"有"简单"相加之意而被逐渐放弃,转而使用"有机整体"或者"有机统一"。用"整体"取代"总和",还是将犯罪构成作为定罪的规格、标准,强调运用系统论观点整体把握犯罪构成,基本妥当。而"统一"一词暗含着对标准、规格之意义"犯罪构成"(犯罪构成必备要件)的否定。这原本符合传统犯罪构成理论的逻辑和实际,"犯罪构成"之外还要进行否定性判断。而"有机"一词实在不重要,"犯罪构成"既不是"有机"的,也不是"无机"的,而是辩证的——需要辩证地处理形式与实质的关系。从经验上看,将"犯罪构成"等同于固定不变的行为类型、固定不变的法律标准,并且进一步地将判断与评价活动等同于判断与评价标准,这是不符合实际的。经验告诉我们,法律标准并非固定不变,在法律文字没有任何变化的情况下,具体地说,在构成要件要素不变的情况下,罪行的内涵实际上会随着政治、经济、文化等情势的变化而发生一定的变化。所以,本书主张,"犯罪构成"最重要的意义不在于静态的标准或者规格价值,而在于动态的司法判断,"犯罪构成"是司法人员根据刑法的所有规定——总则的一般规定和分则中罪状的特殊规定所作的判断与评价本身,"犯罪构成"意味着具体刑事案件中的危害行为构成了犯罪。为了避免混乱,本书尽可能地避免使用静态标准、规格意义上的"犯罪构成"术语。而使用构成要件(整体)——罪行与罪过的统一体取代,当然不包含犯罪客体和犯罪主体要件。按照本书的设想,传统的静态的标准、规格意义上的"犯罪构成"概念也许是一个可以取消的不必要的理论概念。

本书主张,犯罪概念是各种具体犯罪概念的高度抽象,罪行、罪过是理论上二分犯罪本体的两个基本面;客观构成要素(要件)是罪行的细分,主观构成要素(要件)则是罪过的细分。至此,还可以看到,犯罪构成要件与构成要素的重要差异是:犯罪构成要件(特别是客观罪行与主观罪过及其背后的刑事违法性和罪责属性)是理论的,构成要素是法定的,如此可以理解,为什么各国刑法理论关于构成要件的抽象有很大的差异,而具体构成要素在刑法分则中的差异性相对较小。

犯罪构成判断,包括正反两个基本方面:①从肯定的方面讲,具体的刑事案件客观上具备了刑法规定的全部客观构成要素,因而具有罪行要件;主观上具备了刑法规定的全部主观构成要素,因而具有罪过要件,客观罪行与主观罪过统一在一起,原则上构成了犯罪,或者说"犯罪构成"了。但是,至此尚未充分地完成犯罪构成的判断,还需要进一步进行判断与评价。②从否定的方面判断,如果存在着排除犯罪性的正当事由(根据),或者存在着罪责阻却事由,犯罪则不能构成。总之,对于一个具体刑事案件来说,必须同时进行两个方面的判断与评价才能确定其是否构成犯罪:一是罪行与罪过的统一判断,危害行为既有社会危害性又有刑事违法性;二是不存在不符刑事责任的事由,既不存在正当防卫、紧急避险等正当性事由,也不存在否定罪责成立的罪责阻却事由。

"犯罪构成"判断的性质

第四章 问题与思考

第五章 客观构成要件罪行

本章知识结构图

犯罪构成要件⇨客观构成要件（罪行）
- 结果
  - 损害结果
  - 危险结果
  - 评价结果
- 实行行为
  - 作为
  - 不作为
- 因果关系
- 行为对象
- 时间、地点、工具、方法
- 身份

罪行是什么

第一节 结果

一、危害结果

（一）危害结果的概念

在刑法理论中，结果一般指向"危害结果"和"犯罪结果"两个主要术语。危害结果一般是在构成要件意义上讨论，犯罪结果则是在最为抽象、广泛的"结果"意义上指称。刑法理论上对于犯罪结果的定义大致一致，犯罪结果乃是危害社会的结果。但是，如何在构成要件意义上定义危害结果，刑法学界尚未取得统一意见。

传统观点将结果看成危害行为对于犯罪客体（社会关系或者利益）的侵害，并且存在于一切犯罪之中。这是最为广义、抽象的评价意义上的结果——犯罪结果，而不是事实意义和现象意义上的结果在刑法领域规范地抽象为犯罪之具体构成要件意义上的结果。传统理论观点的"犯罪结果"概念存在着明显的缺陷，而

第五章　客观构成要件罪行

且时常混淆各种不同意义上的结果。但是，如果将犯罪结果与危害结果加以区分而不是视为同一个概念以及同一层次上的概念，那么传统的"犯罪结果"概念还是有一定价值的。也就是说，刑法理论可以有意地将犯罪结果与危害结果区别开来，作为两个不同层次的概念对待，危害结果是犯罪的具体构成要件（要素）的总称，而犯罪结果是超越具体构成要件的价值评价意义上的抽象概念——危害社会的结果，犯罪结果不是用来总称具体构成要件（要素）的；这样一来，犯罪结果也就是一个意义不大但能够满足某些逻辑论证需要的理论概念："所有犯罪都有犯罪结果"[1]的传统说法也就具有了一定的合理性，尽管这一判断本身没有什么太大的理论意义。

本书主张，危害结果只能是实际的、现实的损害。具体地看，杀人行为所造成的死亡，伤害行为所造成的重伤或者轻伤，抢劫、抢夺、盗窃、诈骗行为所造成的公私财产损失，侮辱、诽谤所造成的人格和名誉损失，强奸所造成的性侵害，等等，都是危害结果。概括地讲，危害结果是指刑法规定的实行行为给刑法保护的利益所造成的实际损害。危害结果是许多犯罪客观罪行的构成要件（要素），因而直接影响定罪，也是影响犯罪的社会危害程度进而直接影响量刑轻重的十分重要的犯罪情节。

损害可以是物质性的，也可以是精神性的，损害结果通常表现为行为对象的某种实际变化——对应着现实的、事实意义上的可测量的实际变化。死亡、重伤、轻伤、财产损失是典型的危害结果，属于物质性损害，表现为实害，而侮辱罪、诽谤罪造成被害人人格和名誉损失，则是精神性损失，表现为减损。一般而言，物质性损害结果独立于实行行为，可与实行行为分离，刑法分则常常会将其规定为独立的构成要件（要素），而精神性损害往往内涵于实行行为之中，伴随着实行行为，而难以与实行行为相分离，是实行行为的一部分，刑法分则一般没有将其规定为独立的构成要件，而是表现为实行行为——构成要件的内在不易分离的要素，甚至表现为实行行为的实质要素（属性），或者是作为综合性构成要件的判断根据之一而隐藏于"情节严重""情节恶劣"等整体性构成要件之

---

[1] 传统刑法理论存在着一个循环论证：犯罪客体是刑法所保护而为犯罪所侵犯的社会关系，任何犯罪都有客体，客体是不可能不受侵害的，所以，任何犯罪都有犯罪结果。

中。总之，危害结果是具体而现实的损害结果。"损害"既包括"害"，也包括"损"，以及"损"与"害"的混合；既包括物质性损害，也包括精神性损害，以及物质损害与精神损害的混合。就其构成要件意义而言，危害结果可以区分为独立之构成要件的危害结果，主要是物质性的、可测量的损害结果，以及非独立之构成要素的危害结果，主要是内含于实行行为和综合性构成要件之中的实际损害，表现为独立之构成要件的内在要素，属于准构成要件。

(二) 危害结果的构成要件意义

危害结果对于区分行为犯、结果犯、结果加重犯有重要意义，是确定这些重要犯罪类型的关键性构成要件。

刑法分则条文不以客观的危害结果为独立的构成要件，只要行为人实施了法定的内涵损害的实行行为，就可以认定为犯罪的，是行为犯。强奸罪、猥亵儿童罪、重婚罪、伪证罪、脱逃罪、偷越国边境罪等类似的犯罪，客观损害内涵于实行行为之中，因而归入行为犯的范畴。与此相对应，故意杀人罪、故意伤害罪、抢劫罪、抢夺罪、诈骗罪等许多类似的犯罪，以危害结果为独立的构成要件，因而归入结果犯的范畴。此类结果犯，存在着犯罪是否完成的问题，损害结果是判断犯罪是否完成的构成要件，实行行为造成法定之危害结果发生的是犯罪既遂；虽然没有发生危害结果，但是对于刑法所保护的法益构成威胁的，属于犯罪的未完成形态——预备、未遂、中止等。对于内含损害要素的行为犯来说，损害不是一个独立的构成要素，却也是判断实行行为是否已经完成的内在要素，与故意犯罪不同，过失犯罪必须发生法定的危害结果，危害结果是独立的构成要件，直接决定过失犯罪构成与否，是罪与非罪的标志之一。[1]

结果加重犯，是指行为人实施了刑法分则规定的基本构成要件之实行行为，发生了超出基本构成要件危害结果之外的损害后果因而加重其法定刑的犯罪形态。我国刑法分则规定有不少的结果加重犯。例如，《刑法》第234条规定，犯故意伤害罪的，处3年以下有期徒刑、拘役或者管制；致人死亡的，处10年以上有期徒刑、无期徒刑或者死刑。故意伤害致死属于典型的结果加重犯，行为人

---

[1] 所以，过失犯罪均是结果犯，我国刑法不存在过失行为犯，也不存在过失危险犯，这也是本教科书反对将危险（具体危险）等同于危害结果，而是将危险结果与危害结果并列作为构成要件意义上之"结果"的原因之一。

实行了伤害行为,发生了伤害(重伤、轻伤)之外的危害后果——死亡,死亡这一加重结果与伤害行为之间具有因果关系,而行为人主观上应当对此损害后果负责。如果加重结果不是由基本犯罪行为造成的,则不成立结果加重犯,而基本犯罪行为既包括行为犯也包括结果犯的实行行为。结果犯与结果加重犯的区别在于:①结果犯是基本犯的完成形态,而结果加重犯是具有加重结果的犯罪形态。结果犯之危害结果是基本构成要件的一种,而加重结果则是加重构成要件的一种。一般来说,区分结果与加重结果主要需要与刑法分则条文所保护的基本法益(主要法益)联系起来考察。仍以《刑法》第234条为例,本条文的基本目的是保护公民的人身健康,轻伤、重伤均属于危害健康法益的损害结果,而死亡后果属于损害生命法益之结果,生命是健康之外的一个独立的——位阶更高的法益,所以,死亡是比轻伤、重伤结果更为严重的加重结果,而故意伤害行为又暗含着致人死亡的危险,故意伤害致人死亡也就是故意伤害罪的结果加重犯。当然,结果加重犯还需要联系罪名与罪状的关系以及罪状的表述特点、法定刑等加以判断,这就导致了问题的复杂性,所以,理论界对于结果加重犯的范围还存在着不少差异与分歧。②结果犯以发生法定损害结果为成立犯罪以及犯罪既遂的必备要件,而结果加重犯的基本犯罪既可以是结果犯,也可以是行为犯,特殊情况下,还包括后面将要具体讨论到的危险犯,主要是具体危险犯。在基本犯罪是结果犯的情况下,结果犯的法定结果是否发生,不影响结果加重犯的成立;加重结果一旦出现,基本犯也就自然成立,并在结果加重犯的加重法定刑范围内量刑。结果加重犯不限于基本犯的危害结果自然地发展为加重结果,也就是说,结果加重犯不要求必须先出现基本犯的危害结果而后再出现加重后果。例如,故意伤害致死并不要求一定要先发生轻伤、重伤结果,然后伤害结果发展至死亡后果。但是,基本犯的危害行为必须是特定的实行行为——具有引起基本犯危害结果的原因力的行为。同样重要的是,不能反过来说,只要是引起加重结果发生的行为就是基本犯的实行行为,就可以构成结果加重犯。

　　危害结果既是犯罪的构成要件,也是犯罪行为的重要情节,与结果加重犯对应的是情节加重犯。以《刑法》第236条强奸罪的规定为例,犯强奸罪致被害人重伤、死亡或者其他严重后果的,是结果加重犯;而犯强奸罪"情节恶劣","强奸多人""在公共场所当众强奸""二人以上轮奸"的,则属于强奸罪的情节加重犯。关于结果加重犯的罪过形式,我们将在"罪过"一章中继续讨论。结果加重犯的基本犯主要是故意犯罪,但是也有过失犯罪。情节加重犯也一样,也存在过失犯罪的情节加重犯。例如,《刑法》分则第二章"危害公共安全罪"中的第 133 条、第 134 条、第 135 条、第 135 条之一等条文规定了过失犯罪的情节加重犯。

危害结果的刑法规定

二、危险结果

(一) 危险结果的概念

如何处理"危险"概念是刑法学上的一个难题,而如何处理结果与危险两个概念之间的关系,更是"剪不断,理还乱"。危险也是一种结果吗?从评价意义上的犯罪结果的角度看,危险——发生损害的可能性,即使其可能性非常之遥远,也是结果,因为任何犯罪都有犯罪结果。这一说法实际意义不大,有循环论证的嫌疑。就结果是相对确定的"变化"而言,即使不存在现实之损害结果的场合,即使危险不具有任何事实属性,评价者的内心也会起"变化":羡慕、嫉妒、恨、恶心、难受、吐,诸如此类。但是,"损害"与"损害可能性"显然是两个不同的概念,不能将二者等同看待,不能将二者归一。可以说,"危害"内含"危害"与"危险","社会危害性"术语包含着"危险",但是显然不能将"危险"与"损害"等同归入"危害结果"概念之中。一言以蔽之,危险是结果,但不是危害结果,它不是实际损害。

危险是结果,不是危害结果。那么,"危险"是怎样一种结果呢?在构成要件层面上有何意义?要回答"危险"是怎样一种结果,首先需要从"危险"是什么谈起。"危险"是造成损害的可能性,而可能性可以根据其转化为现实损害结果的远与近(可能性的高与低)进行区分,在具体案件中表现为现实的可能性——眼前的迫在眉睫的危险,是具体的危险。在具体案件中,实际上并没有可能性,具体的行为无论如何是不会发生危害结果的,但是该具体案件抽象为一个"剧本"置于与该案密切相关的社会背景中,再发生类似的案件,是有可能造成损害结果发生的,则可以称之为抽象危险。假设一案:张三在公共汽车上扒窃李四的裤子口袋,李四裤子口袋中没有一分钱,张三没有成功地盗取财物,但是李四上衣口袋中倒是装有数额较大的金钱。本案中,张三的扒窃行为存在具体危险，张三有"可能"扒窃其上衣口袋并有可能成功。再假设李四早上出门忘记带钱包，全身上下没有一分钱，则张三的盗窃行为无论如何是不可能得逞的，是不可能造成危害结果的，没有具体危险。但是，如果以本案为"剧本"，假设李四早上出门没有忘记带钱包，假设张三盗窃其他人而不是李四，当然还要假设其他人身上有钱而不是没有钱的"屌丝"，张三是有"可能"盗取数额较大之财物的，这种意义上的可能性是抽象的可能性，即抽象危险。概言之，危险可以区分为具体危险和抽象危险。

在刑法中，刑法规定以发生危害结果现实危险为构成要素的犯罪是具体危险犯；超越具体构成要素而可以抽象地评价整个危害行为（构成要件整体）有危险性的犯罪，是抽象危险犯。具体危险犯与抽象危险犯的区别在于：具体危险是指发生具体损害结果之现实可能性，这种危险是独立的构成要素，与实行行为相对分离，而这一特性又与危害结果相同，正是在这一意义上，我们应当将具体危险与损害结果相并列，而不能将具体危险归入危害结果之中。至此，我们可以将"危险"与"结果"结合在一起形成"危险结果"概念，并与"危害结果"相对应，这是比较妥当的。因为具体危险是具体构成要素（要件），需要由控方在刑事诉讼中加以证明，这与危害结果相同；不同的是，危害结果是以客观损害事实为基础和表征的规范概念，而具体危险乃是"损害可能性"，在具体案件中具有具体的事实属性，表现为一种客观存在——虽然还没有出现损害结果但具有造成损害结果发生的实实在在的可能性。而抽象危险是立法上的推定，不是具体的构成要素，更不是独立的构成要件，也不是独立之构成要件内涵的构成要素，而是超越具体构成要件（要素）的整体的评价性要件，是主观评价的"结果"，在具体案件中没有事实属性——有可能发生损害但是必须基于假设存在某些条件和事实，因而刑事诉讼中无需控方加以证明，只需要基于预防犯罪的政策目的进行一般经验判断即可。

总之，具体危险犯之"具体"主要体现在以下两点：①在刑法规范层面上，危险是具体的构成要件（要素）；②在事实层面上，危险存在于具体案件之中，有具体的事实根据。而抽象危险犯正好相反：危险不是具体犯罪的具体构成要件（要素），却可以是最抽象意义上的犯罪成立"条件"；在事实层面上，在具体案件之中没有"可能"发生损害结果，但是，在与具体案件密切相关的特定的"社会"中却存在着"危险"——抽象危险,此种抽象危险也是有事实根据的,具有最低限度的"客观性",但是此种事实根据已经不是具体案件的"案件事实"了。

(二)危险结果的构成要件意义

危险结果对于区分具体危险犯与抽象危险犯具有重要意义,是区分具体危险犯与抽象危险犯的关键概念。

放火罪、爆炸罪、投放危险物质罪、破坏交通工具罪、破坏交通设备罪等一些犯罪,以发生某种严重损害结果的具体危险作为构成要件,是具体危险犯。在刑法分则条文中,立法者常常会以"足以……"的语言文字加以标示。与此相对,《刑法》分则第一章"危害国家安全罪"中的煽动颠覆国家政权罪、煽动分裂国家罪、叛逃罪等犯罪,第二章"危害公共安全罪"中的涉及枪支、弹药、爆炸物的犯罪、危险驾驶罪以及大多数恐怖犯罪,第三章中妨害信用卡管理罪、窃取、收买、非法提供信用卡信息罪以及第六章中提供侵入、非法控制计算机信息系统的程序、工具罪等少数犯罪,是抽象危险犯。以"在道路上醉酒驾驶机动车"("醉驾")的危险驾驶罪为例,抽象危险——发生重大责任事故(致人重伤、死亡以及公私财产重大损失)的可能性,一种遥远的抽象的可能性,是"醉驾"构成危险驾驶罪的实质根据,这种危险是抽象的评价意义上的概念而非具体的构成要件,是超越具体构成要件"在道路上醉酒驾驶机动车"之上的抽象的评价性要件,抽象危险的意义在于能够在一定程度上指引司法工作人员解释道路、醉酒、驾驶、机动车等诸构成要素以及整个罪行。抽象危险可以理解为统计学意义上的"可能性",而不是具体案件中实际存在着的现实的可能性。对于某一个具体的案件来说,醉酒人深夜在没有车辆、行人的道路上驾驶机动车,不存在(实际上也难以证明是否存在)具体危险。经验告诉人们,即使某人在具体案件情境中的"醉驾"行为发生交通事故的可能性低到几乎没有,但是抽象地判断,始终存在着一丝一毫的统计意义上的可能性,即所谓的抽象危险。无论如何,具体危险是损害结果发生的现实可能性,而不是损害结果本身,所以,如前所述,不宜将具体危险归类于危害结果——损害结果的范围,而是与危害结果(损害结果)并列的一种结果——危险结果。长期以来,用"危害结果"统称构成要件意义上的损害结果与危险结果两种不同的"结果",是刑法学界十分习以为常的错误。当然，危险结果与危害结果不同，但是又有相似性，具体危险之结果是危害行为可能发生实际损害结果的一种客观事实状态，并且刑法分则条文常常将其规定为具体的独立的构成要素，所以，就像结果犯一样，具体危险犯可以存在犯罪完成与未完成形态，而抽象危险犯则没有完成与未完成形态的区别，只有成立与否的问题。

总之，结果包括危害结果、危险结果、评价结果三种。危害结果是危害行为所造成的实际的、现实的损害，存在着构成要件和准构成要件（要素）的区别。而危险结果即具体危险，是指发生具体损害结果之现实可能性，与危害结果完全不同，却又同危害结果一样，是独立的具体的构成要件。抽象危险则是构成要件之上的超越构成要件的整体性评价结果，接近但是又不能完全等同于最为抽象意义上的犯罪结果。

第二节 实行行为

一、实行行为的概念

实行行为是刑法分则条文中罪状所规定的能够直接造成损害结果以及损害之紧迫而现实之具体危险的行为。"实行"一词存在于《刑法》第23条之中，但是何谓"实行"行为，《刑法》并没有作进一步的规定。各种具体的实行行为规定于刑法分则条文罪状之中。例如，故意杀人罪的实行行为是杀人行为，故意伤害罪的实行行为是伤害身体的行为，盗窃罪的实行行为是盗窃他人财物的行为。实行行为是罪行也是犯罪的核心要素，客观罪行就是以实行行为为中心将其他诸多客观构成要素结合起来而成的，主要是实行行为使得各种具体犯罪的客观罪行和主观罪过区别开来。

实行行为需要分别从形式与实质两个方面，并将两个方面结合起来进行判断。

从形式上看，实行行为是刑法分则条文罪状所规定的危害行为。实行行为首先必须形式上符合刑法分则条文的规定，刑法分则条文罪状之外不存在实行行为，这是罪刑法定原则的必然要求。《刑法》第23条虽然没有定义何谓"实行"行为，但是告诉我们实行行为是一个与"着手"概念密切相关的概念，实行行为始于着手，而"着手"则是指开始实行刑法分则所规定的危害行为，所以，实行行为首先必须是刑法分则罪状中所规定的具体行为。例如，希望某人死亡而怂恿他甚至出钱让他乘坐经常发生空难的航空公司的飞机旅行；教唆、帮助精神正常的人自杀；愚蠢的丈夫拒不在家属手术同意书上签字，医院不能进行手术，造成昏迷难产的妻子死亡，等等，形式上均不符合刑法分则条文故意杀人罪罪状的规定，不属于杀人行为。但是，形式上符合刑法分则条文罪状规定的行为，实质上未必都是实行行为，行为是否属于实行行为还需要从实质上判断。

从实质上看，实行行为是能够直接造成损害结果和危险结果（具体危险）的行为。许多具体犯罪未必以损害结果或者危险结果的存在为必要，但是，实行行为必须是具有引起损害结果和危险结果发生可能性或者原因力的行为。所谓可能性或者原因力，是指行为人自己的积极或者消极的身体动静，使得刑法所保护的法益处于发生危害结果的直接而紧迫的具体危险之中。以故意杀人罪为例，赤手掐死被害人、用绳子勒死被害人、用刀斧砍死被害人、枪击被害人头部致使其死亡等，都属于故意杀人罪的实行行为；教唆他人自杀不属于杀人行为，但是，教唆丧失辨认和控制能力的精神病患者自杀的，则属于故意杀人罪的杀人行为，这种行为可以直接造成他人的死亡，因为"教唆"[1]行为具有造成他人死亡的决定性力量——直接支配和控制死亡结果的发生，因而是杀人行为。再举一个法定犯罪的例子，《刑法》第205条规定了虚开增值税发票罪，虚开增值税发票的行为可以直接造成国家税收的损失，是形式与实质相统一的实行行为，但是第205条第4款将虚开增值税发票的行为界定为"为他人虚开、为自己虚开、让他人为自己虚开、介绍他人虚开行为之一的"行为。这四种行为中，前两种行为，即"为他人虚开、为自己虚开"，属于真正的实行行为；"让他人为自己虚开、介绍他人虚开"，形式上是实行行为，但是实质上并不属于实行行为。

如果立法者将保护法益作为刑法的目的，并且彻底地贯彻刑法目的保护主义立场，那么，只要是刑法分则条文罪状所规定的危害

---

[1] 注意加引号的"教唆"，这里的"教唆"不是真正的教唆，只是具有教唆行为的言辞形式，而不符合教唆行为的本质，教唆以被教唆人具有自由决定的意识和意思为前提。本书第十章"共同犯罪"还会提到这一点。

行为，就是实行行为，这样，实行行为的形式与实质是统一的。因为，只有这样的刑法才会在其刑法分则中明确实行行为与非实行行为的界限，仅仅将符合实质标准的危害行为作为实行行为加以规定，并以此为中心进一步地规定罪行的其他特殊要件。但是，立法常常是各种立场和观点相互妥协的产物，很少有国家能够真正彻底地坚持刑法目的保护主义立场。所以，各国刑法或多或少地将非实行行为，主要是预备行为（甚至于阴谋行为）、教唆行为、帮助行为直接作为犯罪在刑法分则中加以规定，这在危害国家犯罪（国事罪）、恐怖犯罪等领域尤其突出。

所以，实行行为不仅应当从形式上把握，还需要从危害行为与法益的关系上把握其实质，如此，我们才可以科学地甄别实行行为和非实行行为。只有形式和实质统一的行为才是真正的实行行为，仅仅形式上为刑法分则所规定而实质上没有直接造成损害的可能性，不属于实行行为。这类行为原则上仅有犯罪构成与否的问题，而没有成立预备、未遂的余地。

综上所述，在更广泛的意义上，危害行为的基本形式可以区分为实行行为与非实行行为（实施行为）两种。实行行为是危害行为的主要方式，理论上可以称之为主行为；非实行行为（实施行为）则属于刑法规定的危害行为的次要方式，理论上可以称之为从行为。也就是说，危害行为可以区分为主行为与从行为两种。进一步地讲，刑法上的危害行为以实行行为为主、以非实行行为为辅。传统上，我国刑法理论忽视了危害行为之主行为与从行为的区分。本书认为，这一区分是十分重要的，意义主要在于：犯罪的性质（尤其是罪名）主要取决于主行为即实行行为，非实行行为的性质从属于实行行为。更进一步地讲，主行为可以派生（衍生）出从行为，从行为不能再派生出从"从行为"。当然，不是所有的主行为都可以（或者应当）派生出从行为（主行为之间差异巨大），也不是所有的从行为都值得动用刑罚加以处罚。

二、实行行为的分类

实行行为的客观表现形式多种多样，千差万别，但是，从实行行为与刑法规范和法律规范的关系上看，其基本形式有两种，即作为与不作为。

（一）作为

作为，是指行为人积极地实行我国刑法所直接禁止的行为，即不当为而为。作为方式直接违反刑法禁止性规范，外在地表现为身体的积极活动，具有引起危害结果的原因力。刑法规定的绝大多数犯罪是作为犯。实际案件中，大多数犯罪行为客观上表现为作为，其具体表现形式是极为多样的，例如，行为人直接通过四肢和身体实施的作为，借助于物质性工具实施的作为，利用自然现象实施的作为，利用他人的行为实施的作为，等等。其中，利用他人的行为，如利用无责任能力的未成年人、精神病人的行为，或者通过支配控制他人的行为（包括犯罪行为），构成犯罪的，理论上称之为"间接实行犯"，或者"间接正犯"。应当指出，实行犯可不作直接实行犯与间接实行犯的区分。间接实行犯与直接实行犯并没有根本差异，统称实行犯并无不当。因为被利用的无责任能力的未成年人、精神病人或者不知情的他人，与"直接实行犯"场合下的犯罪工具无异，属于无罪之代理工具。

（二）不作为

不作为，是指行为人能够履行应尽的义务而消极地不实行法律要求或者期待的行为，即当为而不为。从不作为的客观表现形式上看，不作为是消极的身体静止，这是不作为的形式特征，但并非最为重要的特征。从行为与危害结果和危险结果的关系上看，不作为表现为没有阻止结果的发生。也就是说，如果行为人遵循其他法律、法规的要求和期待而积极地有所作为，原本可以预防或者阻止结果的发生，但是行为人没有履行作为义务，不防止、不阻止结果主要是危害结果的发生，这与作为方式积极地引起、造成危害社会的结果发生正好相反。当然，最重要的还需要从违反的法律规范性质上看，不作为直接违反了法律、法规所规定的命令性规范，没有按照法律、法规的要求或者期待积极行动——履行作为义务，这是不作为的最为重要的特征。

不作为以刑法的前置法——刑法之外的其他法律法规为基底，而不像作为那样主要考虑其与刑法规范的关系进行定义，所以，从不作为与刑法规范的关系上看，不作为表现为两种形式：①纯正的不作为，表现为违反刑法命令性规范，自然也会违反其他法律法规规定的作为规范。②不纯正的不作为，表现为违反其他法律法规的命令性规范并最终违反刑法禁止性规范。

刑法分则条文直接规定以不作为方式构成的犯罪，是纯正不作为犯。纯正不作为犯是直接违反刑法命令性规范的行为，或者说，命令性规范为刑法直接规定而为行为人的行为所违反。例如，《婚姻法》规定了扶养义务，而《刑法》第261条进一步确认扶养义务是刑事义务，拒不履行抚养义务遗弃被抚养人的，可以构成违反刑事命令的不作为犯。纯正不作为犯罪主要有：丢失枪支不报罪，逃税罪，抗税罪，遗弃罪，非法集会、游行、示威罪，拒绝提供间谍犯罪、恐怖主义犯罪、极端主义犯罪证据罪，拒不执行判决、裁定罪，不解救被拐卖、绑架妇女、儿童罪，战时拒绝、逃避征召、军事训练罪，战时拒绝、逃避服役罪，战时拒绝、故意延误军事订货罪，战时拒绝军事征用罪，拒传军令罪，违令作战消极罪，拒不救援友邻部队罪，遗弃伤病军人罪，战时拒不救治伤病军人罪，等等。由此可见，刑法分则规定的纯正不作为犯的数量很少，而且主要集中在军事刑法领域。其原因在于，刑法规范以禁止性规范为主、以命令性规范为辅。而军事刑法相比普通刑法领域有着更多的命令性规范。同样的道理，犯罪行为方式形态也是以作为犯为主、纯正不作为犯为辅。尽管有学者建议，但是我国刑法没有将见死（危）不救、知情不举等行为规定为犯罪。也就是说，刑法目前还没有将救助他人免于危难、帮助政府追诉犯罪等一般性义务规定为具体的刑事义务，上升为具体的刑事命令。当然，纯正不作为犯在我国刑法上还是略有扩大的。例如，拒绝提供间谍犯罪、恐怖主义犯罪、极端主义犯罪证据罪，是《刑法修正案（九）》从拒绝提供间谍犯罪证据罪扩张而来，而拒绝提供间谍犯罪证据罪是1993年《国家安全法》（现已废止）特别规定为犯罪的，1979年《刑法》颁布实施之初也没有规定这一犯罪。

对于纯正不作为犯来说，刑法规定的数量很少，司法实践中发案数量也很少，但是纯正不作为犯的犯罪类型还是多种多样的。就法定构成要件类型而言，作为犯有的犯罪类型，纯正不作为犯基本上都有。纯正不作为犯大多数是情节犯——以"情节严重""情节恶劣"等为构成要件，个别的是行为犯，还有结果犯，以及以危害结果作为纯客观构成要件。所以，认定纯正不作为犯，同作为犯的认定一样，需要根据刑法规定的构成要件进行判断。不同的是，作为犯本质上违反了刑法禁止性规范，客观上表现为实施了刑法禁止实施的行为——作为；纯正不作为本质上违反了刑法命令性规范，客观上表现为没有实施刑法要求做到的行为——不作为。

刑法分则条文直接规定以不作为方式构成的犯罪，行为人事实上也是以不作为的方式实施，因而构成犯罪的，是最为典型纯正不作为犯。对于纯正不作为犯来说，行为人事实上以积极作为的方式实现不履行法定作为义务的目的，仍然属于不作为犯。纯正不作为犯的性质是违反了刑法所规定的命令性规范，是不作为犯，不能同时定性为作为犯。例如，行为人采取伤害、虐待、辱骂等作为方式，以达到拒不履行抚养义务的目的，情节严重的，构成遗弃罪，仍然属于不作为犯，不能因为行为人事实上（形式上）采取了作为方式而将遗弃罪定性为作为犯，或者因此而将其定性为作为犯与不作为犯的结合。当然，伤害、虐待、辱骂等行为同时构成其他犯罪的（伤害罪、虐待罪、侮辱罪等），可以数罪并罚。行为采取殴打驱逐、运送至遥远的地方抛弃等客观形式意义上的"作为"方式达到遗弃（不履行抚养义务）之目的的，由于殴打驱逐通常不会构成犯罪，尚不具有违反刑法禁止性规范的性质，而"运送至遥远的地方抛弃"这种行为方式本质上就是不作为，可以视为恶劣的"情节"，作为综合判断遗弃行为整体上是否"情节恶劣"的客观情节对待。总之，行为人采取积极作为的方式拒不履行刑法规定的作为义务，既触犯禁止性规范，又触犯命令性规范，犯罪构成形成"竞合"的，从一重罪论处，构成数罪的，予以并罚。

实际上，存在刑法分则条文将作为方式与不作为方式结合在一起而形成复合性实行行为，但是以不作为为目的行为，此类犯罪行为整体上仍然应当视为不作为犯，而不能视为作为犯。例如，行为人以隐匿、销毁会计凭证、会计账簿的方式偷逃税款的，既违反了禁止性规范，又违反了命令性规范，构成隐匿、故意销毁会计凭证、会计账簿罪和逃税罪，还违反了履行纳税义务的命令性规范，构成逃税罪的，属于法条竞合，逃税是目的行为，应当以逃税罪论处。当然，行为方式事实上既满足作为犯的犯罪构成要求，又满足不作为犯的犯罪构成要求，构成数罪的，应当并罚。例如，以暴力、威胁的行为方式抗税的，暴力、威胁行为在客观形式意义上是"作为"，其中暴力行为（致人轻伤的）可能触犯禁止规范，而拒不履行纳税义务的不作为又触犯命令性规范，所以，抗税罪有时会以违反禁止性规范的方式触犯命令性规范，原则上以抗税罪论处。当然，案件事实表现为以严重之暴力致人重伤并有威胁或者轻微暴力行为的，既构成故意伤害罪又构成抗税罪，数罪并罚。但是，无论是逃税罪还是抗税罪，都是纯正的不作为犯，不能说逃税罪和抗税罪既是作为犯又是不作为犯。总之，如果犯罪实行行为是由作为与不作为复合而成的，整体性质是作为犯还是不作为犯，取决于复合性实行行为之目的行为所触犯的刑法规范是禁止性规范还是命令性规范。

在刑法分则中，还有一些刑法分则条文规定，犯罪的实行行为既可以是作为方式，也可以是不作为方式。例如，玩忽职守罪、滥用职权罪和其他玩忽职守、滥用职权类型的渎职犯罪，以及责任事故类的过失犯罪等，既可以由作为方式构成，也可以由不作为方式构成，还可以是作为与不作为方式交织在一起。此类犯罪的实行行为不是作为与不作为的复合或者结合，作为方式与不作为方式是相对独立的，作为不以不作为为目的，不作为不以作为为手段。在实际案件中，行为人可能是作为方式，也可能是不作为方式，或者可能同时实施了作为与不作为。正是在这一意义上，可以说，玩忽职守罪、滥用职权罪等犯罪是作为犯，也可以是不作为犯。

刑法分则条文规定以作为方式构成的犯罪，如故意杀人罪、故意伤害罪、放火罪、爆炸罪等，行为人实际上以不作为的方式实施，客观上造成法定危害结果的发生或者法定危险结果即具体危险的出现，与作为犯罪相当，因而构成犯罪的，是不纯正不作为犯。不纯正不作为犯本质上是作为犯罪，既违反了其他法律、法规所规定的命令性规范，又违反了刑法的禁止性规范，重要的是违反了刑法禁止性规范，这是其与纯正不作为犯的重要区别。

不纯正的不作为构成犯罪，必须具备以下三个基本条件：

1. 行为人负有实行特定积极行为阻止危害结果或者危险结果发生的义务，义务来源主要是：

（1）法律、法规所明文规定的特定义务。例如，道路交通法规规定肇事司机有救助受伤者的义务，不履行此等义务而造成他人死亡的，是不作为。刑法之外的其他法律、法规所明文规定的义务，通常具有较强的抽象性和一般性，需要与特定案件事实及其背景联系起来以确定行为人是否具有实施特定的阻止危害结果或者危险结果发生之行为的义务。例如，《婚姻法》规定夫妻之间具有扶养义务，此等抽象性、一般性义务并不能等同于夫妻一方有阻止另一方死亡的义务，而是应当在具体案件中判断是否负有采取积极作为阻止特定之重伤、死亡等危害结果发生的义务。同样的道理，父母有抚养未成年子女的义务，母亲不哺育婴儿而将其饿死的，是不履行抚养义务，构成不作为的杀人。

(2) 职务上或业务上要求履行的义务，如国家工作人员履行职务时所产生的义务，消防人员消除火灾的义务，医务人员治疗自己负责的病患者的义务。职务上、业务上要求履行的义务是具体的而非一般性的义务。有特定职务、业务身份的人对于职务、业务指涉范围以外的一般人没有保证义务。

(3) 法律行为所引起的义务，如合同行为、自愿行为所产生的义务，如受雇担当他人的保镖而产生的保护雇主的义务。

(4) 先前行为所引起的义务，即行为人先行行为使法律所保护的某种利益处于不能容忍的危险状态所产生的避免该危险的义务。例如，使他人落水而产生致人死亡危险的，负有救护他人的义务。再如，见人落水而上前下水救人，因而排除其他人救助可能性的，产生"救人救到底"的救助义务，不得半途而废，半途而废的仍然属于不作为。通常情况下，先前行为限于侵害合法权益的一般不法行为，不包括犯罪行为。例如，交通肇事后逃匿，不履行救助义务，一般并不构成故意杀人罪，而构成情节加重的交通肇事罪；构成故意杀人的场合，往往是因为行为人为逃避履行义务或者为毁灭罪证而实施了致被害人于死亡危险的行为，并且直接地造成被害人死亡。

2. 行为人有履行特定义务的实际可能而未履行。行为人是否能够履行义务，需要从行为人履行义务的客观条件和主观能力两个方面进行判断。法律不强人所难，如果在当时当地的场合下，行为人根本无力履行其应当履行的义务，行为人不承担刑事责任；如果在当时当地的场合下，行为人有机会履行义务，但是履行义务构成损害自己生命、健康的重大危险，行为人也不承担刑事责任。

3. 行为人未履行特定义务的不作为，具有社会危害性，与纯粹的作为犯相当，具有等价性。一般情况下，行为人的行为客观上造成了法定危害结果的发生或者法定危险结果——具体危险的出现。只有这样，不作为犯罪才能与作为犯罪之间形成等价性。例如，父母将婴儿抛弃于他人十分难以发现的荒山野外等危险场合，婴儿被野兽吃掉或者饿死的，父母是以违反抚养义务的不作为方式实现了故意杀人罪的犯罪构成要件，以违反命令性规范的形式实现了对于禁止性规范的违反，构成故意杀人罪，是不纯正的不作为犯。由于父母设置了导致婴儿死亡的现实而具体的危险，并有效地控制着因果流程，进而造成了婴儿死亡的，父母的行为既具有"遗弃"的性质，又具有直接杀人的性质，除非有证据和事实可以排除，上述行为还足以表明父母具有杀人的故意，可以直接评价为故意杀人行为。由此可见，作为与不作为的区分是相对的，纯正不作为犯也可以称为"不纯正的作为犯"。"自法定构成要件之犯罪构成而言，此种不作为犯，以不作为而违反通常以作为才能违反之犯罪，则与作为犯较为接近，似宜称之为不纯正作为犯。"[1]故意杀人罪通常以作为的方式构成，是从事实层面上讲的。也就是说，在司法实践中，故意杀人罪通常表现为以积极的作为方式实施。就规范层面而言，"杀人"主要是指积极的作为，实际上通常以积极的身体动作实现之，但是"杀人"一词是可以暗含不作为之行为方式的，或者说"杀人"概念主要是指作为杀人，但是并不排斥不作为杀人。而过失致人死亡罪之构成要件"致人死亡"，更是相对宽泛的模糊性规定，既包括作为方式，也包括不作为方式。

第三节　因果关系

因果关系，是指实行行为与危害结果之间的一种造成与被造成、引起与被引起的关系。传统刑法理论将因果关系定义为危害行为（犯罪行为）与危害结果（犯罪结果）之间引起与被引起的关系。一般而言，这并没有太大的问题。但是，本教科书将危害结果与犯罪结果相区别，将危害行为与实行行为相区别，所以，因果关系是指实行行为与危害结果之间的因果联系，并非所有的危害行为都会造成危害结果的发生，只有实行行为（主行为）才能造成、引起危害结果的发生，非实行行为（从行为）单独不能造成、引起危害结果的发生。

因果关系是针对结果犯和结果加重犯而言的，或者说，因果关系主要存在于诸如故意杀人罪、过失致人死亡罪之类的结果犯以及故意伤害罪（致死）这样的结果加重犯。在结果犯和结果加重犯的场合，实行行为与危害结果之间不能各自独立，不能是毫不相干

---

[1] 林山田：《刑法通论》，三民书局1986年版，第287页。

的两件事情,行为与结果之间必须具有因果联系。一方面,实行行为造成、引起了危害结果的发生,行为是因,损害是果;另一方面,已经发生的危害结果能够归属于实行行为,进而也可以进一步地验证并确定危害行为是实行行为。

对于行为犯来说,危害结果伴随实行行为,甚至是实行行为的本质属性,通常无需单独地判断因果关系。对于形式犯和举动犯来说,因果关系不成为问题。对于具体危险犯来说,实行行为与危险结果之间的因果关系通常容易判断,因而并非十分重要。例如,非法拆除高速铁路的铁轨,无需判断破坏交通设施的行为与危险结果之间是否有因果关系。具体而言,虽然实行行为与危险结果在规范层面上是相互分离的,但是在事实层面上,二者往往难以分开,有实行行为通常即有具体危险的存在,没有具体危险而有抽象危险的,可以构成犯罪未遂。对于抽象危险犯来说,抽象危险是具体构成要件之上的抽象评价结果,因果关系不是具体的构成要件,因此无需判断因果关系是否存在。

总之,因果关系主要是在以损害结果为构成要件的犯罪构成判断中成为问题。对于以危害结果为构成要件的结果犯和结果加重犯来说,在分别确定了构成要件之危害结果和实行行为之后,需要进一步审查判断实行行为与危害结果之间是否存在着因果关系。

因果关系的刑法规定及其构成要件意义

因果关系实际上是实行行为与损害结果两个构成要件之间的因果联系,是结构性构成要件,因而是十分复杂的构成要件。如何认定因果关系是中外刑法理论长期争论不休的问题,存在着各种各样的学说。我国刑法理论曾经普遍采取"必然因果关系说",该说主张:危害行为当中包含着危害结果产生的根据,具有引起危害结果发生的可能性,并且与行为时的具体条件结合起来,合乎规律地导致危害结果发生的,属于刑法上的因果关系。"必然因果关系说"将原因与条件相区别,行为必须是危害结果的原因,是条件的则不能成立因果关系。后来出现"偶然因果关系说",该说主张,危害行为本身不包含危害结果产生的根据,但是在其发展过程中偶然地介入了其他因素,并由介入因素合乎规律地引起危害结果发生时,介入因素与危害结果之间是必然因果关系,危害行为是危害结果发生的条件,与根据相比是次要的、第二位的原因,属于偶然因果关系,偶然因果关系也属于刑法上的因果关系。必然因果关系说的主要问题是:"根据""规律"属于哲学认识论范畴,过于抽象而不够具体，造成因果关系判断上的困难；"根据"与"条件"不易区分，又使得因果关系判断缺乏确定性，并且会缩小因果关系的范围。虽然"偶然因果关系说"将条件视为次要的原因，扩张了因果关系范围，但是依然没有解决诸如"根据""规律"的抽象性和不确定性问题，也没有很好地解决是什么决定了危害行为的条件地位问题。目前，越来越多的学者赞成"条件说"。"条件说"主张，因果关系是行为与结果之间"没有前者就没有后者"的条件关系。"没有前者就没有后者"是发现条件关系的公式。按照条件公式，如果行为与结果之间存在着"没有行为就没有结果"的条件关系，也就是说，行为对于结果的发生发挥了一定的作用，行为与结果之间便有因果关系。

"没有前者就没有后者"条件公式是高度概括的，但不是纯逻辑的。依据条件公式分析判断因果关系，不是抽象的逻辑分析，而是在具体案件中运用人类已有的相关知识经验进行分析判断，是具体的。也就是说，无论是行为还是结果都必须是具体的，是特定案件事实背景中的事情，是规范性与事实性的统一。认定实行行为造成、引起危害结果，或者说将危害结果归因、归属于实行行为，必须是依据最为可靠的科学知识针对具体案件事实展开。具体来说，司法实践中必须依据人类已经掌握的与具体案件相关的自然科学知识与社会经验，在具体案件中分析判断行为人的实行行为对于危害结果的意义，如果确信"没有"行为人的行为则不会发生危害结果，而"增添"行为人的实行行为则会有危害结果的发生，如此，行为对于结果有实际作用和影响，因果关系存在于具体案件之中，实行行为与危害结果之间的因果关系成立。

刑法理论上一般认为，"条件说"有利于在事实层面上认定因果关系，但是在法律层面上存在着过于宽泛造成刑事责任范围过宽的弊端。有理论试图弥补"条件说"的这一缺陷，较为重要的是"相当因果关系说"。"相当因果关系说"主张，根据社会一般人的生活经验，在通常情况下，行为产生结果是相当的，则该行为与结果之间有因果关系。"相当"或者说"相当性"，是指行为产生结果是通例而非异常。相当因果关系内部又有"主观说""客观说""折中说"的区别。"主观说"主张以行为人所认识的事实为判断对象；"客观说"主张以案件发生时特定时空条件下的所有案件事实为基础进行判断；"折中说"则主张以行为时一般人所认识的事实或者行为人所特别认识的事实为基础判断因果关系的有无。

英美刑事司法实践中,多采用"事实因果关系与法律因果关系说",将因果关系分析判断区分为两步:第一步判断事实因果关系;第二步判断法律因果关系,因果关系有事实因果关系与法律因果关系两种意义。事实因果关系基本上就是依据条件关系进行判断,必要时补充适用实质因素标准,即基于知识、常识、经验等确定是否对于结果的发生产生了实质作用,将没有意义的"条件"排除出去;法律因果关系则是指依据法律确认能够成为刑事责任客观根据的因果关系,基本标准为近因原则,即与结果最相近的原因才能够承担刑事责任。

在我国,有观点主张,应当从总体上坚持"条件说"。不过,由于"条件说"存在一些不足,个别情况下,用"相当因果关系说"修正"条件说"也是必要的。[1]也有观点主张借鉴英美"事实因果关系与法律因果关系说",在事实因果关系的认定中采"条件说",而在法律因果关系认定中采折中的"相当因果关系说"。[2]本书认为,"相当因果关系说"对于否定同等地看待所有的条件,否定条件对于结果具有相同的作用,是有重要的理论与实践意义的。但是,"相当因果关系说"的"相当"概念也是"相当"模糊和不确定的,与我国传统的"必然因果关系说"和"偶然因果关系说"中的哲学意味很强的"规律"概念相比,除了具体性增强了不少这一优点之外,只不过更为世俗化一点而已。"必然因果关系说"将"规律"作为一般因果法则,会很大程度上限缩刑事责任范围,"相当因果关系说"不会像"必然因果关系说"那样太过限缩刑事责任的范围,但是,在事实上存在因果关系的情况下,用"相当性"概念去限制缩小刑事责任范围,一定是"相当"不确定的。

本书认为,分析判断因果关系,既不是单纯地根据抽象的逻辑概念"条件",也不是根据抽象和不确定的"相当性"概念进行形式逻辑判断,而是依据人类已经掌握的与具体案件相关的自然科学知识与人类社会经验,为了保护特定的法益,进而规范人们的行为,针对具体的案件事实展开。

因果关系既不是一种自然现象,也不是一个纯粹的物理概念,

---

[1] 周光权:《刑法总论》,中国人民大学出版社2016年版,第125页。
[2] 陈兴良:《规范刑法学》,中国人民大学出版社2008年版,第129页。

而是一个法律概念。任何构成要素——无论是存在于简单构成要件还是复杂构成要件之中——均与其他构成要素形成整体性联系,而实行行为就是法定的可能造成损害结果的行为。如前所述,行为若非实行行为,也就没有必要讨论因果关系。而确定实行行为实际上又离不开因果观念的指引。分析判断因果关系,一方面是从实行行为的角度分析危害结果是否是实行行为所造成、引起的,另一方面则是从危害结果的角度判断特定之危害结果能否归属(归责)于特定的实行行为。前者大致相当于英美国家的事实因果关系,侧重于事实的判断,后者相当于法律因果关系,在前者的基础上侧重于规范判断。一般来说,只要是行为人的实行行为是危害结果发生的重要条件,对于危害结果的发生具有一定作用,就可以认定行为造成或者引起了危害结果的发生,因果关系成立。在具体案件中,若危害结果超出了具体实行行为内在原因力所能投射的范围,不能要求行为人对此结果负责,否则缺乏事实基础。尽管行为与结果之间事实上存在着因果关系,行为客观上是结果发生的条件之一,但是,如果危害结果超出了构成要件的规范目的,那么危害结果不能归属于行为,行为与结果之间仍然没有因果关系。所谓构成要件的规范目的,是指整个刑法分则条文的刑法目的,即某一刑法分则条文保护特定权利和利益的目的,以及具体构成要件背后的法律目的。举例来说,行为人违章逆向行驶时,轧飞了路面上的井盖,致使路人受伤死亡,行为人的"行为"与死亡结果之间存在着事实意义上的因果关系,但是行为的"违章行为"与死亡结果之间没有因果关系,因为禁止逆向行驶交通规则的目的是防止与正向行驶的车辆相撞,而不是保证路面平整,也不是为了保障路面井盖不被机动车轧飞。所以,死亡结果的发生超出了构成要件规范目的,行为人逆向行驶的违法行为与死亡结果之间没有因果关系。

若是自然地、物理地观察,不作为与危害结果之间没有因果关系。所以,不作为行为与危害结果之间的因果关系更加需要规范地观察。危害结果不是由不作为行为物理地、自然地造成、引起的,而是行为人应当防止而且能够防止危害结果的发生但是没有阻止其发生的,才成立因果关系。换言之,危害结果属于行为人应当防止的范围,若是行为人履行了其应当履行的作为义务,危害结果就不会发生;相反,正是因为行为人当为而不为,危害结果发生了,所

因果关系的一般特性

以应当归责于行为人的不作为,因果关系成立。

第四节　行为对象

行为对象,也称犯罪对象,是实行行为所侵害、作用或直接指向的人(包括法人以及单位)、物、信息。行为对象是实行行为所作用和指向的客体,所以也有刑法教科书称之为"行为客体",与之相对的是"保护客体"。

在我国传统犯罪构成理论中,犯罪客体是犯罪构成的四大要件之一,而犯罪对象是犯罪客体(社会关系、社会利益)的主体(人)或者物质表现(物),犯罪对象后来从人和物扩张到信息。[1]犯罪对象的重要意义在于它是表现犯罪客体的构成要素,也是犯罪客观方面的选择性构成要件。按照传统犯罪构成理论,任何犯罪都有犯罪客体,犯罪客体乃犯罪构成必不可少的要件,但有些犯罪构成中,没有犯罪对象,不以犯罪对象为必备要件。本书客观、主观二分犯罪概念本体,没有"犯罪客体"概念存在的余地,犯罪客体并不是犯罪构成要件。法益,作为刑法目的之保护对象(客体),可以称之为保护客体,但是"保护客体"并不属于犯罪之构成要件,因而在构成要件层面上没有什么太多的理论价值。

作为构成要件,行为对象是实行行为所侵犯、作用或者直接指向的人(包括法人以及其他单位)、物、信息。人,是指实行行为所侵犯、作用或者直接指向的利益主体。例如,故意杀人罪的行为对象是人,强奸罪的行为对象是妇女。行为对象除了自然人外,还包括法人——机关法人、公司法人、社团法人,以及法人之外的其他单位。例如,聚众扰乱社会秩序罪的行为对象是机关、单位;伪造、变造、买卖国家机关公文、证件、印章罪的行为对象是国家机关;伪造公司、企业、事业单位、人民团体印章罪的行为对象是公司法人、社团法人以及人民团体。物,是指危害行为所侵害或者指向的利益载体,如盗窃罪的行为对象是一般财物,盗伐林木罪的行为对象是森林及其他林木。物,既包括有形物,也包括无形物。总的讲来,"物"的物理形态并不重要。作为行为对象的信息,主要有公民个人信息、国家秘密、军事秘密和情报、商业秘密、淫秽信

---

[1] 何秉松主编:《刑法教科书》,中国法制出版社1993年版,第146页。

息、恐怖信息、计算机信息、数据、程序以及信息系统等。

关于信息能否属于独立的行为对象，刑法学界尚有不同意见。本教科书主张，现代社会已经进入信息社会，信息的价值与意义日益突出，信息与物有着明显的不同，信息已经是独立于物质而存在的东西，不能简单地等同于物。而在构成要件意义上，只有将信息作为独立的行为对象才能适应信息社会的保护需要。否则，以信息为行为对象的犯罪构成要件就得不到正确合理的解释。以《刑法》分则第六章第九节"制作、贩卖、传播淫秽物品罪"为例，如果不把将"淫秽物品"实质性地解释为淫秽信息，不把"淫秽物品"的本质解释为具有独立意义的淫秽信息，就无法处理互联网上出现的制作、贩卖、传播淫秽数据的行为。同样，非法获取国家秘密罪、侵犯商业秘密罪等犯罪，若不把行为对象解释为具有独立意义的信息，而将行为对象解释为信息的载体（物体），就不能有效地保护国家秘密和商业秘密。

行为对象的构成要件意义

第五节 时间、地点、工具、方法

任何犯罪都发生于特定的时空之中。但是，在刑法规范领域，对于多数犯罪来说，行为人实施危害行为的具体时间、地点和工具、方法等并不是构成犯罪的必要条件，不是构成要件，不影响犯罪的成立。但这些因素往往影响犯罪行为社会危害程度的轻重，对于正确量刑有重要意义。

对于一些犯罪，如叛逃罪、非法捕捞水产品罪、非法狩猎罪以及一些危害国防利益罪、军人违反职责罪等犯罪，我国《刑法》将特定的时间、地点和工具、方法规定为犯罪客观要件。这种情况下，如果行为不符合法定之时间、地点、工具、方法要求的，不构成犯罪。

第六节 身份

所谓身份，是指行为主体（行为人）在社会上的特殊地位或者状态。这种地位或者状态与实行行为密切相关，影响犯罪行为的性质和程度。我国传统犯罪构成理论将犯罪主体作为犯罪构成的四大要件之一，将身份作为犯罪主体要件的构成要件（要素）。

虽然本书也会偶尔地使用"主体"概念，但是本书不再将"犯罪主体"作为构成要件（一般要件）对待，更不会将"犯罪主体"（或者行为主体）作为具体构成要件对待，而是将行为人的主体"身份"归入构成犯罪之基本要件——客观罪行范围内，将身份作为客观构成要素。于是，"身份"也可以称之为"主体身份"，也就是说，将"主体"置于"身份"之前可以构成"主体身份"概念，就像将"刑事"置于"犯罪"之前而构成"刑事犯罪"一样，"主体"作为前理解概念而具有一定的修饰意义，而身份则反过来影响着主体——犯罪主体概念，即使理论上仍然保留和使用"犯罪主体"概念，并不是将其作为构成要件对待。于是，在将"犯罪主体"作为前理解概念——构成要件概念之外的理论概念对待时，犯罪主体可以区分为一般主体与特殊主体。不以身份为构成要件的犯罪的行为主体，是一般主体；而以身份为构成要件的犯罪的行为主体，则是特殊主体。在我国传统犯罪构成理论中，犯罪主体是犯罪构成要件，一般主体与特殊主体的区别至今被广泛使用，这是本书继续保留行为"主体"概念及其"一般主体"与"特殊主体"分类的主要原因。但是，总体而言，"犯罪主体"概念以及"一般主体"和"特殊主体"分类的构成要件理论意义不大。

依据《刑法》分则的规定，自然人的特殊身份主要有：①特定公职，如国家工作人员、国家机关工作人员、司法人员、税务人员、行政执法人员等；②特定职业或者职务，如邮政人员、医务人员、航空人员、铁路职工、企事业单位职工等；③特定的法律地位，如证人、鉴定人、记录人、翻译人、辩护人、诉讼代理人、投标人、公司发起人等；④承担特定的法律义务，如纳税义务人、扣缴义务人、扶养义务人等；⑤特定的生理、病理特征，如男人、严重性病患者等；⑥其他的特殊地位或者状态。

身份与身份犯

单位犯罪大多可以由任何单位构成，但是有些单位犯罪只能由某些特定的单位构成。例如，单位犯逃税罪的，主体只能是具有纳税义务或者扣缴义务的单位。再如，私分国有资产罪的主体身份只限于国家机关、国有公司、企业、事业单位、人民团体，而私分罚没财物罪的主体身份则仅限于司法机关、行政执法机关。单位犯罪之"单位"概念与身份无关，只不过是与"自然人"相对应的概念——犯罪主体概念。当然，在具体犯罪当中，刑法分则条文对于单位的性质和特征有特殊要求的,属于单位之"身份"要求,与自然人相同。

第七节 单位犯罪

《刑法》第 30 条规定:"公司、企业、事业单位、机关、团体实施的危害社会的行为,法律规定为单位犯罪的,应当负刑事责任。"依据这一规定以及 1999 年 6 月 25 日《最高人民法院关于审理单位犯罪案件具体应用法律有关问题的解释》等有关司法解释,单位犯罪具有以下主要特征:

1. 单位犯罪行为是由单位实施的。单位即依法设立的公司、企业、事业单位、机关、团体。具体包括:①公司,是指依照法律规定,以营利为目的,由股东投资而设立的企业法人。公司包括有限责任公司、股份有限公司。②企业,是指以营利为目的,具有法人资格的除公司之外的经济组织。企业包括独资企业、合资企业、股份合作制企业、集体企业、国有企业等。③事业单位,是指国家为了社会公益目的,由国家机关举办或者其他组织利用国有资产举办的,从事教育、科技、文化、卫生等活动的社会服务组织。④机关,即国家机关,是指一切代表国家权力和行使国家行政、检察、审判等职能,组织协调社会、政治、经济、科技等活动的依靠国家财政的独立核算的单位,是国家依法设立的代表国家意志、行使国家权力、实现国家职能的政治组织。它包括中央和地方各级国家权力机关、国家行政机关、国家军事机关、国家审判机关和国家检察机关。执政党的机关不属于国家机关,但是在刑法领域可视为国家机关。⑤团体,即社会团体和人民团体。社会团体是指公民自愿组成,为实现会员共同意愿,按照章程开展活动的非营利性社会组织。人民团体是指参加中国人民政治协商会议的团体,有全国总工会、共青团、全国妇联、科学技术协会、华侨联合会、台湾同胞联谊会、全国青年联合会、全国工商联合会,人民团体在国家的政治生活中起着一定的作用。

2. 单位犯罪行为是由我国刑法规定的。我国刑法没有规定单位可以成为犯罪主体的,不能认定单位构成犯罪,也不能处罚单位。例如,刑法规定票据诈骗罪可以由单位构成,但是《刑法》没有规定贷款诈骗罪可以由单位构成。所以,单位实施票据诈骗犯罪的,构成单位犯罪;单位事实上实施贷款诈骗犯罪的,不构成单位犯罪,对单位不能以贷款诈骗罪追究刑事责任,但是,实施诈骗行为的自然人个人应当承担刑事责任。

3. 单位犯罪行为是以单位名义实施的。以单位名义是指单位的主管人员和直接责任人员以本单位的名义实施。具体包括两方面的含义:①对外,单位以独立的法律关系主体交往和活动,而不是以个人的名义;②对内,犯罪行为表现为单位有意识、有目的的活动,表现为单位整体意识和意志。

4. 单位犯罪行为是为单位谋取利益而实施的。单位直接负责的主管人员和其他直接责任人员为了单位的利益而实施的行为属于单位行为。对于故意犯罪来说,是为单位谋取非法利益;对于过失犯罪来说,则包括为单位谋取合法利益。

上述四个基本特征中,前两个是形式性的,后两个是实质性的。对此,《全国法院审理金融犯罪案件工作座谈会纪要》根据《刑法》第30条和《关于审理单位犯罪案件具体应用法律有关问题的解释》的规定,明确规定:"以单位名义实施犯罪,违法所得归单位所有的,是单位犯罪。"也就是说,认定单位犯罪必须同时具备两个实质性条件:一是以单位名义实施犯罪;二是违法所得归单位所有。以下两种情况不属于单位犯罪,应依照刑法有关自然人犯罪的规定定罪处罚:一是盗用单位名义实施犯罪,违法所得由实施犯罪的个人私分的;二是违法所得归单位,但是行为人以个人名义实施犯罪的。

《刑法》第31条规定:"单位犯罪的,对单位判处罚金,并对其直接负责的主管人员和其他直接责任人员判处刑罚。本法分则和其他法律另有规定的,依照规定。"按照《刑法》的这一规定,对于单位犯罪,一般采取双罚制,即对单位判处罚金,并对其直接负责的主管人员和其他直接责任人员判处刑罚。《刑法》分则和其他法律另有规定的,实行单罚制,即只对单位判处罚金,或者只对其直接负责的主管人员和其他直接责任人员判处刑罚。

审判实践中,直接负责的主管人员,是在单位实施的犯罪中起决定、批准、授意、纵容、指挥等作用的人员,一般是单位的主管负责人,包括法定代表人。其他直接责任人员,是在单位实施犯罪中具体实施犯罪并起较大作用的人员,既可以是单位的经营管理人员,也可以是单位的职工,包括聘任、雇佣的人员,一般表现为遵照单位领导集体决定或者主管人员的意愿，具体实施犯罪行为并起较大的作用。在单位犯罪中，对于起次要作用的人员，以及受单位领导指派或者奉命而参与实施了一定犯罪行为的人员，不宜作为直接责任人员追究刑事责任。

第五章
问题与思考

第五章
课后练习题

第六章　主观构成要件罪过

本章知识结构图

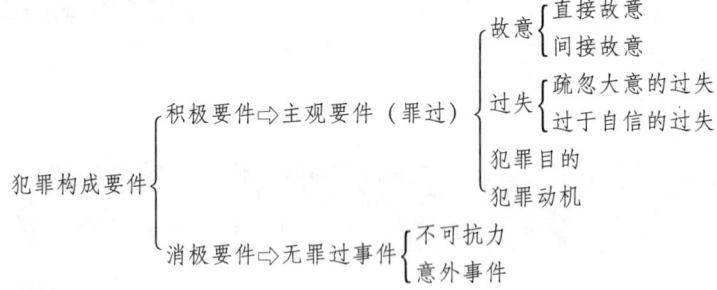

罪过是什么

第一节　犯罪故意

一、故意的概念

《刑法》第14条规定："明知自己的行为会发生危害社会的结果，并且希望或者放任这种结果发生，因而构成犯罪的，是故意犯罪。故意犯罪，应当负刑事责任。"依据这一规定，犯罪故意是指明知自己的行为会发生危害社会的结果，并且希望或者放任这种结果发生的心理状态。故意是与过失相对应的一种主要罪过形式，是罪过的主要构成要素。犯罪故意包括认识因素和意志因素两方面的内容。

马林故意杀人案

（一）认识因素

故意的认识因素，是指明知自己的行为会发生危害社会的结果。这里的"会"，主要是"可能"，自然不排斥"必然"。这里的"结果"，应当理解为广义的评价意义上的犯罪结果，而不是狭义的作为单一构成要件的危害结果或者危险结果。犯罪结果是通过罪行整体表现出来的，是罪行的整体性评价，因而能够总称危害（损害）结果、危险结果等各种各样的结果。因此，"明知自己的行为会发生危害社会的结果"意味着，行为人对于危害行为、行为对象、危害结果、危害行为的时间、地点、手段、主体的身份以及因果关系等犯罪构成要件有明确的认识。当然，对于结果犯来说，"明知"主要是对于自己的行为可能或者必然造成危害结果的明知。例如，故意伤害罪之"伤害故意"的认识因素是行为人对于伤害行为造成轻伤或者重伤的危害结果以及因果关系有明知；凡是有此明知的，也就意味着，行为人对于危害行为之伤害性质及其行为方式（作为与不作为）、危害结果、因果关系、行为对象之"他人"乃至他人的"身体健康"等构成要素有明确的认识。而时间、地点、手段、工具等事实要素与刑法禁止伤害他人的行为规范无关，无需行为人对于此类事实要素有明知。但是对于非法捕捞水产品罪、非法狩猎罪等犯罪来说，时间、地点、工具等是与违法性密切相关的构成要件，是确定刑法禁止规范的必要要素，对于此类事实要素，行为人确有明知的，才能成立故意。同样的道理，对于行为犯和危险犯来说，明知是对于直接影响行为规范内容的构成要素有明知，而不要求对于构成客观罪行的上述所有构成要素均有明知。对于行为犯来说，重要的是，行为人对于行为之危害社会的性质有明知，认识到自己的行为对于刑法所保护的他人、社会、国家的利益有害即可。

杨志刚故意杀人案

（二）意志因素

故意的意志因素，是指希望或放任自己的行为造成危害社会结果的发生。意志是认识基础上的决意，为人的行为所不可缺少。犯罪故意的意志因素，是行为人在明知自己的行为会发生危害社会的结果的情况下，决意实施这种行为的心理状态。刑法将犯罪故意的意志因素界定为行为人行为时"希望或者放任这种结果发生"。"希望"表现为行为人对犯罪结果的发生，也就是，对于罪行的发生，持积极追求的态度。换言之，为刑法规范所否定的事实（即制裁条件）成为行为人积极追求的目标。"放任"是指行为人容忍犯罪结果的发生，也就是，对于符合法定罪行之事实的发生，虽不积极追求，但也不加以防止，而是听其自然，任其发生。

马景福故意伤害案

认识因素和意志因素是"故意"有机统一的两个方面，犯罪故意必须同时包含认识因素与意志因素，而且认识因素与意志因素之间具有内在联系，表现为行为人所认识的犯罪结果与其所希望或者放任发生的犯罪结果之间的同一性。

二、故意的类型

犯罪故意可以区分为不同的类型，基本类型是直接故意和间接故意。这是以行为人的意志因素为标准对故意所作的分类。

直接故意，是指行为人明知自己的行为会发生危害社会的结果，并且希望这种结果发生的心理态度。间接故意，是指行为人明知自己的行为可能发生危害社会的结果，并且放任这种结果发生的心理态度。

直接故意与间接故意是不同的，从认识因素来说，直接故意是行为人明知自己的行为可能或者必然发生危害社会的结果；间接故意则是行为人明知自己的行为可能发生危害社会的结果。从意志因素上讲，直接故意是行为人希望危害社会的结果发生；间接故意则是放任危害社会的结果发生。所谓希望危害结果的发生，表现为行为人对犯罪结果的积极追求，把它作为自己行为的直接目的，并采取行动努力达到这一目的。所谓放任，则是容忍危害社会结果的发生，对危害社会结果的发生，既不积极追求也不设法避免。更进一步说，在间接故意的场合，犯罪结果并不是行为人所积极追求的，放任行为本身并不是行为人的目的行为，但是，能够引起犯罪结果发生的行为却是行为人决意实施的，行为人在决意实施犯罪行为时并不否定而是容忍犯罪结果的发生，犯罪结果发生并不违背其本意，行为人在意志上接受犯罪结果发生的可能性。直接故意与间接故意的上述两点主要差异，导致直接故意犯罪与间接故意犯罪的差异，直接故意犯罪存在预备、未遂、中止等犯罪形态，而间接故意犯罪则不存在预备、未遂、中止等犯罪形态。所以，间接故意犯罪的成立以法定危害结果的发生或者法定具体危险状态的出现为必要，否则间接故意犯罪不成立。

故意区分为直接故意与间接故意两种基本类型，是刑法理论上的概括。刑法条文上统称为故意犯罪。因此，凡是刑法分则条文规定为故意犯罪的，除非有特殊限制从而可以合理地将间接故意排除在外，否则既包括直接故意也包括间接故意。所以，对于故意犯罪来说，司法文书不必载明行为人的主观方面是直接故意还是间接故意，只要认定行为构成某种故意犯罪即可。审判实践中，在一人单独犯罪的情况下，一些犯罪只能由直接故意构成，而不能由间接故意构成，如盗窃、诈骗、抢劫、强奸等犯罪。但是相反的情况并不存在，也就是说，实际上不存在只能由间接故意构成而直接故意不能构成的犯罪。刑法理论一般认为，直接故意与间接故意的主观责任（恶性）有所不同，大多数情况下，直接故意犯罪的社会危害性重于间接故意犯罪，因而定罪量刑时需要根据具体案情加以适当考虑。

故意的其他分类

三、认识错误

犯罪构成判断要求将客观罪行要件与主观罪过要件统一起来加以把握，这是主客观相一致原则的要求。行为人在故意实施危害社会行为过程中的主观认识与客观实际情况不相符合的，便形成认识上的错误。所谓认识错误，是指行为人故意实施危害社会行为过程中的主观认识与客观实际情况不相符合。

意识与意志是统一的，意识是意志的前提，意志是基于意识的心理决定。如果行为人主观上发生认识错误，就可能影响到意识与意志的统一，进而影响到故意的成立。判断认识错误是否阻却故意的成立，应当以认识错误是否影响行为人的意志决定为原则，如果认识错误影响到行为人犯罪意志的决定，认识错误阻却故意，否则，并不阻却故意的成立。刑法上的认识错误，属于故意领域的问题，行为人对于犯罪构成要件之外的事实要素或者法律要素所产生的错误认识，与犯罪故意的认识因素和意志因素无关，不影响犯罪故意的成立。

（一）对象错误

对象错误是指行为人对自己的行为对象的认识与实际情况不相符。对象错误又可分为同类对象错误和异类对象错误。

同类对象错误是指行为人意图侵犯的对象与行为人所误认的对象属于同一犯罪构成要件的范围内，即性质上是同一类。例如，甲欲杀乙，却误认丙为乙而杀死了丙。由于乙和丙都是人，均属于故意杀人罪的行为对象，因此，甲无论是杀了丙还是杀了乙，都是剥夺他人的生命，不影响故意的性质，应以故意杀人罪既遂论处。

异类对象错误是指行为人意图侵犯的对象与行为人所误认的对象属于不同的犯罪构成要件，即性质上不是同一类。例如，甲误认乙为大熊猫而故意加以杀害，或者相反。人与大熊猫不属同类性质，人属于故意杀人罪的行为对象，大熊猫属于非法猎捕、杀害珍贵、濒危野生动物罪的行为对象。对于误以人为大熊猫而故意加以杀害的情况，认识错误并未改变行为人的故意内容与性质，虽然杀死了乙，但不能以故意杀人罪论处，而是构成非法杀害珍贵、濒危野生动物罪未遂。当然，如果甲对乙的死亡有过失，甲的行为同时构成过失致人死亡罪，与非法杀害珍贵、濒危野生动物罪竞合，应从一重罪即非法杀害珍贵、濒危野生动物罪论处；如果无过失则属意外事件，不影响非法杀害珍贵、濒危野生动物罪的成立。对于误以大熊猫为人而故意加以杀害的情况，认识错误不影响杀人故意的成立，但是由于没有人的死亡，所以行为构成故意杀人罪未遂。杀死大熊猫可能是过失，也可能是意外事件，均不影响故意杀人罪的成立。

（二）打击错误

打击错误，又称行为误差，是指行为人的侵害行为，由于失误而致使其实际侵害的对象与行为人所意图侵害的对象不相符合。例如，甲枪击乙，因枪法不准，意外地将乙附近的丙击毙。又如，甲从楼上扔石头想砸乙，刚好住在楼下的丙从窗口探头向外张望，意外地击中丙的头部致其死亡。此二例中，甲的行为客观上指向乙、丙二人（多个行为对象），并且可能造成乙、丙死亡，但是，甲只是认识到自己的行为指向乙，而没有认识到自己的行为同时还指向了丙（或者更多的人）。狭义地讲，这种情况与行为人主观认识错误无关，而纯属客观行为的失误或行为误差，因此，不属故意领域的错误问题。但是，从广义上讲，行为人在故意实施危害行为过程中认识与实际不一致，也可以归入认识错误的范围。打击错误与对象错误的主要区别是：前者行为人的行为客观上指向多个属于同一犯罪构成要件范围内的具体对象，而行为人对此并无认识；后者行为人的行为客观上仅仅指向一个具体对象，而行为人对于行为对象的性状存在错误认识。对于打击错误来说，由于客观上行为侵害的对象属于同类，行为人实施了杀人行为并造成了他人死亡的结果，行为人主观上也有杀人的故意，其错误可以视为概括故意范围内的错误，不影响故意的成立，应按故意杀人罪既遂处理。

（三）手段错误

手段错误，又称行为性质错误，是指行为人实施危害行为时对其所采取的方法发生了认识错误。例如，误以白糖为砒霜杀人，尽管这种行为实际上不可能发生致人死亡的结果，但是投毒（砒霜）杀人行为本身是一种高度危险的行为，可以致使他人死亡，威胁到了人的生命，无论是被害人还是一般人均会感受到来自于行为人投毒杀人行为的实实在在的危险，所以，行为人的认识错误不影响其杀人故意的成立。当然，由于客观上没有发生死亡结果，犯罪未得逞，故应以故意杀人罪未遂论。误以白糖为砒霜杀人，与迷信"杀人"不同。

所谓迷信杀人，是指被告人以完全不具有现实可能性的、没有任何科学根据的方法杀人。例如，偷偷地在木偶或者稻草人上写上某人的名字和生辰八字并扎针诅咒其快快死去，不可能致使他人死亡，不属于杀人行为；但是，上述行为公然进行，侵害他人人格、名誉的，则属于侮辱行为。

（四）因果关系的错误

因果关系的错误，是指行为人的行为造成了其所希望的危害结果，但导致危害结果发生的因果关系发展过程与行为人认识不一致。主要有两种情况：①行为人按照其意图实现的结果所实施的行为，虽然实现了预期的危害结果，但其因果关系发展的实际过程与行为人预想的情况不同。例如，甲想杀害乙，将乙推入井中，乙死亡，甲以为乙是被淹死的，但实际上乙是被摔死在枯井中的。②行为人为造成某种危害结果而实施的最初行为并未造成危害结果发生，但行为人误认为已发生了危害结果，接着实施了第二个行为，第二个行为实际造成结果的发生。例如，甲为杀乙而掐乙的脖子，乙昏迷不醒，甲以为乙死亡，为了隐匿尸体而将乙投入井中，乙被淹死。因果关系错误不影响故意的成立，上述两例中的行为人依然应当承担故意杀人罪（既遂）的刑事责任。

第二节　犯罪过失

一、过失的概念

《刑法》第 15 条规定："应当预见自己的行为可能发生危害社会的结果，因为疏忽大意而没有预见，或者已经预见而轻信能够避免，以致发生这种结果的，是过失犯罪。过失犯罪，法律有规定的才负刑事责任。"依据这一规定，所谓犯罪过失，是指行为人应当预见自己的行为可能发生危害社会的结果,因为疏忽大意而没有预见,或者已经预见而轻信能够避免,以致发生这种结果的一种心理态度。

过失是与故意相对的一种罪过形式。尽管现实生活中实际发生的过失犯罪案件屡见不鲜,刑事立法上处罚过失也有扩大的趋势,但是在刑事立法上处罚过失行为仍然被视为处罚故意行为的例外或补充。我国《刑法》第14条第2款规定:"故意犯罪,应当负刑事责任。"第15条第2款规定:"过失犯罪,法律有规定的才负刑事责任。"表明我国刑法同许多国家一样采取了"处罚故意为原则,处罚过失为例外"的刑事责任原则。所以,如果刑法分则罪刑式法条没有明示危害行为的罪过形式是过失,那么该危害行为应被理解为故意犯罪行为。当然,我国《刑法》分则罪刑式法条所规定的许多过失犯罪的罪状当中并没有"过失"二字明示是过失犯罪,而是以"肇事""事故""遗失""失实""严重不负责任"等法律用语作为某一犯罪是过失犯罪的标志。

二、过失的类型

(一) 疏忽大意的过失

疏忽大意的过失,是指行为人应当预见到自己的行为可能发生危害社会的结果,因为疏忽大意而没有预见,以致发生这种结果的心理态度。疏忽大意的过失有以下三个特征:

1. 行为人没有预见到自己的行为可能造成危害结果的发生。行为人对于自己的行为可能造成构成要件之危害结果的发生没有认识,是疏忽大意的过失必不可少的首要条件,所以疏忽大意的过失又称为"无认识过失"。《刑法》第15条规定的"危害社会的结果",字面上与《刑法》第14条规定"危害社会的结果"一致,也应当理解为评价领域的犯罪结果。犯罪结果在构成要件层面上的具体表现形式主要是危害结果,也可以是危险结果——发生损害结果的具体危险。但是,对于过失犯罪来说,其具体表现形式主要是物质性危害结果,不包括危险结果,而危害结果必须是刑法所规定的成立过失犯罪所必须具备的实际损害。例如,刑法只规定了过失致人重伤罪,而没有规定过失致人轻伤的犯罪,那么行为人对于轻伤无认识,自不成立疏忽大意的过失。

2. 行为人应当预见自己的行为可能发生危害结果。所谓应当预见,包括预见义务(注意义务)和预见能力(注意能力)两个方面，这两个方面必须同时具备，否则，不能认为行为人应当预见。预见义务，或者来自法律、法规以及各种规章制度所规定的共同生活规则，或者来自历史形成的社会习惯。例如，交通法规禁止酒后驾车，因为酒后驾车特别容易造成交通事故，任何人都有注意义务——预见到自己酒后驾车可能发生危害结果。再如，长期的城市生活习惯告诉人们，应当预见从楼上抛投重物可能砸死砸伤行人。预见能力，是指行为人在行为当时能够预见自己的行为可能造成危害结果的发生。如何判断行为人是否具有预见能力，刑法理论上有主观说、客观说、折中说三种不同的观点。主观说，又称个人标准说，主张以行为人本人的注意能力为判断标准。客观说，又称社会标准说，主张以社会一般人或平均人的判断能力为标准。折中说，又称混合说，主张行为人的注意能力高于一般人者以一般人之注意能力为标准，低于一般人者以行为人之注意能力为标准。一般人标准，是指行为人所属、所在之生活、工作的群体、职业的平均标准。比如说，行为人是司机的，其预见能力以司机群体的平均能力为判断标准；是医生、护士的，则需要根据医生、护士职业的平均标准进行判断，而不是社会上的所有人的平均标准——这样的平均标准实际上不存在也没有办法判断。本书倾向于折中说，判断行为人是否具有预见能力，要根据行为当时的主客观情况立足于一般人的立场上事后综合判断，即根据行为人本人的身心状况、知识经验、水平和能力等主观条件和当时当地的条件、环境等客观条件全面考虑，实事求是地作出判断，在行为人个人实际能力与行为人所属生活、职业领域的一般人能力之间进行折中。当然，行为人事实上没有预见能力但是可以充分考虑自己的实际能力的，则产生新的注意义务，考虑自己所处时空环境条件进而做出放弃危险行为的决定，对此，行为人往往是有预见能力的。

3. 行为人对可能发生的危害结果没有预见是由于行为人自己疏忽大意所致。所谓疏忽大意，是指行为人由于疏忽，注意力没有保持集中或者必要的紧张和专注（这也就是行为人违反注意义务的内在心理原因），具体表现为粗心大意、马马虎虎、敷衍了事。疏忽大意是无认识过失应当受到非难和谴责的根本所在，它表明行为人缺乏社会责任感，违背了社会共同生活的要求。

（二）过于自信的过失

过于自信的过失，是指行为人预见到自己的行为可能发生危害社会的结果，但轻信能够避免，以致发生这种结果的心理态度。过于自信的过失有以下两个特征：

1. 行为人预见到自己的行为可能发生危害结果。一方面，行为人只预见到其发生危害结果的可能性而不是不可避免性；另一方面，对发生危害结果可能性的预见又应当是具体的，即预见到其行为可能发生什么样的危害结果，而不是抽象的危惧感或不安感。

2. 行为人轻信能够避免危害结果的发生。所谓轻信能够避免，一方面是指行为人希望并且相信能够避免结果的发生；另一方面是指行为人没有确实可靠的客观根据和主观能力而轻率相信可以避免。譬如自恃技术熟练、经验丰富，或者认为可以凭借客观的有利条件或他人的帮助而避免危害结果的发生，但事实证明，这些主观估计是轻率的、不切合实际的，因此，未能避免危害结果的发生。

过于自信的过失与间接故意既相似又有本质的区别。它们相似之处是：①行为人都认识到自己的行为可能发生危害社会的结果；②行为人都不希望危害结果的发生。它们的主要区别在于：①行为人对自己的行为可能发生危害社会结果的认识程度不同。在过于自信的过失中，行为人"预见"到自己的行为可能发生危害结果，行为人认识到危害结果发生的可能性相对较低；在间接故意中，行为人"明知"自己的行为会造成犯罪结果的发生，行为人认识到犯罪结果发生具有相对较高的盖然性，"认识"达到"明知"程度——明确地知道。②行为人的意志因素根本不同。在过于自信的过失中，行为人不仅不希望危害结果的发生，而且希望并相信能够避免这种结果的发生；在间接故意中，行为人虽然不是希望结果的发生，但也不是希望它不发生，而是采取放任态度，既不积极追求又不设法避免，容忍（认）犯罪结果的发生。过于自信的过失与间接故意在认识和意志因素上的差异，决定了间接故意的主观责任要明显重于过于自信的过失。

结果加重犯之复杂罪过

第三节 犯罪目的与动机

一、犯罪目的

犯罪目的，是指犯罪人主观上通过犯罪行为所希望达到某种结果的心理状态。犯罪目的只存在于直接故意犯罪中，在间接故意和过失犯罪中，对于法定的危害结果来说，不存在犯罪目的，但行为人一般都有其他"目的"。这些"目的"属于心理学意义上的目的，而不是刑法规范意义上的目的，本教科书将所有这些超规范的"目的"归入犯罪动机的范围。

在直接故意犯罪中，犯罪目的有两种：

第一种是直接故意的意志因素，即行为人主观上希望的内容，例如，直接故意杀人犯罪的目的是希望被害人死亡。故意杀人罪包括直接故意杀人与间接故意杀人两种情形。杀人目的只存在于直接故意之中，属于直接故意不可缺少的构成要素；间接杀人故意当中并不存在犯罪目的，没有杀人目的而有"放任"的意思。但是，对于抢劫罪、抢夺罪、敲诈勒索罪、盗窃罪、诈骗罪、合同诈骗罪以及金融诈骗罪等犯罪来说，行为人主观上必须具有"非法占有的目的"，否则，犯罪不成立，这意味着这些犯罪在单独犯罪的场合只能由直接故意构成。

第二种是行为人通过实现直接危害结果后进一步追求某种结果或者非法利益的心理状态。例如，对于走私淫秽物品罪来说，行为人以逃避海关监管为直接的犯罪目的，这一犯罪目的也就是该罪犯罪故意的意志因素，"以牟利或者传播"为进一步的特殊的犯罪目的。也就是说，行为人在实施犯罪的过程中，同时具有上述两个犯罪目的，行为受到这两个犯罪目的的支配、指引，而这两个犯罪目的的实现与否均不影响犯罪的成立。当然，这两个犯罪目的对于犯罪形态的影响不同，前一个犯罪目的即作为直接故意意志内容的目的的实现与否与犯罪的既遂与未遂密切相关；后一个犯罪目的往往与构成要件之外的其他行为密切相关，目的是否实现更多地取决于构成要件之外的其他行为，但是并不排除实际上存在着犯罪行为完成而特殊目的也得以实现的情况。

从心理事实上讲，后一个犯罪目的实际上是前一个犯罪目的的动机，但是在刑法规范层面上，立法者将其作为影响犯罪性质的犯罪目的加以规定。也就是说，对于这些故意犯罪来说，行为人除了必须具有犯罪故意外，还必须具有特定的犯罪目的，犯罪才能构成，理论上称之为目的犯。当然，对于目的犯来说，特定的犯罪目的是否达到并不影响犯罪的成立。当然，实际上达到特定目的的，自然证明行为人具有特定目的，符合构成要件的要求。

我国刑法规定的作为目的犯的犯罪目的主要情形

二、犯罪动机

犯罪动机，是指刺激犯罪主体实施犯罪行为以达到犯罪目的的内心起因。犯罪动机与犯罪目的不同，但又有密切联系。心理学上，一般情况下，犯罪动机产生在前，犯罪目的出现在后，动机一般回答行为人为什么要实施犯罪即其心理动因是什么，犯罪目的一般回答行为人主观上要什么结果，即行为人所要达到的结果是什么。所以，我们可以看到，在实际生活中，同一犯罪行为可能出于各种不同的犯罪动机，同一犯罪动机也可能促使犯罪分子实施各种不同的犯罪。

心理学上，目的和动机的区别是相对的，动机的动机是目的，动机可以转化为目的，目的与动机的区别是相对的。但是在刑法中，犯罪动机与目的取决于刑法的文字规定，刑法使用"目的"概念表述的，是犯罪目的，而不能再作为动机对待。犯罪目的与犯罪动机的主要区别是：犯罪目的是区分罪与非罪以及此罪与彼罪的重要要件或者标志之一，也是影响量刑的重要因素。犯罪动机不是犯罪的构成要件，原则上不影响定罪，只影响量刑。唯一的例外是：司法实践中，对于以"情节严重"或者"情节恶劣"为犯罪构成综合性、整体性条件的犯罪来说，司法人员可以将犯罪动机作为判定危害行为是否恶劣、严重的一个因素。

第四节 无罪过事件

一、无罪过事件的概念与意义

《刑法》第 16 条规定："行为在客观上虽然造成了损害结果，但是不是出于故意或者过失，而是由于不能抗拒或者不能预见的原因所引起的，不是犯罪。"刑法理论上，以前称这一规定为意外事件，由于不能抗拒的原因所引起的损害结果并不排斥行为人的认识，并非总是在行为人的意识之外，所以现在更多地称之为无罪过事件。

刑法规定无罪过事件的意义主要在于：表明我国刑法实行主客观相一致的原则，无罪过即无罪责，也无犯罪。无罪过事件，理论上可以区分为不可抗力与意外事件。

二、不可抗力

行为在客观上虽然造成了损害结果，但是不是出于故意或者过失，而是由于不能抗拒的原因所引起的，是不可抗力。不可抗力的情况下，行为人无主观罪责，不是犯罪。"不能抗拒"的原因引起损害结果，是指行为人遇到了不可抗拒的力量，无法避免损害结果的发生。

不可抗力与过于自信的过失既有相似之处，又有明显的不同。在不可抗力的场合下，行为人虽然预见到损害结果的发生，但是行为人无论如何也没有能力避免结果的发生；在过于自信的过失的情况下，行为人有能力避免危害结果的发生，但是行为人轻信危害结果可以避免或者不会发生，而轻率地采取或者不采取某种行动导致危害结果的发生。

三、意外事件

"不能预见"的原因引起损害结果，是指行为人对其行为发生损害结果不但没有预见到，而且根据当时的主观条件和客观环境，也不能预见到。这种无罪过事件，理论上称为意外事件。

意外事件与疏忽大意的过失既有相似之处，又有本质的区别。二者的相似之处是：在客观上发生了损害结果的情况下，行为人对危害结果的发生都没有预见。二者的区别是：行为人对危害结果的发生是否应当预见。在意外事件的场合，根据当时客观情况和行为人的主观认识能力，行为人对于损害结果的发生是不可能预见的，或者说没有义务预见；在疏忽大意的过失的场合，行为人对于危害结果的发生是应当预见，并且是能够预见的，但是，由于疏忽大意而没有预见。

第六章
问题与思考

第六章
课后练习题

第七章 正当化事由

本章知识结构图

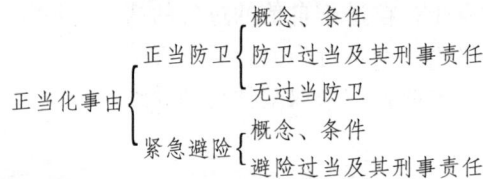

正当化事由之名称与构成要件及犯罪论体系的关系

第一节 正当防卫

一、正当防卫的概念与性质

《刑法》第 20 条第 1 款规定："为了使国家、公共利益、本人或者他人的人身、财产和其他权利免受正在进行的不法侵害，而采取的制止不法侵害的行为，对不法侵害人造成损害的，属于正当防卫，不负刑事责任。"据此，正当防卫是指为了使国家、公共利益、本人或者他人的人身、财产和其他权利免受正在进行的不法侵害，而采取的制止不法侵害，对不法侵害人造成损害的行为。

二、正当防卫的成立条件

（一）防卫根据

客观上存在着具有紧迫性的不法侵害，是行为人实施正当防卫的客观根据，也是正当防卫的事实起因。不法侵害，是指侵害国家、公共利益、本人或者他人的人身、财产和其他合法权利的违法行为，包括犯罪行为，也包括其他较为严重的违法行为；包括作为，也包括不作为。但是，不能将所有违法犯罪行为均归入"不法

吴金艳正当防卫案

侵害"的范畴。人们时常不分"不法"与"违法",但是,二者还是略有不同的,"不法"强调客观损害,主观要素稀薄至"说无还有",而"违法"通常要求违法意识的存在。不法侵害行为客观上具有侵害性、紧迫性、真实性,始能成为正当防卫的根据。

朱晓红正当防卫案

1. 不法侵害客观上具有侵害性。侵害性是指不法侵害行为客观上对合法权益具有损害性。损害,是指刑法意义上即构成要件意义上的危害结果。侵害性需要立于客观的立场考察,至于不法侵害者的年龄大小、责任能力状况以及主观心理状态等,均不影响不法侵害的成立,但是可能对不法侵害的紧迫性产生影响。人们可以对于实施不法侵害的未成年人、精神病人、享有外交特权或者豁免权的外国人以及实施过失不法侵害的行为人,实施正当防卫。司法实践中,"不法侵害"通常表现为严重侵害合法权益的客观罪行,此种客观罪行正在造成损害以及具有造成现实损害结果之迫在眉睫的具体危险。客观罪行需要客观的观察与把握,是指法官事后基于一般人的立场客观地观察防卫人在具体案件之特定时空条件下认识并且相信正在发生损害合法权益的不法侵害,并且从客观罪行可以合理地推定不法侵害者主观上具有罪过。所以,对于实施不法侵害的未成年人、精神病人的防卫,应当区分为两种情况:一种是防卫人不知不法侵害人是未成年人、精神病人,但是根据不法侵害的客观表现可以合理地相信行为人是故意或者过失的不法行为。对于这种情形来说,自然不能要求防卫人认识到不法侵害者的责任能力状况,防卫人依法展开防卫行为即可。另一种情形是,防卫人知晓不法侵害人是未成年人、精神病人的,对于这种情形来说,防卫人应当首先考虑使用保护性防御措施,不得已的情形下可以采取进攻性防卫措施,并且应当尽可能地采取损害相对较小的防卫手段。

2. 不法侵害客观上具有紧迫性。具有紧迫性的不法侵害一般是指那些带有暴力性和破坏性的不法行为。这类不法侵害的预备行为一般没有紧迫性。对于轻微的、不具有紧迫性的不法行为,法律和道德鼓励退却、忍让、宽容,反对睚眦必报。而对于具有损害合法利益之紧迫性的不法行为,公民没有避让义务。不法行为是否具有侵害合法利益的紧迫性,需要根据不法侵害当时当地的实际情况去判断。如果防卫人有多种渠道,特别是有足够的时间和方法寻求官方保护的,或者可以选择防卫行为之外的其他措施保护合法利益,防范、制止不法侵害的,就没必要实施防卫行为。例如,工厂

叶永朝正当防卫案

污染环境,侵害了公众利益,违法但一般不具有紧迫性,居民聚众要求工厂停产并阻止工厂生产经营的,不属于正当防卫,是私力维权行为——通常游走在合法维权与违法犯罪的边缘。

3. 不法侵害客观上具有真实性。不法侵害必须真实地存在,而不是出于行为人的主观想象、推测。事实上并不存在不法侵害,行为人误以为存在不法侵害而实施防卫行为的,是假想防卫。假想防卫不构成故意犯罪,但是有过失而构成犯罪的,应负刑事责任。在假想防卫的情况下,行为人主观上没有过失,而是由于不能预见或者不可抗拒的原因造成危害结果发生的,属于意外事件,不负刑事责任。需要注意的是:在假想防卫的场合,防卫行为必须与行为人所假想的"不法侵害"相适应,为其制止想象中的"不法侵害"所需要。也就是说,在假定防卫人所假想的不法侵害真实存在的情形下,该不法侵害必须具有侵害性、紧迫性,方能排除行为人犯罪故意的存在。否则,行为人基于臆想所实施的所谓的防卫行为可能构成故意犯罪。

不法侵害是否包括不作为形式的违法犯罪行为?理论和实践中尚有不同意见。如果防卫人可以直接实施某种行为或者采取某种措施防止危害结果的发生,不作为行为具有侵害性但不具有紧迫性,没有必要对不作为者实施防卫行为。但是,如果强制不作为者履行义务是防止危害结果的唯一选择,则可以通过强制不作为者履行特定义务的方式保护其合法利益,这种强制行为属于正当防卫。所以,不法侵害行为既包括作为方式,也包括不作为方式。

过失犯罪原则上以发生法定的危害结果作为犯罪成立的必要,在危害结果已经发生的情况下,不法侵害行为实际上已经结束,丧失了必要的防卫时间条件,不能实行正当防卫。但是,对于可能构成过失犯罪的不法侵害行为来说,在危害结果还没有发生或者发生了一定的危害结果但更为严重的危害结果尚未发生的情况下,具有紧迫性,可以实施正当防卫。

(二)防卫意图

行为人主观上是为了使国家、公共利益、本人或者他人的人身、财产和其他合法权利免受侵害而实行防卫。

这里的权利,应当作广义解释,不需要法律明示为"权利",更不需要法律给予"权利"的名称。这里的权利,既包括法律承认其合法性的权利、利益,也包括法律不允许被侵害的利益。违法犯罪后抗拒公安司法人员抓捕或者公民扭送的，当然不属于正当防卫。在"黑吃黑"的场合，即在犯罪过程中为了维护非法利益而实行所谓的防卫行为的，原则上并不能视为正当防卫，构成犯罪的，应当依法追究其刑事责任。例如，毒贩在贩毒过程中为了保护毒品而将抢劫毒品者杀死、杀伤的，不属于正当防卫，而应当承担故意杀人罪、故意伤害罪的刑事责任。但是，正当防卫是"正对不正"的行为，如果允许正当防卫可以有效地保护更高阶位的权利、利益的，或者有利于社会秩序稳定的，也就是说，是"不正对更大的不正"，从而间接地有利于国家、社会利益保护的，那么，就应当允许违法犯罪者实施防卫行为。如前例，对于遭抢劫的毒贩来说，如果抢劫毒品的行为严重地威胁到了毒品贩卖者的生命安全、肢体完整等重大健康权利的，毒品贩卖者有权实施防卫行为。再如，在盗窃犯罪现场，先盗取公私财物的一方无权对抢夺、盗窃其赃物的另一方实施防卫行为，这属于"黑吃黑"的场合。但是，财产犯罪完成之后，一方盗窃（当然包括抢夺、抢劫）另一方财物的，允许赃物占有人实施正当防卫行为。因为，尽管从取得财产的原因上讲，犯罪人对于赃物的占有属于非法，但是法律并不允许其他人使用不法的方法改变这种占有事实，也就是说，法律一方面不承认犯罪者有权占有，另一方面又保护这种占有事实，所以，赃物占有人可以对来自于第三人的不法侵害实施正当防卫。

行为人主观上应当具有防卫意图，即行为人是为了使国家、公共利益、本人或者他人的人身、财产和其他合法权利免受侵害而实行防卫行为，才能成立正当防卫。一般来说，防卫意图包括两个方面：一是对正在进行的具有紧迫性的不法侵害有认识，认识到本人、他人、社会以及国家的正当权益正在受到损害或者具有迫在眉睫的损害危险，理论上称之为防卫认识；二是为了保护合法权益而决定制止不法侵害，理论上称之为防卫意志。本书将二者合称为防卫意图、防卫意思。其中，防卫认识具有决定性的意义，行为人具有防卫认识的，即可认定具有防卫意志。

行为人主观上应当具有正当防卫意图，或者说防卫意思，而且我国刑法在某种程度上强调国家、公共利益的保护（将国家、公共利益置于本人和他人利益之前），没有将正当防卫限定于为了防卫本人或者他人的合法权利免受不法侵害，反映了我国刑法的社会主义或者集体主义特色。一般而言，"法律是客观的，道德是主观的"，

司法实践中不成立正当防卫的三种情形

将正当防卫意图作为防卫行为具有正当性的重要根据之一，还反映了我国刑法正当防卫规定较强的道德化倾向。对于我国正当防卫制度设计的以上两个特色，司法过程中应当加以关注，并根据我国未来发展方向进行适度的矫正。

（三）防卫时间

正当防卫的时间条件是：客观上确实存在的不法侵害正在进行之中。所谓"正在进行"，是指不法侵害行为已经开始而且尚未结束。"已经开始"，就是说不法侵害人已经着手实行能够直接引起危害结果发生的侵害行为。"尚未结束"，就是说不法侵害形成的危险状态并未消失，威胁并未解除，危害结果可能发生或者继续扩大。

在不法侵害发生之前或者结束之后进行事前或者事后防卫的，不符合正当防卫时间条件的要求，不属于正当防卫，是防卫不适时。防卫不适时，无论是事前防卫还是事后防卫，构成故意或者过失犯罪的，应承担刑事责任。例如，将已经被制服的犯罪分子故意地加以杀害，属于事后防卫，应承担故意杀人罪的刑事责任。再如，不法侵害尚未开始，行为人"先下手为强"，事先采取非法的防范措施，或者直接针对可能实施不法侵害行为的人实施防卫行为，造成他人损害的，不属于正当防卫，是事前防卫，构成犯罪的，应承担刑事责任。以私设电网为例，法律禁止公民个人安装电网威胁公共安全，行为人为了防止盗窃、抢劫或者其他犯罪而私自安装电网，应当承担相应的法律责任。对于行为人私自安装电网的行为来说，由于安装电网时并没有不法侵害行为的存在，即不法侵害已经结束或者尚未开始，所以安装电网的行为不属于正当防卫。在这种情况下，行为人曾经受到犯罪侵害的事实或者将来很有可能遭受严重犯罪侵害的抽象危险，均不能成为免除其法律责任的理由。当然，行为人事先设置防范装置的行为并不为法律所禁止，那么就属于公民自由的范围，不予干涉，如果不法侵害发生时，防范装置发挥了制止不法侵害的效果，并且符合正当防卫的其他条件，应视为正当防卫。

对于抢劫、抢夺、盗窃等财产性犯罪来说，在刑法上可以认定为犯罪既遂的情形，并不意味着不法侵害行为完全结束，犯罪分子刚刚完成犯罪尚未离开犯罪现场的，权利人或者其他公民可以实施正当防卫行为。

(四) 防卫对象

正当防卫的对象只能是不法侵害者。不法侵害者包括共同进行不法侵害的人。正当防卫人有权选择共同不法侵害人当中侵害力量最弱或者没有使用侵害工具（凶器）的不法侵害人进行攻击，以达到制止整个不法侵害的目的。

正当防卫行为可以造成不法侵害者人身、财产或者其他利益的损失，实际生活中一般是针对不法侵害者的人身进行，造成不法侵害者的人身损失。因为不法侵害是人的积极作为，它通过人的一定的外部身体动作来实现其侵害意图。为了制止这种正在进行的不法侵害，必须对其人身采取强制性、暴力性的防卫手段。在某些特定的情况下，防卫人可以直接针对不法侵害者的所有物实施防卫行为，从而造成不法侵害者财产损失。例如，甲"指挥""指使"自己的狗咬乙，意图伤害乙，乙对甲的人身实施强制、攻击，致使不法侵害人轻伤乃至重伤的，或者直接攻击狗，将狗打死、打伤的，均属于正当防卫。此等对狗的反击行为，不必要称之为"对物的防卫"。实际上，防卫行为指向物的行为，或者说，以物为直接指向对象的正当防卫行为，实质上仍然属于以人——"狗主人"为防卫对象的正当防卫，即通过对不法侵害者的财物（狗）的反击实现对人的防卫——造成人的财产损失。

防卫行为不能针对没有实施不法侵害行为的第三人（包括不法侵害者的家属）实施，否则，不属于正当防卫。为保护合法利益，对不法侵害者以外的其他人加以侵害的，应当区分不同情况处理：符合紧急避险条件的，以紧急避险论，不负刑事责任；给第三人利益造成损害，构成犯罪的，以故意或者过失犯罪论。

(五) 防卫限度

正当防卫不能明显超过必要限度造成重大损害，否则，属于防卫过当。防卫行为是否明显超过必要限度造成重大损害，是区别正当防卫和防卫过当的标志。

孙明亮防卫过当案

"明显超过必要限度造成重大损害"，是判断防卫行为超过限度的基本标准。适用这一基本标准，首先需要拆分这一标准，然后进行综合判断。所谓必要限度，是指对于不法侵害者所造成的损害只是为了满足制止不法侵害以保护合法利益的需要。1979 年《刑法》（第 17 条第 2 款）规定的是"正当防卫超过必要限度造成不应有的危害的，应当负刑事责任"。1997 年《刑法》增加了限制性术语

"明显""重大",反映了立法者控制防卫过当认定以鼓励正当防卫的态度。并且,改"危害"为"损害",也更为贴切、妥当。但是,"明显""重大"属于相对概念,需要司法人员根据具体案情具体分析和综合判断。一般来说,需要分析和判断不法侵害行为的性质、程度(实际损害与危险程度)、缓急以及一般人基于当时当地的情景分析判断行为人的主观认识情况,确定防卫行为是否明显超过必要限度。一般情况下,不法侵害所可能造成的损害与防卫行为所实际造成的损害完全不成比例,就属于"明显"超过不必要限度造成"重大"损害。原则上讲,刑法没有规定可以适用死刑的犯罪行为,但行为人杀死不法侵害者的,虽然不法侵害是刑法规定的最高刑是死刑的犯罪行为,但是,不法侵害不会造成死亡、重伤以及公共利益特别重大之损失的,防卫人故意杀死不法侵害者;为保护一般性财产性利益或者不法侵害行为的危险程度明显很低(如一般殴打行为),行为人造成不法侵害人重伤或者重度轻伤以上人身损害的;等等,都属于造成重大损害。例如,有人将正在行窃的小偷一刀刺成重伤,属于防卫过当。

暴力犯罪具有高度的危害性和紧迫性,为了严厉打击这类犯罪,解除防卫人的后顾之忧,从而有效地保护合法权益,我国《刑法》第 20 条第 3 款特别规定,对正在进行行凶、杀人、抢劫、强奸、绑架以及其他严重危及人身安全的暴力犯罪,采取防卫行为,造成不法侵害人伤亡的,不属于防卫过当,不负刑事责任。我国刑法的这一规定,理论上也称之为无过当防卫。"无过当"防卫是指:防卫行为在符合上述四个基本条件的情况下,就属于正当防卫,不受防卫限度的限制。也就是说,无过当防卫实际上要符合正当防卫的其他四个条件,只是对于严重危及人身安全的暴力犯罪,可以不受防卫限度的限制,所以,以往曾经出现过的"无限防卫"的名称被逐渐摒弃。本教科书认为,无过当防卫实际上并没有什么特殊,无过当防卫的情形并不属于《刑法》第 20 条第 1 款规定的防卫限度的例外,相反,其属于第 20 条第 1 款规定的防卫限度的进一步明确,是立法者担心司法依然会扩大防卫过当的认定范围所作的明确。

三、防卫过当的定性与处理

《刑法》第 20 条第 2 款规定,正当防卫明显超过必要限度造成

无过当防卫的根据

重大损害的,应当负刑事责任,但是应当减轻或者免除处罚。根据这一规定,行为人实施防卫行为明显超过必要限度造成重大损害的,不再属于正当防卫,而是已经构成犯罪。正当防卫是正当的,是合法的;而防卫过当是不正当的,是违法并构成犯罪的,二者不可混淆。

防卫过当不属于独立的罪名,对于防卫过当行为,应以其符合的具体犯罪定罪量刑。当然,在按照具体的犯罪定罪量刑的同时,刑事判决书必须载明行为人的犯罪行为属于防卫过当,是法定的从宽处罚根据。

影响防卫过当定性和处理的主要问题是:如何认定防卫过当的罪过形式。对此,我国刑法理论观点尚未取得一致,主要有以下观点:过失与故意都可以;过失与间接故意;只能是间接故意;只能是过失,不包括故意;只能是疏忽大意的过失。本教科书认为,刑法并没有将防卫过当作为一个独立的犯罪行为(罪行),而是将防卫过当作为一个定罪量刑的情节,所以,理论和实践中就没有必要限制其罪过形式,尤其是没有必要将防卫过当限于过失甚至疏忽大意的过失。为了鼓励公民实施正当防卫行为,应当承认防卫过当的罪过形式可以是过失,也可以是故意;将防卫过当的罪过形式仅仅限于过失甚至疏忽大意的过失,表面上优待防卫过当,实际上过于限制了公民实施正当防卫行为。当然,现实中,更多的防卫过当表现为过失,尤其是疏忽大意的过失,极少数表现为间接故意,直接故意的情形确实极其罕见,甚至是难以相信的。但是,我们不能绝对排除在防卫过当属于故意的情形下,有直接故意存在的可能性,实际上有时难以确定无疑地区分某一具体案件的被告人是直接故意还是间接故意,所以,防卫过当的罪过形式可以是直接故意的观点,理论上基本妥当。

《最高人民法院、最高人民检察院、公安部、国家安全部、司法部关于人民警察执行职务中实行正当防卫的具体规定》

第二节 紧急避险

一、紧急避险的概念与性质

《刑法》第 21 条第 1 款规定:"为了使国家、公共利益、本人或者他人的人身、财产和其他权利免受正在发生的危险,不得已采取的紧急避险行为,造成损害的,不负刑事责任。"据此,紧急避险是指为了使国家、公共利益、本人或者他人的人身、财产和其他权利免受正在发生的危险，不得已而采取的损害其他较小的合法权益，以保护较大的合法权益的行为。

我国《刑法》规定，紧急避险行为不负刑事责任。紧急避险之所以不负刑事责任，是因为公民在法律所保护的权益遇到危险时，有权损害较小的权益以保护较大的权益，从而使合法权益可能遭受的损失减少至最低限度。紧急避险的目的是为了使国家、公共利益、本人或者他人的人身、财产和其他权利免受正在发生的危险，因而主观上具有正当性。紧急避险是在处于紧急危险的状态下不得已采取的以损害较小的合法权益来保全较大的合法权益的行为，客观上属于迫不得已。因此，紧急避险不仅没有社会危害性，而且有利于社会，对于保护国家、社会或者公民个人的重要的合法权利具有重大的价值和意义。

二、紧急避险的成立条件

（一）避险意图

避险意图是指行为人的主观目的是为了使国家、公共利益、本人或者他人的人身、财产和其他权利免受正在发生的危险。也就是说，保护合法利益是成立紧急避险的主观条件。为了保护非法利益，不允许实行紧急避险。

（二）避险起因

避险起因是指客观上存在着对国家、公共利益、本人或者他人的人身、财产和其他权利的危险。实行紧急避险，只能因为客观上存在着对合法利益的危险。一般来说，造成危险的原因有三个方面：①自然界的力量，如火灾、洪水、狂风、大浪、山崩、地震等；②来自动物的侵袭，如猛兽追扑、牛马践踏等；③来自人的不法侵害行为，对于合法行为不能实行紧急避险。

作为紧急避险起因的危险，是客观现实的，而不是主观推测的。实际上并不存在着危险，但行为人误认为存在着损害合法权益的危险，因而实行所谓紧急避险的，属于假想避险。假想避险，有过失因而构成犯罪的，应承担刑事责任；没有过失的，属于意外事件。

危险不包括职务上、业务上负有特定责任的人所面临的对于本人的危险。职务上、业务上负有特定责任（义务）的人，不能以紧急避险为由不履行职务、职责，以免自己遭受损害。例如，中小学老师有帮助、组织、引领学生逃避危险的义务，不能弃学生于危险境地而自顾逃跑；在发生重大疫情的时候，医院的医务人员不能以辞职的方式拒绝履行防疫、治疗职责等。当然，由于不能抗拒或者不能预见的原因而不可能履行职务上、业务上特定责任（义务）的，不负刑事责任。

（三）避险时间

紧急避险的时间条件是：正在发生的危险必须是迫在眉睫的，对国家、公共利益、本人或者他人的人身财产和其他合法权利已直接构成了现实的威胁。所谓正在发生的危险，是指已经发生的危险即将造成损害，或者是已造成损害而危险尚未结束。紧急避险只能在危险已经发生而又尚未消失这一时间条件下进行。对于尚未到来或已过去的危险，都不能实行紧急避险，否则就是避险不适时。例如，海上威胁航行安全的台风已经过去，船长却命令将货物扔下海去，是避险不适时，由此而造成重大损害的，船长应负刑事责任。

（四）避险情势

紧急避险只能在不得已的情况下采取。不得已，是指行为人找不到任何其他方法排除危险，只得采取紧急避险行为，给第三者的合法权益造成损害。如果当时还有其他方法可以避免危险，行为人却不采取其他方法，从而给他人合法权益造成不应有的损害的，不属于紧急避险，构成犯罪的，应当负刑事责任。

（五）避险限度

紧急避险不能超过必要限度造成不应有的损害。从行为性质上讲，紧急避险是通过损害某一合法权益的方法保全另一合法权益，所以，紧急避险受到更多法律限制，避险限度与防卫限度明显不同。判断避险限度，需要从权益的性质和损害的程度两个基本方面进行衡量。

1. 衡量两种权益的性质。从保护与侵害的权益性质上讲，紧急避险行为所侵害的合法权益的重要性，不能大于也不能等于所要保护的合法权益。一般情况下，不能损害他人的生命、健康以保护财产利益，因为人身权高于财产权；不能损害他人的生命、健康以保护自己的生命、健康，或者损害少数人的生命、健康以保护多数人的生命、健康，因为人身权平等。在人身权利中，生命权是最高的权利，不允许为了保护一个人的健康而牺牲另一个人的生命，更不允许牺牲别人的生命而保全自己的健康；国家的具体利益、具体的社会利益与个人利益平等，国家利益、公共利益并非在性质上高于个人利益，不能为了国家利益、公共利益而牺牲个人的生命与健康。

2. 衡量权益损害的大小。紧急避险行为对合法权益所造成的损害程度（量）要小于其所避免的危险对合法权益可能造成的损害程度，并且要将损害程度控制在最小的合理范围之内。衡量财产权益损害的大小，应该以财产价值为标准，通过价格来衡量，不允许为了保护一个较低价格的财产权益而牺牲另一个较高价格的财产权益。可以牺牲较小的个人财产利益，保护较大的国家财产利益、公共财产利益，或者相反。对于人身权利之外的其他合法权益，也可以通过价格计量的方法衡量损害的大小，进而确定避险行为是否过当。

三、避险过当的定性与处理

紧急避险超过必要限度，造成不应有的损害的，属于避险过当，应当负刑事责任；但是应当减轻或者免除处罚。

同防卫过当一样，避险过当不是一个独立的罪名，避险过当行为应以其构成的犯罪定罪量刑。

第八章　罪责的阻却与减免

第一节　刑事责任能力

罪责是什么?

一、刑事责任年龄

只有达到法定责任年龄的人,才可能是身心发育成熟的人,才能够对自己的行为负责。所以,刑法规定的行为人对自己实施的罪行负刑事责任必须达到的实足年龄,是刑事责任年龄。

但是,人是随着年龄增长而逐渐成熟的,不可能一达到特定的年龄就完全成熟,所以,刑法将刑事责任年龄区分为不同的阶段(时期)。我国《刑法》根据我国地理、气候、文化、经济、政治等基本状况,并且按照教育、感化、挽救犯罪之未成年人的刑事政策,将刑事责任年龄划分为四种或者说四个阶段(时期)。

(一)绝对无刑事责任年龄:未满14周岁

未满14周岁的人,一律不负刑事责任。未满14周岁的人处于儿童期,身心发育不成熟,对于自己实施违法犯罪行为的性质、意义与后果缺乏清晰的认识,也难以控制自己的行为,法律推定不具有辨认和控制自己行为的能力,一律不负刑事责任。这种立法推定在司法过程中不能为任何事实所推翻,即使实施特定罪行的未满14周岁的人,离14周岁只是差一个月或者哪怕是一天,心理和生理上实际上已经相当成熟,智商与智力相当高,也不承担刑事责任。行为人不承担刑事责任是因为行为人没有达到法定责任年龄,不具有刑事责任能力,缺乏罪责前提而视为罪责不存在,也就是罪责被阻却,因而其行为不构成犯罪,不承担刑事责任。但是,行为人所实施的罪行乃至罪过仍然成立。[1]行政法上依然可以评价为"违法",道德上评价为"恶行"。所以,对于实施杀人、重伤害、强奸、抢劫等严重罪行的13周岁以上不满14周岁的人,实践中,政府可以强制收容教养。对于13周岁以下的人实施严重罪行的,警察、检察官原则上不介入,社会组织以及政府依据《未成年人保护法》《预防未成年人犯罪法》采取适当的行动。未满14周岁的人实施特定罪行,民法上可以评价为"侵权"的,监护人应当承担民事责任。

(二) 完全负刑事责任年龄:16周岁以上

《刑法》第17条第1款规定:"已满16周岁的人犯罪,应当负刑事责任。"这是说,已满16周岁的人对一切犯罪承担刑事责任,不论是故意犯罪还是过失犯罪,也不论犯罪的轻与重。也就是说,16周岁以上的年龄不再是阻却罪责的事由。因为,已满16周岁的人已基本成熟,能够比较充分地认识到自己所实施的罪行是为法律所禁止的,并且约束自己遵守法律不实施犯罪。

(三) 相对负刑事责任年龄:14周岁至16周岁

《刑法》第17条第2款规定,已满14周岁不满16周岁的人,犯故意杀人、故意伤害致人重伤或者死亡、强奸、抢劫、贩卖毒品、放火、爆炸、投毒罪的,应当负刑事责任。本条款的立法理由主要在于,已满14周岁不满16周岁的人,身心也已基本成熟,具有一定的辨认和控制能力,能够认识上述八种(类)特别严重犯罪行为的性质、意义和后果并约束自己不去实施这些罪行。所以,已满14周岁不满16周岁的人只对上述特别严重的犯罪承担罪责,负刑事责任;对于其他犯罪(包括其他特别严重的犯罪)往往不能准确地认识行为的性质与意义,不负刑事责任,罪责被阻却。因此,这一年龄段也就是相对负刑事责任年龄,或称相对有(无)刑事责任年龄时期。

上述八种犯罪应当是指八种犯罪行为,而不是指八种具体罪名。[2]也就是说,已满14周岁不满16周岁的人实施了上述八种犯

---

[1] 有教唆者的,罪行归由教唆者承担。没有教唆者,而有事后帮助行为的,事后帮助行为可以构成包庇、窝藏、掩饰、隐瞒犯罪所得、犯罪所得收益罪等相应的犯罪。对于这一问题,可以进一步阅读本书第十章"共同犯罪"的相关内容。

[2] 2002年7月24日《全国人大常委会法制工作委员会关于已满14周岁不满16周岁的人承担刑事责任范围问题的答复意见》。

第八章 罪责的阻却与减免

罪行为,应当追究行为人的刑事责任,而不是限于上述八种具体罪名的犯罪行为。例如,已满14周岁不满16周岁的人,奸淫幼女的,属于强奸行为,构成强奸罪。再如,实施绑架犯罪的过程中故意杀死人质的;拐卖妇女、儿童过程中又强奸妇女或者奸淫幼女的;抢劫枪支、弹药、爆炸物、危险物质的,行为人应负刑事责任。

已满14周岁不满16周岁的人实施上述法定的八种犯罪行为的,其罪名在《刑法》第17条列举的上述八种犯罪行为范围内,并根据《刑法》分则的有关具体条文加以确定。简单地说,通过评价上述八种犯罪行为,确定相应的罪名,而不是以上述犯罪行为为罪名。例如,投毒的,以投放危险物质罪论处;投放毒害物质以外的其他危险物质而与故意杀人罪、故意伤害罪(重伤)竞合的,以故意杀人罪、故意伤害罪论处,而不能以投放危险物质罪定罪。[1] 再如,以放火、爆炸的方式破坏交通工具、交通设施、电力设施、通信设备等关系公共安全的特定对象的,以放火罪、爆炸罪论处。2005年12月通过的《最高人民法院关于审理未成年人刑事案件具体应用法律若干问题的解释》(以下简称《未成年人刑案解释》)第5条规定:"已满14周岁不满16周岁的人实施刑法第17条第2款规定以外的行为,如果同时触犯了刑法第17条第2款规定的,应当依照刑法第17条第2款的规定确定罪名,定罪处罚。"准确地讲,已满14周岁不满16周岁的人实施《刑法》第17条第2款规定的行为,同时实施《刑法》第17条第2款规定以外的行为,无论事实上以哪一种行为为主,应当根据《刑法》第17条第2款和《刑法》分则的有关条文定罪量刑,超出《刑法》第17条第2款规定的危害行为不予以刑法评价。据此,已满14周岁不满16周岁的人,绑架过程中故意杀死、重伤害人质的,以故意杀人罪、故

---

[1] 《刑法修正案(三)》将《刑法》第114条的"投毒"修改为"投放毒害性、放射性、传染病病原体等危险物质",因而司法解释将本条的罪名从原来的"投毒罪"相应地修改为"投放危险物质罪"。在立法者没有明确对《刑法》第17条第2款"投毒"一词作出修改的情况下,已满14周岁不满16周岁的未成年人投放毒害性物质以外的放射性、传染病病原体等危险物质,虽然符合《刑法》第114条,但是不负刑事责任。当然,属于故意造成重伤、死亡结果发生的除外。因为,《刑法》总则与分则之间一般与特殊的关系决定了:分则第114条的修改并不导致总则第17条第2款随之而改变。《刑法》第17条第2款的"投毒"是指投放毒害性物质,而不是第114条规定的全部投放危险物质的行为。所以,主张《刑法》第17条第2款的"投毒"应当随着《刑法修正案(三)》对第114条的修改而解释为"投放危险物质"的观点,颠倒了刑法总则与分则的关系,是不正确的。

意伤害罪论处，绑架行为勿论；拐卖妇女、儿童而故意造成被拐卖妇女、儿童重伤或死亡的，定故意伤害罪、故意杀人罪，拐卖妇女、儿童行为勿论；拐卖妇女又强奸妇女的，定强奸罪，拐卖妇女、儿童行为勿论。

根据《未成年人刑案解释》，已满14周岁不满16周岁的人盗窃、诈骗、抢夺他人财物，为窝藏赃物、抗拒抓捕或者毁灭罪证，当场使用暴力，故意伤害致人重伤或者死亡，或者故意杀人的，应当分别以故意伤害罪或者故意杀人罪定罪处罚。依据《未成年人刑案解释》，《刑法》第17条第2款规定中的"抢劫"不包括《刑法》第269条规定的转化型的（准）抢劫罪，也就是说，已满14周岁不满16周岁的人实施盗窃、诈骗、抢夺罪，为窝藏赃物、抗拒抓捕或者毁灭罪证而当场使用暴力或者以暴力相威胁的，不能转化为抢劫犯罪。与这一司法解释不同，另外一个重要解释认为："相对刑事责任年龄的人实施了刑法第269条规定的行为的，应当依照刑法第263条的规定，以抢劫罪追究刑事责任。但对情节显著轻微，危害不大的，可根据刑法第13条的规定，不予追究刑事责任。"[1]有学者支持最高检的解释，对最高人民法院的司法解释持批评意见，认为《未成年人刑案解释》错误地将"犯盗窃、诈骗、抢夺罪"解释为完全符合盗窃、诈骗、抢夺罪的全部要件，并且认为，基于同样的理由，已满14周岁不满16周岁的人携带凶器抢夺的，也应当以抢劫罪论处。本书认为，最高人民法院的司法解释是适当的，最高检的解释并不妥当，理由不在于说不满16周岁的人对盗窃、诈骗、抢夺行为不负刑事责任因而不符合《刑法》第269条之"犯盗窃、诈骗、抢夺罪"的前提条件，而是因为前提罪行（盗窃、诈骗、抢夺罪）和后续罪行（窝藏赃物、抗拒抓捕或者毁灭罪证）均不属于《刑法》第17条第2款列举的犯罪行为，故均不能进行刑法上的评价，也就不能与"暴力"行为（当然，更不能与"威胁"行为）结合在一起而"转化"为抢劫罪。如果《刑法》第17条第2款列举的是罪名而不是罪行，已满14周岁不满16周岁的人实施盗窃、诈骗、抢夺罪，是可以转化为抢劫罪的。同样的道理，已满14周岁不满16周岁的人携带凶器抢夺的，也不应当

---

[1] 2003年4月18日《最高人民检察院关于相对刑事责任年龄的人承担刑事责任范围有关问题的答复》（[2003]高检研发第13号）。

以抢劫罪论处。可见,将《刑法》第 17 条第 2 款规定的"罪"解释为罪行而不是罪名,形式上扩张了已满 14 周岁不满 16 周岁的人负刑事责任的范围,但是对于转化型犯罪来说,则实质上缩小了负刑事责任的范围。这是合理的,因为形式上扩张的部分显然符合罪刑相适应原则,例如,已满 14 周岁不满 16 周岁的人奸淫幼女的危害性显然重于其强奸成年妇女;而转化型犯罪属于各种具体犯罪的"准"犯罪,社会危害性相对较低,携带凶器抢夺的危害性显然低于使用凶器抢劫、携带凶器抢劫。

(四)减轻刑事责任年龄:14 周岁至 18 周岁以及 75 周岁以上。

1. 未成年犯罪减轻罪责。《刑法》第 17 条第 3 款规定:"已满 14 周岁不满 18 周岁的人犯罪,应当从轻或者减轻处罚。"第 4 款规定:"因不满 16 周岁不予刑事处罚的,责令他的家长或者监护人加以管教;在必要的时候,也可以由政府收容教养。"《刑法》如此规定,既考虑到了对未成年人犯罪宽大处理的刑事政策需要,又能够有效地预防未成年人将来再次走上犯罪道路。

2. 老年人犯罪减轻罪责。一般来说,老年人的体力与智力均相对有所衰弱,基于人道和刑事政策上的考虑,应当宽恕老年人犯罪,减轻其罪责。国际条约也有对年满 70 周岁的老人从宽处罚以及不适用死刑的规定。所以,《刑法》第 17 条之一规定,已满 75 周岁的人故意犯罪的,可以从轻或者减轻处罚;过失犯罪的,应当从轻或者减轻处罚。

(五)刑事责任年龄的确定

关于刑事责任年龄确定的问题是:如何确定刑事责任年龄以及跨年龄段犯罪的处理问题。刑事责任年龄是实足年龄,按照公历的年、月、日计算,生日的第二天为满周岁。例如,2003 年 10 月 1 日出生的人,2017 年 10 月 2 日零时起满 14 周岁,2019 年 10 月 2 日零时起满 16 周岁。无论行为人的年龄怎样接近法定的刑事责任年龄,哪怕只差一天而未达到法定年龄,也不得追究其刑事责任。

跨年龄段实施犯罪行为的,应当具体情况具体分析,进而作出认定和处理。未满 14 周岁时实施过上述法定的八种犯罪,14 周岁或者 16 周岁以后又连续实施这些犯罪的,行为人对于 14 周岁以前的犯罪行为不负刑事责任,对于 14 周岁以后的行为则应当负刑事责任。已满 14 周岁不满 16 周岁的人,实施法定的八种犯罪,满 16 周岁以后也实施过相同犯罪行为的,应当一并追究其刑事责任。

《最高人民法院关于审理未成年人刑事案件具体应用法律若干问题的解释》

最高人民检察院《检察机关办理未成年人刑事案件的规定》

二、精神与生理状况

如前所述,刑事责任能力以一定的年龄为前提,没有达到法定责任年龄的,当然不具有刑事责任能力,达到刑事责任年龄的人则被刑法推定具有刑事责任能力。说一个人具有刑事责任能力,意味着这个人当然达到刑事责任年龄。但是,达到刑事责任年龄的人,由于精神疾病或者生理等方面的特殊原因,可能导致刑事责任能力的丧失或者减弱,从而构成阻却或者减轻罪责的事由。

(一)精神病人

《刑法》第18条第1款规定:"精神病人在不能辨认或者不能控制自己行为的时候造成危害结果,经法定程序鉴定确认的,不负刑事责任,但是应当责令他的家长或者监护人严加看管和医疗;在必要的时候,由政府强制医疗。"依据这一规定,精神病人在实施某一具体罪行时不能辨认或者不能控制自己的行为,属于没有(完全丧失)刑事责任能力,对于自己所实施的罪行,没有罪责,罪责被阻却,不负刑事责任。

《刑法》第18条第2款规定:"间歇性的精神病人在精神正常的时候犯罪,应当负刑事责任。"这是说,间歇性的精神病人精神正常的时候实际上具有完全刑事责任能力,不能阻却罪责,应当对于自己的犯罪行为负刑事责任。第3款规定:"尚未完全丧失辨认或者控制自己行为能力的精神病人犯罪的,应当负刑事责任,但是可以从轻或者减轻处罚。"这一规定是说,精神病人具有刑事责任能力,但是刑事责任能力有所减弱,属于限制刑事责任能力的人,所以,对于自己所实施的罪行,应当负刑事责任,但是罪责有所减轻,可以从轻或者减轻处罚。

判断一个人没有刑事责任能力以及刑事责任能力是否有所减弱,需要同时采用医学标准和心理学标准,并且必须经法定程序鉴定确认。首先,判断行为人造成危害结果时是否患有精神病,这是确定有无刑事责任能力的医学标准。精神病一般是指精神分裂症、情感性精神病、器质性或症状性精神病、妄想性精神病、反应性精神病、病理性酒精中毒、白痴与痴呆状态等。神经(官能)症、变态人格、性变态、轻至中度低能(或称"精神发育不全")、情绪反应、药瘾、网瘾、慢性酒癖(或称"慢性酒精中毒")、一般性醉酒(或称"一般急性酒精中毒")等非精神病性精神障碍,不属于精神病。其次，判断精神病是否造成其丧失辨认能力或者控制能力，这是确认有无刑事责任能力的心理学标准。判断犯罪嫌疑人、被告人刑事责任能力的有无及其程度，首先由精神病专家按照法定程序鉴定确认，然后由司法工作人员作出最后判断和决定。精神病专家需要依据医学的标准和心理学标准进行科学鉴定，得出被鉴定人是否有精神病以及是否影响其辨认和控制能力的结论，而不是仅仅作出被告人、犯罪嫌疑人是否有精神疾病的判断。

《刑法》第18条第1款规定，对于不负刑事责任的精神病人，应当责令他的家长或者监护人严加看管和医疗；在必要的时候，由政府强制医疗。《中华人民共和国刑事诉讼法》（2012年修正）第284条进一步具体规定："实施暴力行为，危害公共安全或者严重危害公民人身安全，经法定程序鉴定依法不负刑事责任的精神病人，有继续危害社会可能的，可以予以强制医疗。"政府强制医疗精神病人包括两个基本条件：一是有暴力罪行的存在，要求必须有暴力行为，严重危害公民人身的危害结果以及威胁公共安全的具体危险；二是有继续危害社会的可能，即再次实施暴力行为危害社会的危险。

还应当指出，刑事责任能力是指行为人实施犯罪行为时能够辨认和控制自己行为的能力。所以，行为人犯罪的时候精神正常，犯罪后患精神病而丧失辨认或者控制能力的，应当负刑事责任；反之，行为人犯罪的时候患精神病而丧失辨认或者控制能力，犯罪后精神正常的，阻却罪责的成立，行为人不负刑事责任。犯罪的时候精神正常，犯罪后患精神病而丧失辨认或者控制能力的，属于不具有刑罚能力——感受和理解刑罚惩罚与教育意义的能力。因为刑事审判和刑罚执行只能在行为人精神正常的情况下进行，否则对于行为人来说没有意义。

（二）醉酒的人

《刑法》第18条第4款规定："醉酒的人犯罪，应当负刑事责任。"这里说的"醉酒"是指生理性醉酒，或称普通醉酒，也就是酒精中毒。在大多数生理性醉酒的场合，醉酒的人辨认和控制自己行为的能力事实上有所降低甚至可能完全丧失，但是，只要醉酒是醉酒人自愿的，而不是不可抗拒的，行为人就应当对自己所实施的罪行负责；再加上醉酒属于一种不良的社会习俗，所以，刑法规定醉酒的人犯罪，应当负刑事责任，而且不得从轻、减轻处罚。原则常有例外，病理性醉酒、非自愿醉酒的人，实施危害社会行为的时候丧失辨认或者控制能力的，阻却罪责，不负刑事责任。其中，病理性醉酒是精神病人的一种。但是，行为人明知自己醉酒会陷于无责任能力状态，而自愿醉酒，实施了特定罪行的，应当负刑事责任，这是例外的例外。这种例外的例外，理论上称之为原因上的自由行为。

（三）又聋又哑的人、盲人

《刑法》第19条规定："又聋又哑的人或者盲人犯罪，可以从轻、减轻或者免除处罚。""又聋又哑的人"是聋哑俱全的人即暗哑人，"盲人"是双目失明的人，这些生理缺陷对刑事责任能力有一定的影响，因而《刑法》规定可以根据刑事责任能力受影响的程度以及犯罪的性质、情节和危害程度从轻、减轻或免除处罚。也就是说，又聋又哑以及盲人情节，不影响犯罪构成与否，只是影响罪责轻重进而影响刑责的程度。

第二节 违法性认识可能性

一、法律认识错误

行为人认识到自己的行为是违反刑法的，也就是说，行为人认识到自己的行为与刑法规定的禁止性规范或者命令性规范相抵触，那么可以说，行为人是具有违法性认识的。但是，犯罪故意的成立不以违法性认识为必要。换言之，违法性认识并不属于犯罪故意的内容。所以，行为人不能以没有认识到自己的行为具有刑事违法性为辩护理由而主张故意不成立。

行为客观上具有刑事违法性，而行为人误以为没有违法性的，是违法性认识错误，或称法律认识错误。通俗地讲，误以有罪为无罪，是法律认识错误。因为法律需要为每一个人所知晓，法律一经公布，就推定为所有的有刑事责任能力的人所知道，所以，"不知法律不免责"是一个至今都被广泛承认的古老原则。当代社会，任何人均有义务了解、知晓法律，所以，即使行为人陷入违法性认识错误，也不能阻却罪责。

总之，行为人对于自己的行为是否具有违法性（或者说是否为刑法所禁止）存在错误认识，不仅不影响故意的成立，也不能阻却、减轻罪责。可见,"法律认识错误"这一概念除了说明其既不阻却故意,也不属于阻却、减免罪责的事由外,已经没有其他更多的实用价值。

二、违法性认识可能性

现代社会生活是极其复杂的,在极特殊的情况和条件下,对于自己的行为是否违法,行为人主观上确实存在着错误认识,而行为人在行为当时极为特殊的时空条件下难以避免发生法律认识错误,行为人因此而承担罪责并受到刑罚惩罚,与保障公民个人自由的刑法功能相冲突。

自由原则要求:公民有认识违法的可能性的,才能对自己的违法行为负责。但是,违法性认识可能性是罪责的前提条件,无需控方在刑事诉讼中积极地加以证明。所以,罪责需要从消极、否定的方面进行评价,在行为人事实上陷入法律认识错误而没有违法性认识的情况下,行为人缺乏违法性认识可能性的,或者说,违法性认识错误难以避免甚至是不可避免的,始减免、阻却罪责。若是行为人的法律认识错误是可以避免的,也就是说,存在着违法性认识可能性的,行为人仍然有罪责。总之,只有行为人难以乃至于不可避免地陷入违法性认识错误而缺乏违法性认识可能性的,才减免、阻却其罪责。

缺乏违法性认识可能性是阻却、减免罪责的重要事由,但是,司法实践中的适用机会还是比较少的。我们知道,犯罪大致上可以区分自然犯与法定犯。对于自然犯来说,基本上不存在缺乏违法性认识可能性的情形,缺乏违法性认识可能性的情形一般出现在法定犯的场合,而且比较少见。

第三节 期待可能性

法律不强人所难,法律可以期待公民实施合法行为而不去实施犯罪行为的可能性,是期待可能性。若是国家与法律不能期待公民在特定的具体情境中实施合法的行为,罪责被阻却,不能追究刑事责任;不能完全期待公民合法行动,罪责被免除,进而免除刑事责任的追究;若是在特定的具体情境中存在着较低的期待可能性,则应减轻犯罪人的罪责,从而减轻刑罚处罚。

尽管罪过的认定与判断也需要考虑"期待可能性"概念，主要是在过失犯罪的场合基于广义的"期待可能性"概念，更准确地讲，基于"法律不强人所难"的自由观念，判断行为人是否有注意能力，但是，期待可能性并不属于积极的、肯定性的犯罪构成要件，控方不需要在刑事诉讼中证明行为人实施犯罪行为当时有期待可能性。所以，期待可能性需要作为阻却、减免罪责事由的根基、根据加以考虑。换言之，期待可能性不是从积极、肯定的方面进行考察与判断，进而确定行为人主观上有罪责；而是从消极、否定的方向根据行为人行为当时的具体环境评价是否缺乏期待可能性，缺乏期待可能性的，构成阻却、免除、减轻罪责的事由。例如，被拐卖的有配偶的妇女被迫与他人结婚而构成重婚的，没有期待可能性，更准确地讲，属于丧失期待可能性的情节，阻却罪责的成立。

判断期待可能性缺乏，是司法实务中的一个难题。困难主要在于：需要求助于更高的法价值概念、观念，针对行为人实行犯罪行为时特别具体的外在环境、情景，综合分析判断期待可能性是否缺乏，司法官既要宽恕应当宽恕的人，又要防止自己的同情心泛滥，合理地协调法律与道德、法理与情理的关系。总体而言，司法官需要平衡考虑公民个人自由与社会秩序、国家与法律的期待与行为人个人的具体境遇，综合分析判断行为人在实施违法行为当时的特定时空条件下是否缺乏期待可能性。我们知道，我国实行行政处罚与刑罚惩罚并行的"二元"违法犯罪制裁机制，相当数量的违法行为通过行政处罚而不是刑罚惩罚的途径解决，刑法规定的犯罪圈相对较小。所以，司法实践中，故意犯罪场合比较罕见完全丧失期待可能性的情形，缺乏期待可能性主要出现在过失犯罪案件之中。

司法实务中，起诉书、判决书等司法文书一般也不直接使用"缺乏期待可能性"概念，而是使用隐藏着"期待可能性缺乏"判断的更为具体的"情节"，如被害人有严重过错、行为人长期受被害人虐待、基于义愤、犯罪动机（特别是因为义务冲突产生的两难选择）以及更为笼统的主观恶性较低等概念，将这些"情节"作为减轻罪责的事由，进而酌情从轻处罚行为人。在许多情况下，司法官并不是根据单一的期待可能性降低的情节，而是将期待可能性降低的情节与其他从宽情节结合在一起综合考虑，认定犯罪情节轻微/显著轻微，从而减免行为人的罪责。从刑事立法上看，立法者基于"法律不强人所难"的自由价值观念，特别规定一些概念、规则，例如，共同犯罪当中的胁从犯（被胁迫参加犯罪者），第389条第3款特别规定"因被勒索给予国家工作人员以财物，没有获得不正当利益的"的行贿犯罪行为，实际上发挥着期待可能性评价功能，司法实践中直接适用相关概念、规则即可，缺乏期待可能性的判断已经包含在这些概念、规则之中。

第八章
课后练习题

第九章 未完成罪

本章知识结构图

```
犯罪停止形态 ┬ 犯罪停止形态概述 → 概念以及与构成要件的关系
            │
            ├ 犯罪既遂 ┬ 主要形态
            │         └ 刑事责任
            │
            ├ 犯罪预备 ┬ 概念与特征
            │         ├ 与犯意表示的区别
            │         └ 刑事责任
            │
            ├ 犯罪未遂 ┬ 概念、特征、类型
            │         └ 刑事责任
            │
            └ 犯罪中止 ┬ 概念、特征
                      └ 刑事责任
```

第一节 未完成罪概述

未完成罪，即犯罪的未完成形态，是指直接故意犯罪在其发展过程中由于某种原因而出现的结束状态或者说终局状态。未完成的犯罪与完成的犯罪相对应。刑法规范上，犯罪以完成形态为典型，完成的犯罪是刑罚处罚的主要对象，研究犯罪未完成形态的主要目的在于探求其处罚根据与范围、构成要件的特殊性以及处罚的原则。

一、未完成形态与犯罪过程

故意犯罪行为表现为行为人有意识有目的地加以控制的有时间和空间延续的发展过程，但并非所有的故意犯罪行为都能顺利地完成。行为人在故意实施犯罪的过程中，可能由于主客观方面的原因，犯罪行为停止在犯罪过程中某一阶段的某一点上，从而导致犯罪过程的提前结束，理论上称之为犯罪的未完成形态；若行为人完成了刑法所规定的整个犯罪过程，包含了刑法所规定的犯罪的全部构成要件，理论上称之为犯罪的完成形态。

详言之，故意犯罪的发展过程中，由于行为人意志以外的原因，犯罪行为停止在犯罪预备阶段的，是犯罪预备；由于行为人意志以外的原因，犯罪行为停止在犯罪实行阶段的，是犯罪未遂；由于行为人在犯罪过程中的任何一个阶段自动中止实施犯罪或有效地防止了犯罪危害结果的发生，犯罪行为停止在犯罪预备阶段或者实行阶段的，是犯罪中止；如果行为人的行为经历了刑法分则所规定的某一具体犯罪的整个犯罪过程才告结束的，是犯罪既遂。这样一来，故意犯罪的发展过程中就存在着犯罪预备、犯罪未遂、犯罪中止与犯罪既遂四种不同的结束形态。刑法理论上也将这四种犯罪结束形态称为故意犯罪的停止形态。

二、未完成罪的特征

（一）未完成罪只存在于直接故意犯罪过程中

未完成的犯罪只能出现在故意犯罪而且是直接故意犯罪的过程中，直接故意犯罪过程以外出现的特殊状态，不是故意犯罪过程中的停止形态，不是未完成的犯罪形态。例如，实施故意犯罪行为前的犯意产生与表示，并不是发生于犯罪过程中，不是犯罪，更不是未完成的犯罪。再如，行为人盗窃了他人财物之后，又自动将所盗财物归还给被害人的，是犯罪完成（既遂）后所实施的行为，是犯罪行为结束以后的一种事后表现，也不是未完成的犯罪。

刑法规定过失行为只有造成严重危害结果的才构成犯罪，所以，过失犯罪只要其犯罪过程尚未结束，危害后果没有发生，就不可能构成犯罪，换言之，过失行为与危害结果不可分离，没有危害结果的发生，也就没有过失犯罪存在的余地；而且，过失犯罪的行为人本无犯罪的意思，也没有追求或者放任危害结果发生的意志，犯罪过失的心态总是伴随着过失行为而存在，从而也就不可能存在犯罪预备、未遂与中止形态。对于过失犯罪来说，只有犯罪成立与否的问题，而无所谓犯罪完成与未完成的问题，过失犯罪的成立与完成实质上是一回事。所以，我们可以说，行为人的行为是否构成过失犯罪，但是不必要说行为人的行为是否构成过失犯罪的既遂。

至于间接故意犯罪是否存在未完成的犯罪形态，理论上有不同的认识。刑法学通说认为,故意犯罪的结束形态只能存在于直接故意犯罪之中,间接故意犯罪只有犯罪成立与否的问题,不可能有犯罪预备、未遂、中止形态的存在。因为在间接故意的情况下,行为人对于犯罪结果的发生持放任而不是希望的态度,犯罪结果没有发生,其行为很难说具有社会危害性,应当是犯罪不成立,而不能认为是犯罪未完成。

(二)未完成罪是故意犯罪所呈现的结束状态

未完成的犯罪意味着故意犯罪行为由于某种原因不可能再继续向前发展,而不是整个故意犯罪发展过程中的一个阶段或者说犯罪行为的一部分。详言之,故意犯罪阶段是故意犯罪发展过程中具有某种特殊性的具体过程,故意犯罪包括犯罪预备和犯罪实行两个基本阶段,预备阶段的行为是预备行为,实行阶段的行为是实行行为。实行行为实质上是直接损害法益或者造成法益损害之具体危险的行为,形式上主要表现为开始实施刑法分则所规定的实行行为,犯罪的实行行为又可以细分为着手、实行以及实行终了。着手,是开始实行行为;实行终了,是实行行为实行完毕。犯罪阶段是犯罪过程中紧密相连的不同环节、部分,犯罪预备阶段与实行阶段密切相连,前一阶段是后一阶段的准备,后一阶段是前一阶段的自然发展。但是,故意犯罪的未完成形态则不同,当同一故意犯罪行为评价为某一种犯罪结束形态之后,不可能再评价为另外一种犯罪结束形态。也就是说,当一个故意犯罪评价为预备形态之后,不可能再评价为未遂或者中止形态;评价为未遂形态后,不可能再评价为中止或者既遂形态;出现了既遂形态后,也就不可能再评价为其他未完成的形态。一句话,同一个故意犯罪行为的发展过程可以经过几个不同的阶段,但不可能同时出现几种不同的结束形态。

未完成罪是故意犯罪所呈现的结束状态,是故意犯罪作为一个整体所呈现出来的形态,是整体的犯罪行为状态,而不是狭义的犯罪构成客观要件之实行行为的具体状态。也就是说,必须将犯罪的完成和未完成形态与实行行为是否终了区别开来。犯罪实行行为终了与整体犯罪行为的完成并不是一个概念,二者不可混淆。犯罪实行行为终了与犯罪行为完成形态有时是一致的,犯罪实行行为终了,整个犯罪也告完成;有时则是不一致的,犯罪实行行为虽然实施终了,但危害结果没有发生,或者法定的引起危害结果发生的某种具体危险状态尚未出现,犯罪整体上仍然属于未完成状态。

(三) 未完成罪是实行行为或者危害行为构成了犯罪

尽管犯罪构成要素与犯罪构成要件是可以通用的，但是又需要相对区分。各种具体犯罪的未完成形态都符合罪行与罪责的要求，因而具有犯罪的全部构成要件——罪行与罪责，这与犯罪的完成形态即既遂具备全部构成要件（罪行与罪责）相同，二者的区别在于：犯罪的完成形态即犯罪既遂的罪行具备刑法分则罪状所规定的全部构成要素，未完成罪则缺乏某些要素，表现为具体犯罪之罪行要件的修正，而不是完全的符合。从解释学上讲，未完成罪来自于完成的犯罪，未完成罪的构成要件是完成罪的构成要件的修正或者说变更、扩张。也就是说，刑法分则规定了各种具体犯罪的罪行与罪责的构成要素（广义上的构成要件），符合刑法分则规定的即构成犯罪（或者说，行为人犯了某某罪）；否则，即不构成犯罪（或者说没有犯某某罪）；但是，刑法总则对刑法分则规定的构成要件进行了修正，设立了新的变更了或者说扩张了的构成要素，符合的也构成犯罪，属于未完成的犯罪（也就是说，犯了某某罪，但是属于犯罪的预备、未遂、中止）。

但需要注意的是，无论是完成的犯罪形态，还是未完成的犯罪形态，均需要根据刑法总则和刑法分则的规定加以确定，不能认为未完成犯罪仅仅是由刑法总则加以规定的，而完成的犯罪形态则是由刑法分则加以规定的。在我国，《刑法》总则规定了犯罪未完成形态的一般构成要素，而要确定各种具体犯罪的未完成形态，需要将《刑法》总则关于未完成犯罪的一般性规定与《刑法》分则关于具体犯罪的特殊规定结合起来加以确定。

三、犯罪完成的标准

犯罪完成是与犯罪未完成相对应的概念。但是，刑法理论上也有观点将既遂形态视为具备刑法分则所规定的具体犯罪之构成要件的典型状态，主张故意犯罪和过失犯罪都存在着犯罪既遂形态。本书将犯罪成立与既遂相区别，将犯罪既遂与犯罪的未完成形态相对应。犯罪完成，是指刑法分则所规定的某种犯罪的完成形态。行为人的行为具备了刑法分则条文所规定的某种犯罪的全部构成要素的，就是既遂。犯罪完成是犯罪的既遂形态，由刑法分则条文与刑法总则条文统一加以规定。也就是说，犯罪既遂形态必须严格根据刑法分则和刑法总则的规定来确定。刑法分则条文规定了犯罪既遂的特殊构成要素（要件），刑法总则条文规定了犯罪既遂一般的构成要素（要件），二者统一起来就是犯罪的完成形态。

我国《刑法》没有直接规定既遂犯的概念，而是在规定预备犯、未遂犯处罚规则时规定"可以比照既遂犯……"从而间接地提到了"既遂犯"这一术语。对于犯罪的既遂形态，理论上大致有三种不同的理解：①目的说，认为犯罪完成是指行为人故意实施犯罪行为并达到犯罪目的的犯罪形态；②结果说，认为犯罪完成是指行为人故意实行犯罪行为并造成法定之危害结果的犯罪形态；③犯罪构成要件齐备说，认为犯罪既遂是指行为人故意实施的犯罪行为已经具备刑法分则条文规定的全部犯罪构成要件的犯罪形态，犯罪未完成则是犯罪构成要件不齐备，是犯罪构成客观方面的要件不齐备。第三种观点是我国刑法理论的通说，这基本上是妥当的。也就是说，犯罪未完成是罪行的"构成要素"不齐备，是罪行的修正，但是犯罪的"构成要件"（罪行与罪责）是齐备的，在这一点上，犯罪未完成与犯罪完成形态是相同的。

由于我国《刑法》分则规定的各种具体犯罪的构成要素的情况很复杂，犯罪的完成形态也就多种多样，各不相同。但是，概括起来，可以区分为三种基本类型。

（一）结果犯的既遂

结果犯，是指要求行为人的实行行为必须造成法定的危害后果才构成既遂的犯罪。例如，故意杀人罪，行为人实施故意杀人的行为，必须已造成他人死亡结果的发生才构成故意杀人罪的既遂。行为人尽管实施了故意杀人行为，但是被害人没有死亡的，不构成故意杀人罪的既遂。

但应当指出的是：刑法上还规定有另一种特殊情况，即某种法定危害后果的发生，是行为构成犯罪的必要要件，也就是说，如果法定的危害结果没有发生，不仅犯罪既遂不能成立，而且犯罪也不能成立。例如，《刑法》规定的聚众扰乱社会秩序罪、滥用职权罪、挪用特定款物罪等。对于这类犯罪来说，如果法定的危害结果没有发生，不是行为不构成犯罪既遂，而是行为不构成犯罪。

（二）行为犯的既遂

行为犯，是指只要行为人完成了刑法分则规定的某种实行行为即构成既遂的犯罪。例如，我国《刑法》规定的脱逃罪，只要行为人开始并完成了脱逃行为，即行为人脱离了羁押机关的控制，就是犯罪既遂；否则，不构成犯罪既遂。再如，强奸罪，只要行为人以暴力、胁迫或者其他手段，完成了与妇女性交的行为，就是强奸罪的既遂。否则，不构成强奸罪的既遂。像脱逃罪这样的单行为犯和强奸罪这样的双行为犯，司法实践中，往往既有既遂的案件也有很多未遂的案件发生。而对于另外一些行为犯来说，审判实践中更多的是犯罪既遂的情形，犯罪未遂的案件发生相对较少。以诬告陷害罪为例，行为人只要以口头或者文字方式开始并完成了向司法机关诬告他人犯罪的行为，就是既遂。如果行为人以口头或者文字的方式开始向司法机关告发，但是告发行为并没有完成的，就不属于犯罪既遂。但是审判实践中，告发行为没有完成的情况较为少见，所以行为人的诬告陷害行为更多的是构成犯罪既遂，而不是犯罪未遂。再如，《刑法》第247条规定的刑讯逼供罪和暴力取证罪，只要司法工作人员开始并完成对犯罪嫌疑人、被告人实行刑讯逼供或者使用暴力逼取证人证言的行为，无论这种行为是否造成实际的危害结果，都是犯罪既遂，否则，就是犯罪未遂。但是，实践中的这类案件更多的是犯罪既遂，形成未遂的场合十分罕见。由此可见，从刑法规范层面上讲，这些犯罪均存在着既遂与未遂的区别，但是在事实层面上，未遂的案件却十分少见。

刑法理论上还有举动犯概念的存在。所谓举动犯，也称即时犯，是指行为一经着手即告成立的犯罪。当然，刑法理论上也有观点根本不承认举动犯概念的存在。承认举动犯概念存在的学者们关于举动犯概念的归属，意见也不尽一致。有学者认为举动犯是与行为犯相对应的一个独立概念，有学者认为举动犯属于行为犯的一部分。我们认为，无论承认还是不承认举动犯概念的存在，例如，参加恐怖活动组织罪，参加黑社会性质组织罪，传授犯罪方法罪，煽动分裂国家罪，煽动颠覆国家政权罪，煽动民族仇恨、民族歧视罪等犯罪，在刑法规范领域应当理解为：只要行为人实施了法定的危害行为，犯罪即告成立，而不论危害行为事实上是否产生某种危害结果，也不论危害行为事实上是否引起某种产生危害结果的具体危险，或者说，不论行为的属性如何。所以，这类犯罪原则上仅有犯罪成立与否的问题，而不存在犯罪的完成与未完成的问题。因为这类犯罪本质上并不会直接产生损害法益的危害结果，无论是物质性的还是精神性的；刑法也没有将引起法益受损结果的具体危险作为犯罪成立的客观要件，所以这些犯罪本质上与犯罪的未完成形态一样，属于抽象的危险犯。立法者已经在立法上最大限度地扩张了刑罚处罚范围，司法不应当实际上也难以通过再区分犯罪的完成与未完成形态进一步地扩大刑罚处罚的范围。但是不可否认，在事实领域，举动犯并非一蹴而就，总是表现为一个时间上的发展过程，不可能一旦着手便告终了，举动犯也会像普通行为犯一样存在着手、实行、实行终了等基本环节，只不过行为的这三个基本环节在时空延续上更为紧凑，证明起来十分困难罢了。所以，从行为人的角度看，举动犯事实上也可以存在完成与未完成的区别。但是，在刑法规范上，立法者刻意地加重了其刑事责任，所以，只要有行为的发生和存在，犯罪即告成立，不再区分完成与未完成。当然，对于情节显著轻微危害不大的，可以依照《刑法》第13条"但书"的规定，不作为犯罪处理。

（三）危险犯的既遂

危险犯，是指刑法分则条文特别规定行为人的犯罪行为造成了某种损害法益的危险状态作为犯罪构成要件的犯罪。行为人的行为造成法定危险状态出现的，即构成既遂的犯罪；法定危险状态没有出现的，属于未完成罪。例如，《刑法》规定的破坏交通工具罪、破坏交通设施罪，只要行为人实行了破坏交通工具、交通设施的行为，并且足以使火车、汽车、电车、船只、航空器发生倾覆、毁坏危险，而尚未造成严重后果的，就构成犯罪既遂。否则，不构成犯罪既遂。也就是说，行为人只要破坏了交通工具、交通设施，足以使交通工具发生倾覆、毁坏的危险，但尚未发生倾覆、毁坏的危害后果，就构成破坏交通工具罪、破坏交通设施罪，就是犯罪的既遂。

应当指出，存在既遂与未遂区分的危险犯，仅仅是针对具体危险犯而言的。对于具体危险犯来说，危险是需要依据科学法则和经验法则加以证明的行为的属性，不允许进行任何假定或者抽象。对于抽象的危险犯来说，危险是一种主观评价，一种行为是犯罪，不是因为它具体地威胁到了什么，而是因为它——抽象地判断——可能会损害什么。刑法理论上有观点认为，抽象的危险犯与具体的危险犯的区别只是在于危险的程度不同：具体的危险犯发生危害结果的可能性高，而抽象的危险犯发生危害结果的可能性低。通说认为，尽管具体危险犯和抽象危险犯可以统称为危险犯，但是二者之间实际上有着根本的不同。具体危险表现为现实可能性，抽象危险表现为抽象可能性。对于具体危险犯来说，危险的存在要求控方在审判中必须以相应的证据加以证明；对于抽象危险犯来说，危险的存在是一种立法上的假定与抽象，控方无需加以证明。在立法上，抽象危险犯的范围，应当受到严格的限制。预备犯、未遂犯和中止犯应当归入抽象危险犯的范围，不能作为具体的危险犯对待。在刑事司法中，预备犯、未遂犯、中止犯之抽象危险的判断，应当将主观的标准与客观的标准结合起来。主观标准是依照一般人的观念判断行为人在当时当地的行为客观上有无导致危害结果发生的可能性，客观标准是依据自然因果法则判断行为人之行为发生危害结果危险性之有无。

作为结果犯、行为犯的未遂犯来说，行为可能具有具体的危险——发生法定之危害结果的危险，也可能只是具有抽象的危险，对于前者来说，控方无需证明具体之危险的存在，除非刑法又单独规定其为一种具体犯罪——具体危险犯。如果控方能够证明结果犯、行为犯之未遂犯同时存在着发生实际损害的危险——具体危险，则可以与犯罪人的犯罪故意结合起来考虑，作为量刑的一个酌定从重处罚的情节。

四、未完成罪的处罚根据与范围

未完成犯罪应受刑罚处罚的实质根据在于：未完成犯罪对刑法所保护的法益构成了威胁或者危险，因而需要动用刑罚加以处罚。现实生活中，故意杀人、故意伤害、强奸、抢劫、放火、爆炸、投放危险物质、贩卖毒品等严重犯罪，总是会给刑法所保护的法益造成损害，无论是物质性的还是精神性的。当刑法所保护的生命、健康、自由、财产等重大利益遭受实际的损害时，犯罪也就完成了。为了保护社会之重大法益免受实际的损害，需要对具有危害社会之危险的未完成犯罪进行惩罚，而且，危险性越大，刑罚处罚也就相对越重。未完成罪中包含着行为人有意识、有意志地控制下的侵犯法益的危害行为，行为具有损害法益的潜在可能性，而行为人对此主观上是有责任的，所以行为人应当承担刑事责任，至于是否存在真正的被害人、是否会发生危害社会的结果、危害行为是否真正地完成，都是无关紧要的。当然，常识也告诉人们，未完成罪的客观危害与主观责任总是相对小于犯罪的完成形态。所以，我国《刑法》规定，对于未完成罪，比照犯罪的完成形态从宽处罚。

未完成罪的处罚范围，即刑法处罚哪些犯罪的未完成形态，各国规定差异较大。有的国家，在刑法分则条文中明确规定哪些具体犯罪处罚其未完成形态，刑法分则条文没有明示处罚未完成形态的不罚。有的国家在刑法中明确规定，只处罚较为严重的犯罪的未完成形态，如有的国家将犯罪区分为重罪、轻罪、违警罪三类，但是刑法规定仅处罚重罪、轻罪的未完成形态，不处罚违警罪的未完成形态。也有国家同我国一样，刑法原则上处罚所有犯罪的未完成形态。

刑法原则上处罚所有犯罪的未完成形态，有利于打击严重犯罪的预备行为。举例来说，《刑法》第 177 条之一规定的妨害信用卡管理罪，是《刑法修正案（五）》增设的罪名，由于这些妨害信用卡管理的行为或者属于伪造信用卡的预备行为，或者属于信用卡诈骗的预备行为，因此，在《刑法修正案（五）》颁布实施之前，尽管《刑法》分则中没有这一具体犯罪，但是审判实践中也可以依照《刑法》第 22 条和第 177、196 条，追究行为人犯罪预备的刑事责任。再如，行为人持有伪造的护照，控方不能证明伪造的护照为行为人本人所伪造，若仅仅从《刑法》分则有关条文的字面文字出发，持有伪造的护照并不是犯罪，但是由于持有伪造的护照只能是为偷越国边境做准备，所以，可以追究行为人偷越国边境罪（预备）的刑事责任而不是放任不管。

犯罪预备、未遂、中止的处罚范围的必要限制

刑法分则规定各种具体犯罪的条文中同时包含着具体犯罪的罪名，不同的罪名反映了不同犯罪的本质或者主要的特征。同一犯罪的不同形态，具有该种犯罪的共同特征。因此，刑法分则条文所包含的具体罪名既适用于该种犯罪的完成状态，也适用于该种犯罪的未完成状态。但是，我国刑法总则对同种犯罪不同的未完成形态作了明确区分，同种犯罪的不同未完成形态既具有该犯罪的共同特征，又具有社会危害程度上的差异，因而刑法规定了不同的处罚原则。为了准确地反映各种具体犯罪未完成状态的社会危害程度，定罪时应当在罪名上对犯罪未完成形态予以明确。举例来说，故意杀人预备，罪名仍定为故意杀人罪，不宜定为故意杀人预备罪，但是可在判决书上以"故意杀人罪（预备）"加以区分；同样道理，故意杀人未遂，罪名仍应定为故意杀人罪，不宜定为故意杀人未遂罪，但是可在判决书上以"故意杀人罪（未遂）"加以区分。

第二节 犯罪预备

一、犯罪预备的概念与特征

《刑法》第22条第1款规定:"为了犯罪,准备工具、制造条件的,是犯罪预备。"依据《刑法》的这一规定,犯罪预备具有以下四个特征:

(一) 为实行某种犯罪而准备工具、制造条件

犯罪预备行为是为犯罪的实行行为创造便利条件的行为,刑法将预备行为规定为两类,即准备工具与制造条件。所谓准备工具,是指准备实行犯罪时使用的各种物品。例如,购买某种物品作为犯罪工具,制造犯罪工具,改装物品使之适应犯罪需要,租借他人物品作为犯罪工具,等等。所谓制造条件,是指除准备工具以外的一切为实行犯罪制造条件的预备行为,例如,调查犯罪场所与被害人行踪,出发前往犯罪场所或者守候被害人的到来,诱骗被害人前往犯罪场所,跟踪被害人,排除犯罪障碍,练习犯罪技术,勾结犯罪同伙,寻找共同犯罪人,商议犯罪的实行计划,等等。准备工具事实上也是为实行犯罪制造条件的行为,只因是最常见的预备行为,故刑法将其独立于制造条件予以特别规定。犯罪预备行为实质上是为着手实行犯罪而准备工具、制造条件,虽然不能直接造成危害社会之具体结果的发生,但是预备行为可以进一步发展为实行行为,并且为实行行为的顺利完成提供了可能,所以抽象地构成了对刑法所保护的法益的威胁,具有危害社会的危险性,这是预备犯承担刑事责任的客观基础。

(二) 未能着手实行犯罪

犯罪预备必须在预备阶段停顿下来,即事实上未能着手实行犯罪;如果已经超出了预备阶段,着手实行了刑法分则所规定的实行行为,就不再是犯罪预备了。未能着手实行犯罪,包括两种情况:①由于行为人意志以外的原因,预备行为没有实施终了,预备行为不能继续,也就不可能再继续着手实行犯罪;②虽然预备行为已经实施终了,但由于意志以外的原因,犯罪分子未能着手实行刑法分则所规定的犯罪实行行为。

（三）主观上是为了着手实行某种犯罪

犯罪预备的成立，要求犯罪分子主观上必须为了实行犯罪，即为了实行犯罪的实行行为。我国《刑法》第 22 条所规定的"为了犯罪"，应当是指"为了实行犯罪"。例如，为了杀人、伤害、抢劫、强奸等。预备行为是为犯罪实行行为创造条件的行为，犯罪预备行为无非是为了进一步地实行犯罪实行行为。因此，"为了犯罪"就是为了实行刑法分则所规定的犯罪实行行为。从形式上讲，实行行为是刑法分则所规定的客观危害行为；从实质上讲，实行行为是能够引起法定危害结果或者产生某种法定危害结果危险的行为。"为了犯罪"，则是为了实行形式与实质相统一的犯罪的实行行为，也就是为了着手实行刑法分则所规定的能够引起法定危害结果或者产生某种法定危害结果之具体危险的行为，只有真正的形式与实质相统一的犯罪实行行为，才真正地存在着犯罪完成与未完成形态的区分。

犯罪预备行为的目的是为了着手犯罪实行行为（包括为了自己实行犯罪和为了他人实行犯罪），犯罪预备表明犯罪分子具有实行某种犯罪实行行为的犯罪意图或者犯罪目的，但是，这种犯罪意图或者犯罪目的与犯罪分子进入犯罪实行阶段的主观心理状态不同。为了实行犯罪，虽然不能表明犯罪分子主观上认识到或者能够认识到其预备行为会造成刑法分则所规定的实行行为所能引起的构成要件意义上的结果，但却能够表明犯罪分子认识到自己的预备行为是为犯罪实行行为创造条件，就是为了实行犯罪，便于犯罪的完成，表明行为人具有主观罪过和罪责，这是犯罪预备承担刑事责任的主观基础。

（四）未着手犯罪实行行为是由于行为人意志以外的原因

犯罪预备在预备阶段停顿下来，未能着手实行犯罪，必须是因为犯罪分子意志以外的原因。也就是说，犯罪分子本想继续实施预备行为或者着手实行犯罪，但由于其意志以外的原因，客观上不可能继续实施预备行为，或者客观上不可能着手犯罪实行行为，或者使得行为人认识到自己客观上已经不可能继续实施预备行为与着手实行犯罪，从而被迫放弃犯罪预备行为。

二、预备犯的处罚

《刑法》第 22 条第 2 款规定："对于预备犯，可以比照既遂犯

犯罪预备的认定

预备犯处罚规则

从轻、减轻处罚或者免除处罚。"

第三节 犯罪未遂

一、犯罪未遂的概念与特征

《刑法》第 23 条规定："已经着手实行犯罪，由于犯罪分子意志以外的原因而未得逞的，是犯罪未遂。"依据这一规定，犯罪未遂具有以下三个特征：

（一）已着手实行犯罪

已着手实行犯罪，是指犯罪分子已开始实施刑法分则所规定的某种具体犯罪的客观方面的实行行为。"着手"标志着犯罪行为已经进入实行阶段。详言之，着手实行犯罪，是指行为人出于刑法分则所规定的某一具体犯罪的故意，开始实行刑法分则所规定的某一具体犯罪客观方面的实行行为，并直接侵害到或者具体威胁到刑法所保护的利益。

判断犯罪分子是否已着手实行犯罪从以下两方面着手：

第一，应当严格根据《刑法》分则条文的规定来确定行为人所实行的行为是否属于刑法分则所规定的实行行为。例如，根据《刑法》第 236 条的规定，强奸罪是指"以暴力、胁迫或者其他手段强奸妇女的"行为，所以，只要行为人开始实施"暴力、胁迫或者其他手段"的行为，或者开始实行强行与妇女性交的行为，就是着手。根据《刑法》第 240 条的规定，拐卖妇女、儿童罪是指"以出卖为目的，有拐骗、绑架、收买、贩卖、接送、中转妇女、儿童的行为之一的"情形，因此，只要犯罪分子开始实行其中的任何一种行为，就是着手实行犯罪。根据《刑法》第 243 条的规定，诬告陷害罪是指"捏造事实诬告陷害他人"的行为，捏造事实诬告陷害他人的行为，必须是行为人以捏造的犯罪事实向司法机关告发，行为人只有捏造犯罪事实的行为，尚未向有关机关告发的，不能认为是已着手实行诬告陷害的犯罪行为。

第二，认定行为人的行为是否已经"着手"，还必须根据行为人实际实行行为的具体方式、方法，结合刑法分则条文的具体规定，本着主客观相一致的原则进行实质的判断。刑法分则规定的具体犯罪的客观方面的行为是抽象的，而实践中犯罪实行行为则是千姿百态、形形色色的。例如，杀人行为可以通过刀砍、斧剁、绳勒、火烧、枪杀、溺杀、扼杀、毒杀、电杀等数也数不清的方式、方法，而每一种方式、方法又可以包括各种不同的具体形式。再如，盗窃行为的对象是财物，但是财物的表现形式是千奇百态的，盗窃的地点是各种各样的，盗窃的具体手段也是五花八门的。针对这些复杂的具体情况，很难确定一个以不变应万变的抽象规则，而只能是本着主客观相一致的原则具体问题具体分析。也就是说，应当主客观统一地把握实行行为及其着手：客观上，行为人已经直接开始实行能够实际损害刑法所保护的法益的行为；主观上，行为人实行犯罪的决意通过客观行为表现出来。一般来说，行为在时空上直接逼近、指向了行为对象，可以直接造成构成要素之结果的发生，可以归入着手之列。例如，枪杀他人的故意杀人案，举枪瞄准被害人的行为只要再稍微进一步，就可以引起危害结果即死亡结果的发生，所以举枪瞄准可以视为故意杀人行为的着手；再如，持刀杀人案件，面对被害人举起刀来，就是犯罪的着手；再如，入室盗窃的，从目光扫描到欲盗窃的财物上时即为着手。

（二）犯罪未得逞

犯罪未得逞，是指行为人的行为停止在犯罪的实行阶段，而没有完全具备刑法分则条文所规定的某种具体犯罪客观罪行方面的全部构成要件。结果犯的未完成的标准是法定的危害结果没有发生；危险犯未完成的标准是足以导致危害结果发生的危险状态没有出现；行为犯未完成的标准是实行行为没有完成。具体来说：

1. 结果犯应以法定的危害结果是否发生作为犯罪是否得逞的标志。例如，故意杀人罪，《刑法》分则规定以死亡的发生作为其完成的标志。行为人实施了杀人行为而未造成死亡结果的，就是杀人未遂。当然，犯罪未得逞并不是说犯罪行为没有造成任何损害结果，而只是说没有造成法律所规定的作为犯罪构成要件的危害结果。对于故意杀人罪来说，行为人未能把被害人杀死，就是杀人未得逞，即使事实上造成了被害人轻伤或者重伤的伤害结果，仍应以故意杀人罪未遂论处。

2. 行为犯应以行为是否完成作为犯罪是否得逞的标志。举动犯，一般不存在完成与未完成形态的区别。举动犯之外的其他行为犯，则应以犯罪实行行为达到一定程度作为犯罪得逞的标志。例如，强奸是以暴力、胁迫等手段强行和妇女发生性交的行为。因此，如果已经着手对妇女实行暴力或胁迫，但未能进一步实施不经过妇女同意而强行性交的行为，或者性交行为没有完成的，就是强奸未得逞。

3. 危险犯应以是否造成了法定的危险状态作为犯罪是否得逞的标志。例如，我国《刑法》第116条规定的破坏交通工具罪，只要破坏行为足以使交通工具发生倾覆、毁坏的危险，即使尚未造成严重后果，也是犯罪既遂。但是，如果刚动手实施破坏行为，就被当场抓住，尚未造成上述严重危险，应该认为是犯罪没有得逞，是破坏交通工具罪的未遂。

（三）犯罪未得逞是由于犯罪分子意志以外的原因

犯罪未得逞是由于犯罪分子意志以外的原因，是指由于犯罪分子意志以外的障碍，犯罪分子被迫停止犯罪，犯罪没有完成即告结束。如果犯罪的停止是出于犯罪分子自己的意思而不是由于意志以外的障碍，就不是犯罪未遂，而是犯罪中止。所以，这一特征是犯罪未遂与犯罪中止相区别的主要标志。

意志以外原因
未遂的主要
情形

二、犯罪未遂的种类

（一）实行终了的未遂和未实行终了的未遂

以犯罪行为实行终了与否为标准，可以把犯罪未遂区分为实行终了的未遂与未实行终了的未遂。

1. 实行终了的未遂，是指犯罪分子已将他认为实现犯罪意图所必要的全部行为实行终了，但由于犯罪分子意志以外的原因而未得逞。例如，甲为了毒死妻子，在妻子的饭里放了毒药。但在吃饭时妻子发现饭有异味，将饭倒掉，幸免于死。甲的犯罪行为就是实行终了的杀人未遂。

2. 未实行终了的未遂，是指犯罪分子还未将他认为实现犯罪意图所必要的全部行为都实行终了，因而未能发生犯罪分子预期的犯罪结果。例如，杀人者正在举刀杀人，被他人抓住手腕，致使其用刀砍人的行为没有实施完毕，属于杀人未遂。

一般来说，实行终了的未遂的社会危害性相对大于未实行终了的未遂，量刑时可以作为情节适当地加以考虑。

（二）能犯未遂和不能犯未遂

以犯罪行为实际上能否达到既遂状态为标准，可以把犯罪未遂区分为能犯未遂与不能犯未遂。

1. 能犯未遂，是指犯罪分子有实现犯罪、达到犯罪既遂状态的实际可能，但由于犯罪分子意志以外的原因，未能得逞。例如，持刀杀人案，行为人举刀杀人，将人砍伤后，欲再次举刀砍人，却被行人抓住。如果不被抓住，行为人完全有可能把人杀死，这就是能犯未遂。再如，枪击杀人案，行为人由于射击准度太差，加之被害人的机智躲闪，行为人射光弹夹中的所有子弹也未能击中被害人，犯罪未遂属于能犯未遂。

2. 不能犯未遂，是指犯罪分子因事实认识错误，其行为不能完成犯罪，不可能达到既遂。其中又可以分为两种情况：①工具不能犯的未遂，即犯罪分子使用了按客观性质不能产生犯罪分子所追求的犯罪结果的工具，以致犯罪未得逞。例如，把白糖当作砒霜投毒杀人，在任何情况下都绝不可能发生死亡结果。②对象不能犯的未遂，即犯罪分子行为所指向的对象当时并不存在，或因具有某种属性而不能达到犯罪既遂。例如，误以兽为人而开枪射击，事实上不可能达到杀人既遂。在上述不能犯未遂的情况下，根本不可能把人杀死，为什么还要作为犯罪未遂追究刑事责任呢？这是因为，在不能犯未遂的情况下，行为人的犯意已经外化为行为，行为人主观上也具有明显的犯罪故意，仅仅因为方法不当或者目标错误而未能发生法定之危害结果。不能犯未遂同时具备了客观罪行和主观罪过，这决定了不能犯未遂具有一定的社会危害性，这正是不能犯未遂承担刑事责任的根据。更进一步讲，尽管行为人的危害行为在当时的具体条件下不会发生危害结果，但是一般人依据自然因果法则抽象地判断，行为人不发生事实认识错误，行为具有发生法定危害结果的危险性，而一般人对于行为人的行为也会感到恐惧，因而有必要动用刑法加以处罚。

在一般情况下，能犯未遂的社会危害性大于不能犯未遂，量刑时应该作为情节适当地加以考虑。

三、犯罪未遂的处罚

《刑法》第23条第2款规定："对于未遂犯，可以比照既遂犯从轻或者减轻处罚。"刑法对未遂犯采取得减主义的处罚原则，而没有采取同等主义，即对未遂犯与既遂犯一视同仁，处以同等刑罚；也没有采取必减主义，即对未遂犯一律比照既遂犯处以较轻的刑罚。这是因为，与既遂相比，犯罪未遂在客观上未造成危害结果或未完成犯罪行为，在主观上犯罪意图未能全部实现，因而在其他因素大致相同的情况下，犯罪未遂的危害性一般小于犯罪既遂。

第四节　犯罪中止

一、犯罪中止的概念与特征

《刑法》第24条第1款规定："在犯罪过程中，自动放弃犯罪或者自动有效地防止犯罪结果发生的，是犯罪中止。"依据这一规定，犯罪中止有以下四个基本特征：

（一）在犯罪过程中

这是犯罪中止的时间性。所谓犯罪过程，这里特指从预备犯罪到犯罪完成的全过程。只要这个过程尚未结束，犯罪尚未完成，都可以成立犯罪中止。反之，则不能成立。犯罪中止可以发生在犯罪预备阶段，也可以发生在犯罪实行阶段。至于犯罪是否已经完成而处于完成状态，要以刑法分则条文所规定的各种犯罪的完成形态为标准进行判断。行为犯、危险犯、结果犯的完成形态都不相同，必须依照刑法的规定，分清各种不同情况，才能正确确定某种犯罪是否已经完成。对犯罪完成后犯罪分子采取的补救措施或者悔改表现，如把盗窃得来的东西再放回原处或者赔偿被害人的损失，都不是犯罪中止，但可以作为量刑时酌情从轻处罚的情节。

（二）自动地中止犯罪

这就是犯罪中止的自动性。所谓自动性，是指犯罪分子在其意志与行为自由的情况下，出于自我的意愿而停止犯罪活动，或者防止危害结果的发生。如果是由于外力强制，而不得不中止，就不是自动中止，不具有自动性。犯罪分子中止犯罪的自动性，是犯罪中止与犯罪预备、犯罪未遂之间区别的关键。犯罪分子在犯罪过程中，"能达目的而不欲"，即能够完成犯罪预备行为并进而着手实施犯罪，或者能够完成犯罪行为，而犯罪分子自己不想再继续实施犯罪的，是犯罪中止。反之，"欲达目的而不能"则是犯罪未遂或者犯罪预备。

犯罪分子中止犯罪的动机可能是多种多样的，例如，对被害人的同情或怜悯，内心的谴责、突然悔悟，对受刑罚制裁的恐惧，等等，无论出于何种动机，只要中止犯罪出于犯罪分子自己的意愿，是犯罪分子的自主决定，都可成立犯罪中止。

应当指出的是，犯罪分子停止犯罪的决定多与犯罪过程中来自外界的刺激或影响有着密切的联系，例如，被害人的苦苦哀求，被害人许诺事后给予行为人某种利益，第三人的规劝，等等，只要这些外界事物的存在对停止犯罪并没有起到强制作用，停止犯罪仍然是出于犯罪分子的自愿，是犯罪分子的自主决定，就是自动中止。但是，如果这种外界的刺激或影响，对犯罪的停止已起到强制的作用，即犯罪分子已把它视为继续进行犯罪的障碍而被迫停止犯罪，就不是自动中止犯罪。也就是说，外界的影响是否对犯罪分子停止犯罪起着强制作用，犯罪分子中止犯罪是否属于自主决定，是衡量是否具有自动性的标准。例如，行为人着手实行强奸时，由于被害人的呼救或见到巡警而仓皇逃走，这就不是自动中止；见被害人正来月经而失去犯罪兴趣，属于犯罪中止，但是因受被害人的吓唬、害怕感染艾滋病而放弃继续犯罪，则属于犯罪未遂。

行为人主动中止客观上不能达成既遂状态之犯罪行为（"客观上不能之中止"）与主动中止可以达成既遂状态之犯罪行为（"阻止既遂之中止"）具有同样的法律效果，是犯罪中止，不能以未遂论。也就是说，尽管犯罪行为客观上不可能进行到底进而完成犯罪，但是行为人在犯罪过程中自认为有可能将犯罪进行到底，并主动放弃犯罪行为的，也应该认为是犯罪中止。这是因为，客观上不能达成既遂之犯罪行为的危险性远低于可以达成既遂之犯罪行为；主观上行为人真心悔悟、放弃犯罪，与有效阻止犯罪行为可达成既遂状态的中止相比并无本质区别，认定为犯罪中止，有利于鼓励犯罪人积极中止犯罪行为。同样的道理，自动中止不可能进入到着手实行阶段的预备行为，也成立犯罪中止。例如，甲持刀前往乙家欲入户抢劫，半路打消抢劫念头。实际上这天乙出差在外地，即使他去了也不可能着手实行抢劫。甲并不知道乙不在家，还是自动放弃实行入户抢劫，应该认定为抢劫预备阶段的犯罪中止。

因为意志以外的原因未能着手实行犯罪而再次实施同一犯罪预备行为，或者犯罪未得逞而再次着手实行犯罪，行为人自动中止犯罪的，仍然可以成立犯罪中止。以前述抢劫预备为例，甲来到乙的家门口，敲门发现乙不在家，未能着手实行抢劫行为；隔天后，甲再次持刀前往乙家，半路打消抢劫念头，甲的行为依然成立预备阶段的犯罪中止。同样的道理，行为人已经着手实行犯罪，由于意志以外的原因而未得逞,再次实行犯罪的过程中自动中止犯罪的,也可以成立犯罪中止。当然,因群众、被害人制止或者警察抓捕等原因,行为人没有机会再次实行犯罪行为的,则事实上不再存在成立犯罪中止的可能。

（三）彻底地而不是暂时中止犯罪

这是犯罪中止的彻底性。彻底性,是指犯罪分子决心今后不再继续实施其已经放弃的犯罪活动。如果犯罪分子认为条件不成熟、时机不到而暂时停止犯罪活动,等待机会以后再继续进行的,这只是犯罪的暂时中断,而不是犯罪中止。犯罪中止的彻底性要求有证据证明：行为人客观上有中止行为,即犯罪过程中停止犯罪；主观上放弃犯罪意图,消除犯罪故意。中止行为表现为两种：①消极的犯罪中止,行为人只要停止继续实施犯罪行为,有效地阻止犯罪进程,犯罪即告中止。例如,行为人实施了暴力、威胁行为,但是自动停止了强行性交行为,强奸犯罪即告中止。②积极的犯罪中止,行为人以积极有效的行为阻止犯罪结果的发生,这种犯罪中止一般出现在结果犯的场合。

放弃重复侵害
行为的定性

（四）自动放弃犯罪或有效地防止犯罪结果的发生

这是犯罪中止的有效性。有效性,是指行为人自动放弃犯罪或有效地防止犯罪结果的发生。自动放弃犯罪,是指自动停止继续进行犯罪活动,包括停止进行犯罪的预备行为和犯罪的实行行为。理论上,前者可以称为预备中止,后者可以称为实行中止。一般说来,前者比后者离犯罪的完成更远,表明犯罪分子的人身危险性和犯罪行为的社会危害性都较后者更小,且没有危害结果的发生,应当免除处罚。

有效地防止犯罪结果的发生,并不是指由于犯罪中止而必然导致结果不发生,而是指这样一种特殊情况,即有些危害结果并不是犯罪行为实行终了就立即发生,而是需要一个过程,在这一过程中,犯罪分子采取积极的行为,有效地防止结果的发生。例如,投毒杀人案件,行为人投毒后积极送被害人到医院抢救,挽救了被害人的生命,这就是有效地防止结果的发生。这是犯罪中止的一种特殊情况,一般只存在于结果犯的场合。其特点是：

1. 足以导致结果发生的犯罪行为已经实行终了。

2. 法定的危害结果尚未发生。如果已发生了法定的危害结果,就是既遂,不可能再成立犯罪中止。

3. 危害结果不发生是由于行为人采取了防止结果发生的行为或措施。如果行为人没有采取防止结果发生的行为或措施，或者其采取的行为和措施与危害结果没有发生之间没有因果关系，除非是前面说的"客观上不能之中止"，原则上不成立犯罪中止。当然，防止结果发生的行为并不限于行为人亲自实施，也包括行为人支配他人实施的阻止危害结果发生的行为。例如，在故意杀人案中，行为人请医生抢救，或请人代为送医院急救，从而阻止死亡结果发生的，应认为是行为人采取了积极的中止行为防止了危害结果的发生。

二、犯罪中止的种类

（一）预备中止和实行中止

根据犯罪中止的时间，可以将犯罪中止区分为预备阶段的中止和实行阶段的中止。

1. 预备中止，是指在犯罪的预备过程中自动地中止预备活动。例如，准备凶器要去杀人，后来内心悔悟了，打消了杀人的意念，中断了杀人预备活动，因而未着手实行杀人行为。

2. 实行中止，是指在犯罪的实行过程中自动地中止了实行行为。例如，在杀人过程中，已经将被害人砍伤，见被害人痛苦呻吟的惨象，产生了怜悯之心，中止了杀人行为。

预备阶段的中止与实行阶段的中止的社会危害性显然有所不同，预备中止明显轻于实行中止，实行中止相对重于预备中止，定罪量刑时应加以考虑。预备阶段的中止，原则上可以不追究刑事责任。

（二）消极中止和积极中止

根据对行为人中止犯罪行为的具体要求，可以将犯罪中止区分为消极中止和积极中止。

1. 消极中止，是指在犯罪未实行终了的情况下，停止继续实施犯罪行为，这是犯罪中止的典型形式。在这种情况下，需要强调的是中止犯罪的彻底性，即必须是彻底地打消了继续或再次侵犯同一客体的意图，而不是暂时停止、伺机再次侵犯。

2. 积极中止，是指在犯罪行为已经实行终了而犯罪结果尚未发生的情况下，有效地防止犯罪结果的发生，这是犯罪中止的特殊形式。在这种情况下，需要强调的是防止犯罪结果发生的有效性。

如果犯罪分子虽然采取了积极的行为，但并未有效地防止犯罪结果的发生，犯罪分子仍然要负犯罪既遂的刑事责任，不能视为犯罪中止。

三、犯罪中止的处罚

《刑法》第24条第2款规定："对于中止犯，没有造成损害的，应当免除处罚；造成损害的，应当减轻处罚。"

这里所说的"损害"，是指犯罪分子所中止之犯罪的法定危害结果以外的刑法意义上的危害结果。例如，自动中止故意杀人行为，避免了死亡结果的发生，也没有发生其他刑法意义上的危害结果（例如重伤、轻伤）的，应当免除处罚，即使有自然意义上的损害结果，如轻微伤，也应当免除处罚；客观上造成了伤害他人的结果——轻伤、重伤，仍然属于故意杀人的犯罪中止，应当减轻处罚。

我国刑法对于犯罪中止采取必减主义的处罚原则，是因为犯罪中止的客观危害明显较小，甚至为行为人所有效避免，行为人的主观恶性大为减小。对犯罪中止实行必减主义的处罚原则，有利于鼓励犯罪人中止犯罪，减轻甚至避免实际的损害。

第九章
问题与思考

第九章
课后练习题

第十章 共同犯罪

📖 **本章知识结构图**

共同犯罪 ┤
- 共同犯罪概述 ⇨ 概念、特征
- 成立条件 ⇨ 主体要件、主观要件、客观要件
- 形式 ⇨ 三类六种共同犯罪形式
- 共同犯罪人的分类 ┤
  - 主犯的概念及其刑事责任
  - 从犯的概念及其刑事责任
  - 胁从犯的概念及其刑事责任
  - 教唆犯的概念及其刑事责任

第一节 共同犯罪概述

共同犯罪是单独犯罪的对称。共同犯罪具有不同于单独犯罪的特点，是犯罪的一种特殊形态。与单独犯罪相比，共同犯罪是一类复杂的犯罪形态，各个共同犯罪人对于犯罪的贡献不同，所以，刑法对共同犯罪及其处罚作了专门规定。

一、共同犯罪的概念与特征

《刑法》第 25 条第 1 款规定，共同犯罪是指二人以上共同故意犯罪。

共同犯罪及其处罚，原则上由刑法总则加以规定，刑法分则不必要（实际上也难以）对各种具体犯罪的共同犯罪形态及其处罚均作出具体规定。但是，在特殊情况下，刑法分则对个别具体犯罪的共同犯罪作出了特别规定。例如，一些聚众犯罪本身就是共同犯罪，而且只能是共同犯罪。再如，《刑法》分则将组织卖淫罪与协助组织卖淫罪规定为两种具体犯罪，所以，协助他人组织卖淫者并不与组织他人卖淫者构成共同犯罪，应当直接适用《刑法》分则

共同犯罪、共犯的多重含义

的特别规定定罪量刑。

与单独犯罪相比，共同犯罪具有以下主要特征：

（一）二人以上

共同犯罪一定是二人或者二人以上，二人以上是指两个以上的自然人或者单位。自然人必须是达到刑事责任年龄并有刑事责任能力的人。单位主要是具有法人资格的单位，虽然不具有法人资格但是能够独立享受民事权利、承担民事义务的分支机构也可以成为共同犯罪的实施者。

司法实践中，需要注意以下几点：

1. 如果两个以上的自然人实施危害社会的行为，其中只有一个人达到刑事责任年龄、具有刑事责任能力，其他人都未达到刑事责任年龄或者不具有刑事责任能力，则不能构成共同犯罪。例如，达到刑事责任年龄、具有刑事责任能力的人，利用未满14周岁的人或者无刑事责任能力的精神病人犯罪，不构成共同犯罪，达到刑事责任年龄、具有刑事责任能力的行为人是实行犯，刑法理论上也称之为间接实行犯，未成年人或者精神病人只是犯罪人实行犯罪的工具——无罪的代理工具。

2. 自然人与单位之间也可以构成共同犯罪。但是，在单位构成犯罪的情况下，该单位与单位内部的自然人，即直接负责的主管人员及其他直接责任人员之间不构成共同犯罪，单位内部直接负责的主管人员及其他直接责任人员之间也不以共同犯罪认定。

3. 对于身份犯来说，不符合犯罪构成要件之特定身份要求的人，单独不能构成身份犯，但是可以与具有特定身份的人实施共同犯罪，构成特定的身份犯。例如，无国家工作人员身份的人教唆国家工作人员收受贿赂，或者代国家工作人员收受、索要他人财物的，构成受贿罪的共犯。再如，《刑法》第382条规定，与国家工作人员勾结，伙同贪污的，以共犯论。但是，有关司法解释并没有完全坚持这一原则。例如，对于公司、企业或其他单位中不具有国家工作人员身份的人与国家工作人员勾结，分别利用各自的职务便利，共同将本单位财物非法占为己有的，按照主犯的犯罪性质定罪。[1]

---

[1] 2000年6月30日发布的《最高人民法院关于审理贪污、职务侵占案件如何认定共同犯罪几个问题的解释》。

(二) 共同

1. 共同的犯罪行为。共同犯罪人为了完成一个共同的犯罪，他们的犯罪行为紧密联系、互相配合，每个共同犯罪人的犯罪行为都是共同犯罪活动的有机组成部分，犯罪行为具有共同性，这是共同犯罪之客观方面的最基本特征，也是共同犯罪区别于单独犯罪的重要特征之一。共同犯罪行为，既可以表现为共同的作为，也可以表现为共同的不作为，还可以表现为作为与不作为的结合。

所谓共同的犯罪行为，或者说犯罪行为的共同性，是指共同犯罪作为一个整体充分地符合某一具体犯罪的构成要件，司法人员可以在整个刑事案件中找到构成刑法分则所规定的某一具体犯罪所不可缺少的全部构成要件，并且找不到任何正当化事由。也就是说，所有共同犯罪人的行为总和（凑）在一起，能够满足刑法分则具体犯罪罪状所要求具备的实行行为、行为对象、行为结果、因果关系等客观要件。所以，就共同犯罪的客观罪行而言，所有共同犯罪人的行为结合在一起，符合具体犯罪的构成要件，这与单独犯罪没有什么本质区别。不同的是：共同犯罪中行为的实际内容事实上常常明显多于单独犯罪，主要是多出了教唆、帮助行为，由此也就产生了教唆、帮助行为为什么具有可罚性的问题，还多出了组织、指挥、领导共同犯罪的组织行为；就单个犯罪行为人而言，与单独犯罪相比又会少了一些东西，教唆犯、帮助犯根本没有参与共同犯罪的实行，部分参与犯罪实行的人，其实行的行为往往也不能单独构成犯罪。但是，共同犯罪作为一个整体，各个共同犯罪人的行为总和（凑）起来与作为构成要件的实行行为一致，共同犯罪就具备了实行行为，这也就是各个共同犯罪人所共同实行的犯罪行为，是危害结果发生的原因，每一个共同犯罪人都要对这一共同犯罪实行行为及其产生的后果负责，无论其实际贡献是大还是小。对于整个共同犯罪来说，共同犯罪的性质（主要是罪名）取决于实行行为，实行行为是共同犯罪的中心行为，是共同犯罪的关键，帮助、教唆行为是共同犯罪的边缘行为、从属行为。概言之，所有共同犯罪人的危害行为结合在一起能够充分地满足具体犯罪的罪行要求，这是成立共同犯罪的客观基础。而且，不论整体上多出了什么，也不论每个人的危害行为与单独犯罪相比少了什么，均不影响共同犯罪的构成。

共同犯罪行为按照各共同犯罪人分工的不同，可以区分为实行行为、教唆行为、帮助行为等。共同犯罪中的实行行为,是指实行刑法分则罪状所规定的能够直接造成法益损害结果的行为。直接指挥、策划、领导共同犯罪的组织行为,也属于实行行为。教唆行为是指引起他人实行犯罪的决意从而促成其犯罪的行为。帮助行为是指为其他共同犯罪人实行犯罪提供工具、创造便利条件的行为。对于结果犯来说,共同犯罪危害结果发生的客观原因是共同犯罪人的共同实行行为(一人单独的或者二人以上共同的实行行为),而不是教唆、帮助行为。司法实践中,无需认定教唆、帮助行为与共同犯罪的危害结果之间是否有因果关系,只需查清楚共同实行行为与危害结果之间是否存在因果关系,以及教唆、帮助行为是否促成了实行犯实行犯罪行为。对于全体共同犯罪人来说,不论其个人实行行为是否能够独立地符合犯罪的构成要件,不论其实行行为对于危害结果发生的贡献大小,也不论其实施的危害行为的性质是主是从,都应当对整个共同犯罪负责。

2. 共同的犯罪故意。在共同犯罪中,每个共同犯罪人不仅认识到自己在实施某种犯罪,而且认识到还有其他共同犯罪人和自己一起在共同实施这种犯罪。每个共同犯罪人对他们共同犯罪行为会发生的结果都明知并且希望或者放任这种结果的发生。

认定共同犯罪时需要特别注意,下列情形不成立共同犯罪:

(1) 二人以上共同过失犯罪,不以共同犯罪论处。对此,《刑法》第25条第2款明确规定:"二人以上共同过失犯罪,不以共同犯罪论处;应当负刑事责任的,按照他们所犯的罪分别处罚。"

(2) 故意犯罪行为与过失犯罪行为之间不成立共同犯罪。

(3) 二人以上的故意犯罪行为客观上有着密切的联系,但是行为人之间主观上并无意思联络的,不构成共同犯罪。

(4) 共同犯罪过程中,有的共同犯罪人超出共同犯罪故意范围,单独实行了其他犯罪的,其他共犯罪人对此缺乏共同犯罪故意,不以共同犯罪论。

(5) 事前无通谋的窝藏、包庇、窝赃、销赃行为,不构成共同犯罪;事前有通谋的,构成共同犯罪。

二、共同犯罪的形式

共同犯罪的形式,是指二人以上共同犯罪的结构形式。

(一) 任意共同犯罪与必要共同犯罪

刑法分则规定的一个人能够单独实施的犯罪，实际上由二人以上共同故意实施的，是任意共同犯罪。例如，故意杀人罪、强奸罪、抢劫罪等许多犯罪，既可以由一人单独实施，也可以由二人以上共同故意实施，如果这些犯罪实际上是由二人以上共同故意实施的，就是任意共同犯罪。刑法规定的大多数犯罪都是一个人能够单独实施的犯罪，这些犯罪实际上也可以由二人以上共同故意实施。

刑法分则明文规定必须由二人以上共同故意实施的犯罪，是必要共同犯罪，如《刑法》第268条规定的聚众哄抢罪、第317条规定的聚众持械劫狱罪，必须由多人实施，而不可能由一个人单独实施。这类犯罪是必要共同犯罪，共同犯罪人区分为首要分子、积极参加者、其他参加者。原则上并不需要适用刑法总则关于共同犯罪的规定。需要说明的是：在我国的刑法和实际生活中，聚众犯罪多数表现为共同犯罪，但是我国刑法规定的聚众犯罪并非均属于必要共同犯罪。例如，《刑法》第291条规定的聚众扰乱公共场所秩序、交通秩序罪，《刑法》规定只处罚首要分子，在首要分子只有一人的情况下，不能形成共同犯罪，在首要分子有多人的情况下，可以构成共同犯罪；《刑法》第290条规定的聚众扰乱社会秩序罪、聚众冲击国家机关罪，第292条规定的聚众斗殴罪，《刑法》规定处罚首要分子和其他积极参加者，在首要分子只有一人而无其他积极参加者的情况下，也不构成共同犯罪。

(二) 事前有通谋的共同犯罪与事前无通谋的共同犯罪

着手实施犯罪之前，各个共同犯罪人已经形成了共同犯罪的决意，是事前有通谋的共同犯罪。通谋，是指各共同犯罪人在实行犯罪之前就共同犯罪进行了对议，实践中一般表现为各共同犯罪人就实行犯罪进行了较长时间的策划、商议，以及实施了为实行犯罪准备工具、制造条件的行为。事前有通谋的共同犯罪的危害性和危险性相对更大。

着手实施犯罪之前，各共同犯罪人没有形成共同犯罪的决意，而在着手实施犯罪时临时形成共同犯罪故意，或者一人在犯罪实施过程中有其他人参与犯罪的情形，是事前无通谋的共同犯罪。一般来说，事前无通谋的共同犯罪在实施共同犯罪前没有策划、商议，犯罪决意形成之后，各共同犯罪人立即实施了共同犯罪行为，主观罪责相对较轻，所以，事前无通谋的共同犯罪的危害性和危险性相对较小。

（三）一般共同犯罪与特殊共同犯罪

一般共同犯罪形态，是指二人以上为实施特定犯罪而事前或临时结合的无特殊组织形式的共同犯罪。现实中的大部分共同犯罪表现为一般共同犯罪。

一般共同犯罪又可以进一步区分为简单共同犯罪与复杂共同犯罪。简单共同犯罪，是指在共同犯罪中所有犯罪人都直接实行了刑法分则条文所规定的构成要件的行为的共犯形态。复杂共同犯罪，是指包括实行行为与非实行行为的共同犯罪，换言之，各共同犯罪人并非都是实行犯，而是存在着实行犯与教唆犯、帮助犯等共犯种类的区分。

特殊共同犯罪形态，是指在共同犯罪中，各个共同犯罪人已结合为犯罪组织即犯罪集团的共犯形态。

犯罪集团，是指3人以上为共同实施犯罪而组成的较为固定的犯罪组织。其特征是：①人数是3人以上；②具有一定的组织性；③具有共同实施某种或某几种犯罪的目的性；④具有相对的固定性；⑤具有严重的社会危害性。集团犯罪或者有组织犯罪不仅仅人多势众，更重要的是组织体具有远高于个人的整体功能，有组织犯罪的危害性和危险性远高于个人单独犯罪，所以，犯罪集团是刑法所打击的重点。

犯罪集团可以进一步划分为一般犯罪集团与特殊犯罪集团。我国《刑法》第26条第2款规定了犯罪集团的概念，这是我国刑法对犯罪集团的一般规定，可以称之为一般犯罪集团。我国刑法分则所特别规定的犯罪集团，如《刑法》第120条规定的恐怖活动组织、第294条规定的黑社会性质组织、黑社会组织等，则可以视为特殊犯罪集团。

第二节　共同犯罪人的种类及其刑事责任

一、共同犯罪人的分类标准

由于各个共同犯罪人在共同犯罪中的地位、作用和分工有所不同，为了规定各个共同犯罪人的刑事责任，必须依据一定的标准，对共同犯罪人进行科学的分类。古今中外，共同犯罪人的分类各不相同，归纳起来，共同犯罪的分类标准有两种：①以行为人在共同犯罪中的分工为标准进行的分类，简称分工分类法。世界上多数国家对共同犯罪人的分类采取分工分类法。例如,以此标准可以将共同犯罪人分为正犯与从犯两类,从犯又包括教唆从犯与帮助从犯,或者将共同犯罪人分为正犯、教唆犯、帮助犯三类,或者区分为实行犯、组织犯、教唆犯和帮助犯四类。以分工分类标准分类,有助于区别实行行为与非实行行为,有利于准确地定罪,定罪之后再区分不同的犯罪人。②以犯罪分子在共同犯罪中的作用为标准对共同犯罪人分类,简称作用分类法。以作用分类标准分类,有助于区别各个共同犯罪人对于共同犯罪贡献的大小,从而有利于量刑。

1979年《刑法》以前的司法实践,主要根据各个共同犯罪人在共同犯罪中作用的大小,区分其刑事责任。刑法对共同犯罪人的分类,以惩办与宽大相结合的刑事政策为根据,对犯罪分子区别对待,突出了作用分类标准,同时考虑到分工分类标准的必要性,规定了主犯、从犯、胁从犯和教唆犯四种共同犯罪人。其中,主犯、从犯、胁从犯是以作用分类标准对共同犯罪人所作的分类。按分工分类标准,共同犯罪人可以区分为实行犯、帮助犯、教唆犯,我国《刑法》规定了教唆犯,而没有明确规定实行犯和帮助犯。

二、共同犯罪人的作用分类

(一) 主犯

主犯,是指组织、领导犯罪集团进行犯罪活动或者在共同犯罪中起主要作用的犯罪分子。主犯有以下两种情况:

1. 在犯罪集团中起组织、领导作用的犯罪分子,也就是组织犯,是首要分子的一种。

2. 其他在共同犯罪中起主要作用的犯罪分子,包括集团犯罪的积极参加者,一般犯罪集团中起主要作用的实行犯、教唆犯等。

依据《刑法》第26条第3、4款的规定,对于主犯的处罚,区分以下两种情况:

1. "对组织、领导犯罪集团的首要分子,按照集团所犯的全部罪行处罚。"(《刑法》第26条第3款)组织、领导犯罪集团的首要分子,对于整个犯罪集团具有领导权与支配力,所以,即使没有直接参与或者具体组织、指挥所有的犯罪,也需要对整个集团的全部犯罪负责。当然,犯罪集团成员个人实施的集团犯罪(性质、宗旨、活动)之外的犯罪,首要分子不负责任,应当由该成员个人承担刑事责任。

2. 犯罪集团的首要分子以外的其他主犯（包括一般共同犯罪中的主犯），"应当按照其所参与的或者组织、指挥的全部犯罪处罚"（《刑法》第 26 条第 4 款）。在集团犯罪中，犯罪集团的首要分子以外的其他主犯，不对整个犯罪集团的全部犯罪负责。

（二）从犯

从犯，是指在共同犯罪中起次要作用或者辅助作用的犯罪分子。

从犯需要对自己参与的所有犯罪负责，但是，不必对共同犯罪的全部犯罪负责。至此，可以看出首要分子、（一般）主犯、从犯刑事责任上的明显差异。从犯有以下两种情况：

1. 在共同犯罪中起次要作用的从犯，即在共同犯罪中起次要作用的实行犯、教唆犯，与主犯相比，在共同犯罪中所起作用相对较小。

2. 在共同犯罪中起辅助作用的从犯，即没有直接参加犯罪的实行，而是以各种不同的方式帮助实行犯，促成犯罪完成的帮助犯。由于帮助犯在共同犯罪中只是居于辅助性的地位，因此不可能起主要作用，只能是从犯。

《刑法》第 27 条第 2 款规定，对于从犯，应当从轻、减轻处罚或者免除处罚。

司法实践中，对于从犯来说，其对于共同犯罪罪行贡献的大小以及罪责的程度不影响其对其参与的全部犯罪负责，但是会影响法官选择从轻、减轻还是免除处罚。1979 年《刑法》第 24 条规定，对于从犯，应当比照主犯从轻、减轻或者免除处罚。1997 年《刑法》取消了"比照主犯"的限制，也就是说，对于从犯，量刑不再考虑比照主犯，而需要在从犯自己参与的所有犯罪的范围内予以从轻、减轻或者免除处罚。

单位犯罪属于单位整体犯罪，而不是单位中直接负责的主管人员和其他责任人员的共同犯罪。所以，单位犯罪中的直接负责的主管人员和其他直接责任人员，不应区分主犯与从犯。对此，有司法解释加以明确："在审理单位故意犯罪案件时，对其直接负责的主管人员和其他直接责任人员，可不区分主犯、从犯，按照其在单位犯罪中所起的作用判处刑罚。"[1] 司法解释并不完全禁止刑事判决

---

[1] 2000 年 9 月 30 日发布的《最高人民法院关于审理单位犯罪案件对其直接负责的主管人员和其他直接责任人员是否区分主犯、从犯问题的批复》。

区分主犯与从犯。所以,审判实践中有刑事判决对于单位犯罪的直接负责的主管人员和其他直接责任人员作主犯与从犯的区分。[1]

实践中,如果主犯没有法定的减轻情节,从犯的实际处罚一般会轻于主犯,但是,在单位与自然人构成共同犯罪且单位是主犯的情况下,由于单位犯罪与自然人犯罪定罪量刑的标准不同,单位直接负责的自然人所受到的刑罚处罚,可能会轻于自然人从犯所受到的刑罚处罚。

(三)胁从犯

胁从犯,是指被胁迫参加犯罪的犯罪分子。

被胁迫是指行为人精神上受到一定程度的强制,不完全自愿,但并没有完全丧失意志自由。人身受到完全强制而没有履行职务、职责的人,不是胁从犯,不构成犯罪。

《刑法》中专设"胁从犯",是我国以往革命年代"首恶必办、胁从不问、立功折罪、立大功受奖"政策在刑法上的体现。在共同犯罪中,胁从犯处于被动地位,罪行较轻,罪责比从犯还要轻一点。所以,《刑法》第28条规定,对于被胁迫参加犯罪的,应当按照他的犯罪情节减轻处罚或者免除处罚。

三、共同犯罪人的分工分类

(一)实行犯

实行犯是共同犯罪中直接从事犯罪实行行为的人。

亲自实行犯罪构成要件行为的人是直接实行犯。直接实行犯可能是一人单独实行,也可能是二人以上共同实行。一人单独实行犯罪的,若无他人实施教唆、帮助行为,是单独犯罪,不是共同犯罪;二人以上共同实行,本身就是共同犯罪,是共同实行犯罪,即二人以上参与了犯罪的实行。组织、领导、指挥犯罪实行行为的,无论是否亲自实行犯罪,均是实行行为之一部分,而且是危险性更大的实行行为。

在我国刑法中,按照在共同犯罪中所起的作用进行区分,实行犯可能是主犯、从犯、胁从犯。

(二)帮助犯

帮助犯,是指没有直接参与共同犯罪的实行行为,而是向共同犯

---

[1] 参见2001年1月21日发布的最高人民法院《全国法院审理金融犯罪案件工作座谈会纪要》。

罪实行行为人提供帮助的人。帮助行为，包括物质帮助与精神帮助两种。物质帮助，是指提供犯罪工具、制造犯罪条件。以故意杀人的帮助行为为例，帮助行为包括提供凶器给杀人者、提供被害人行踪信息、杀死被害人看家护院的猎狗等。精神帮助，是指从精神上鼓励、支持已经有犯罪决意的人实行犯罪。例如，冲着正在实行杀人、伤害、强奸的犯罪人大喊"加油！加油！"来鼓励、激励他人完成犯罪。

帮助行为是帮助他人实行犯罪的行为，是从行为，与实行行为共同构成犯罪，当然，刑法分则有特别规定的除外。例如，《刑法》第358条规定的协助组织卖淫的，不与组织卖淫者构成组织卖淫罪的共犯，而成立单独犯，有自己单独的罪名——协助组织卖淫罪，与组织卖淫罪相对应。这是将共犯形式化为实行犯，是实质上的帮助犯，形式化的实行犯。具体来说，如果没有协助组织卖淫罪的立法规定，协助他人组织卖淫的行为，是帮助犯，构成组织卖淫罪的共犯——共同犯罪。一定要注意：构成帮助犯，必须具有帮助他人实行犯罪的帮助行为和帮助故意。仅有帮助他人犯罪预备的单方的行为和意思，而不是帮助他人犯罪实行行为的，不构成共同犯罪，也不是狭义的共犯，原则上不具有可罚性。例如，杀人犯打的前往杀人现场，出租车司机在与其言谈之中发现乘车人正在赶往犯罪现场前去杀人，依然将其拉到犯罪现场并收取出租车费的，不构成共同犯罪，也不是片面共犯，没有可罚性；假设司机与杀人犯在车上进行犯罪意思沟通、联络而形成故意杀人通谋，那么出租车司机与杀人犯之间构成共同犯罪；再假设出租车司机见杀人犯开始杀人而暗中加以帮助的，出租车司机与杀人犯之间不构成共同犯罪，但是构成片面帮助犯，应当承担刑事责任。帮助行为的本质是间接加功于犯罪实行行为，便利他人实行犯罪，让他人犯罪相对容易，从而有助于犯罪的完成，若是对他人实行犯罪没有加功的作用和意义，反而降低了犯罪实行行为的社会危害和危险性的，不是帮助行为，例如，甲决意杀死仇人丙的全家，乙劝说杀死仇人丙一人即可，乙不构成共犯。但是，乙随后为甲杀丙提供凶器的，构成帮助犯。

帮助行为只能存在于他人实行犯罪的过程之中，他人已经完成犯罪的，不再有帮助犯存在的余地。犯罪既遂之后（事后）的帮助行为，不成立帮助犯，成立其他犯罪。当然，事前有通谋的，仍然以共同犯罪论。

就帮助犯在共同犯罪中的作用而言，帮助犯属于从犯。

"帮助"一词的不同含义

（三）教唆犯

教唆犯，是指故意教唆他人实行犯罪行为的人。教唆犯罪的成立，应具备以下两个基本条件：

1. 客观上实施了教唆他人实行犯罪的教唆行为，引起他人实行特定之犯罪的决意进而实施了刑法分则所规定的犯罪。教唆行为的客观本质在于向犯罪方向引导、影响他人的意志，引起、促成被教唆人进行犯罪的决意进而实施刑法分则所规定的犯罪。被教唆人早已存在犯罪决意的，教唆犯没有成立的余地；教唆行为具有心理帮助性质的，可以构成帮助犯。教唆行为的具体方式、方法，刑法并无限制，可以是明示的，也可以是暗示的，实际中是各种各样的，有口头教唆、书面教唆以及动作示意等。语言通常是教唆行为的主要方式，更为具体地表现为要求、提议、建议、劝告、哀求、勾引、收买、怂恿、指示、煽动、胁迫等。

教唆对象是特定的人，可以是一个人，也可以是多个人。教唆犯罪不是独立的犯罪，刑法可以将教唆他人（主要是向不特定的人）实施特定的犯罪乃至于特定的违法行为规定为犯罪，但是不能将"教唆他人犯罪"在刑法分则中直接规定为犯罪，因为教唆犯罪是一种从行为，不是实行行为，不能独立存在，它以实行行为的存在为前提，只能存在于共同犯罪之中。

教唆的内容是特定的犯罪，即教唆他人实行并完成刑法分则所规定的具体犯罪。教唆他人实施违法行为的，不构成犯罪，不属于教唆犯。但是，《刑法》也有特别规定，如《刑法》第353条规定的引诱、教唆他人吸毒罪，第359条规定的引诱卖淫罪等，吸毒、卖淫均属于违法行为而不属于犯罪行为，但是，教唆他人实施上述违法行为的则构成犯罪，属于特殊的单独犯罪，而不是共同犯罪。再如，《刑法》第306条规定的辩护人、诉讼代理人在刑事诉讼中引诱证人违背事实改变证言或者作伪证的（如前所述，本罪还包括帮助当事人毁灭、伪造证据的行为），《刑法》第307条第1款规定的指使他人作伪证的（如前所述，本罪还包括帮助当事人毁灭、伪造证据的行为），教唆行为可以单独构成犯罪。

教唆行为与共谋不同。共谋，即二人对议如何实行犯罪，不存在谁教唆谁的问题，属于共同犯罪的预备，不属于教唆。在共谋的场合，所有的共同犯罪人均已经产生犯罪的决意，犯罪人之间商议、讨论的内容是如何实行犯罪，但是尚未着手实行犯罪，处于共同犯罪的预备阶段。共谋若继续发展下去进入犯罪实行阶段，也就为实行行为所吸收，这时，共同犯罪属于事前有通谋的共同犯罪，可以作为量刑时考虑的情节。若是因为意志以外的原因，共同犯罪停留在共谋阶段，由于共谋具有将共同犯罪发展下去的可能，抽象地威胁到刑法所保护的利益，只要共同预谋的犯罪行为是形式与实质相统一的实行行为，共谋就属于可罚的范围，是共同犯罪的预备。也就是说，即使有的共谋者没有亲自参与共谋之犯罪的实行，共谋者依然要对共谋范围内的整个共同犯罪负责，当然应当考虑其在共同犯罪中所起的作用，区分是主犯还是从犯，从而在量刑时适当加以区别。

教唆是言词的，但是形式上属于"言词的"未必都是教唆行为，而可能是真正的实行行为，即主行为。不属于教唆行为而属于实行行为的情形，主要有以下两种：①教唆无刑事责任能力的未成年人、精神病人实行犯罪的，构成对无刑事责任能力人的实际支配，无刑事责任能力的未成年人、精神病人成为他的犯罪工具，属于间接实行犯，不属于共同犯罪；②在共同犯罪（主要是集团犯罪）中起组织、策划、领导、指挥作用的，尽管从形式上看仅仅是"言词"，但是，这种言词由于在特定的组织结构之中而具有支配他人的能力，实际上属于实行行为，而且属于起主要作用的实行行为，这为《刑法》第26条所肯定。

2. 行为人在主观上有教唆他人实行犯罪的故意。教唆犯主观上只能是故意，可以是直接故意，也可以是间接故意，但不可能是过失。

教唆故意表现为教唆行为人希望自己的教唆行为引起被教唆人实行犯罪的决意进而实行犯罪。对于教唆无刑事责任能力的未成年人、精神病人实施特定罪行的，"被教唆者"没有罪过，"教唆者"有自己独立的罪过，因而成立间接实行犯。在共同犯罪中，教唆犯具有双重故意，即唆使他人产生犯罪决意的故意，希望或者放任被教唆的人完成其所教唆的犯罪的故意。教唆故意的双重性决定了教唆行为人具有共同犯罪的故意，否则，教唆行为人没有罪过可言。

教唆行为人虽然引起了他人的犯罪决意，但是不希望、不容认他人完成犯罪的，缺乏教唆故意，不构成教唆，不承担共同犯罪的刑事责任。以下三种情形属于无教唆故意的情形，不以教唆论：①"说者无心、听者有意"，无心之言，引发他人犯罪的，自然不属于教唆犯罪，极其特殊情况下可能成立过失犯罪。②陷害教唆。例如，教唆他人盗窃，但是在被教唆的人实行犯罪时通知警察予以抓捕的。③未遂教唆。教唆他人实行犯罪，但是他人若是依照教唆者的教唆实行犯罪只能是未遂而不可能完成犯罪的，是未遂教唆。例如，A知道C的保险柜是空的，却教唆B盗窃C的保险柜，B实施了盗窃行为，犯盗窃罪未遂，A不是真正的教唆行为，不构成共同犯罪。

教唆犯罪不是独立的罪名，教唆行为不具有独立性，教唆他人犯罪的，不是定教唆罪或者教唆某某罪，而是以他所教唆而为被教唆人所实行的犯罪定罪。也就是说，教唆行为是否构成犯罪取决于他所教唆的人是否实行了其所教唆的犯罪，被教唆的人犯了教唆之罪的，构成共同犯罪，否则，不构成犯罪。例如，教唆他人杀人的，他人因受教唆而产生杀人的决意并且着手实行故意杀人行为的，构成共同犯罪，共同犯罪属于故意杀人罪；杀人者与教唆者之间构成实行犯与共犯的关系，而不是教唆行为独立地构成犯罪。当然，在《刑法》分则条文将特定的"教唆"[1]行为单独规定为具体犯罪的情况下，如《刑法》规定的煽动分裂国家罪、煽动颠覆国家政权罪、煽动实施恐怖活动罪、煽动暴力抗拒法律实施罪等煽动性犯罪，直接依照《刑法》分则的规定定罪量刑。

依据《刑法》第29条的规定，对于教唆犯的处罚，区分以下三种情况：

1. 教唆他人犯罪的，按照他在共同犯罪中所起的作用处罚。教唆犯在共同犯罪中起主要作用的，是主犯；起次要作用的，是从犯。理论上，教唆犯也可能成立胁从犯，但是在实际生活中，成立教唆犯需要行为人"苦口婆心""费尽口舌"方能达到目的，因此，属于胁从犯的情况较为罕见。司法实务中，由于受到传统法律文化的影响，教唆犯罪往往被看成十分严重的危害行为，容易被作为主犯处理。本书认为，教唆犯作为主犯处理应当慎重，因为教唆行为是从行为而不是主行为，能够在共同犯罪中起主要作用的情形

---

[1] 有观点主张，煽动是针对不特定的人，不属于教唆行为。本书主张，我国刑法中的煽动性犯罪并没有限于针对不特定的人，向特定的多人煽动犯罪的，依然符合相关的煽动犯罪的构成要件，应当以煽动性犯罪论处，实质上属于一种特殊的教唆行为。此种教唆行为，因为涉及国家安全、社会重大公共利益而被规定为具体犯罪，无需与被煽动者构成共同犯罪，即不以被煽动者实施了其所煽动的犯罪为必要，这表现出立法者对于此类犯罪之抽象危险性的关注。

相对较少。一般来说，能够成为共同犯罪主犯的教唆犯，往往是因为教唆者利用了被教唆者法律意识薄弱的情形，例如被教唆者是未成年人，以及教唆者具有对被教唆者相对优势的家庭、社会地位。相反的例子是：普通的人教唆法官、检察官、警察枉法裁判的，司法官员一定是枉法裁判犯罪的主犯，教唆者原则上不能成为主犯。

2. 教唆不满 18 周岁的人犯罪的，应当从重处罚。这是刑法基于保护未成年人的政策所作的特别规定。教唆犯所教唆的对象必须是达到刑事责任年龄、具有刑事责任能力的人，才能构成共同犯罪。教唆不满刑事责任年龄（14 周岁或者 16 周岁）的人实行犯罪，不构成共同犯罪，是单独犯罪，按照单独实行犯罪直接处罚，可以酌情从重处罚，不能直接引用《刑法》第 29 条从重处罚。

3. 如果被教唆的人没有犯被教唆的罪，对于教唆犯，可以从轻或者减轻处罚。被教唆的人实行被教唆的犯罪而没有完成的，是未遂的教唆，也是整个共同犯罪的未完成，教唆犯无论是主犯还是从犯，均应当依照未遂犯的处罚原则处理。被教唆的人没有着手实行被教唆的犯罪，教唆行为单独不能构成犯罪。被教唆者实施了犯罪预备行为，尚未着手实行犯罪的，教唆行为与被教唆者的预备行为均属于从行为，由于没有主行为的存在，教唆行为也不构成犯罪；被教唆者的犯罪预备行为值得处罚的，单独构成犯罪，予以刑罚处罚。

教唆未遂不构成犯罪

我国刑法理论的通说和现在的绝大多数刑法教科书均主张，教唆犯是教唆没有犯罪故意的人产生犯罪故意，只要实施了唆使他人产生犯罪故意的教唆行为就够了，不要求被教唆人必须犯被教唆之罪，主张教唆犯具有独立性，可以单独构成犯罪。也就是说，在被教唆者没有着手实施犯罪乃至没有任何刑事违法行为的情况下，只要教唆者实施了教唆他人犯罪的行为，引起被教唆人犯罪故意产生的，就构成犯罪。被教唆的人拒绝接受教唆，或者被教唆人接受教唆产生犯罪决意但是没有实施犯罪（包括犯罪预备）的，都是教唆犯罪未遂，教唆人应当承担犯罪未遂的刑事责任。

第十章 问题与思考

第十章 课后练习题

第十一章 罪数

本章知识结构图

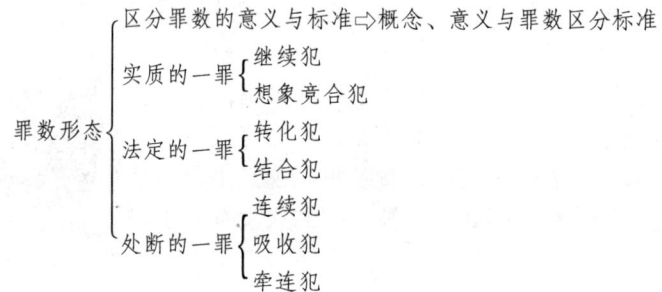

第一节 罪数区分的意义与标准

罪数是指犯罪的数量,即犯罪的个数。罪数问题也就是依据刑法规定认定行为人即刑事案件中的犯罪嫌疑人、被告人实施了一个犯罪还是数个犯罪的问题。由于刑法规定的高度概括性与抽象性以及实际案件的具体性与复杂性,定罪时经常会遇到一罪与数罪的问题,并且容易产生认识与判断上的分歧,因而需要正确地区分一罪与数罪。

一、区分一罪与数罪的意义

正确区分一罪与数罪有着重要的意义。

1. 有利于正确定罪。定罪包括认定罪与非罪、此罪与彼罪、一罪与数罪等。如果不能正确区分罪数,就无法准确确定犯罪的性质和罪名,无法做到正确定罪。在行为人实施了一个犯罪的情况下,需要准确地认定是哪一个犯罪,需要清晰地判断和评价为什么是这个犯罪而不是那个犯罪;在行为人实施了数个犯罪的情况下，需要清晰地认识数个犯罪之间存在着怎样的联系，进而明确最终如何定罪。

2. 有利于正确量刑，确保罪刑相适应原则的贯彻执行。定罪是量刑的前提，罪刑相适应原则要求一罪一刑、数罪数刑、数刑并罚。罪数认定不准确，将导致不合理地加重或者减轻行为人的刑事责任。只有正确区分罪数，才能为量刑提供适当的前提条件。

3. 有利于贯彻刑法的一系列重要制度。我国刑法中，连续犯、继续犯、牵连犯等罪数形态，与刑法的效力、追诉时效以及刑事诉讼程序等制度密切相关，如《刑法》第89条规定："追诉期限从犯罪之日起算；犯罪行为有连续或者继续状态的，从犯罪行为终了之日起计算。"如果不能对连续犯、继续犯等罪数形态做出科学的解释和准确的认定，就会影响时效制度的正确适用。

李元强犯故意杀人罪、侮辱尸体罪、盗窃罪案

二、罪数的标准

区分罪数的标准，我国刑法理论通说采"犯罪构成标准说"。根据"犯罪构成标准说"，区分一罪与数罪的标准是法定的犯罪构成。原则上，凡是一次充足（充分地满足）刑法规定的具体犯罪的犯罪构成的，即符合一个犯罪构成的，构成一罪；多次地充足具体犯罪之犯罪构成的，即符合多个犯罪构成的，构成数罪。换言之，数罪是依据正当法律程序认定的案件事实多次地满足某一个或者某几个具体犯罪构成的要求。在数罪的情况下，案件事实符合数个具体的犯罪构成，行为人所实施的犯罪行为可以在观念上被区分为数个法益、数个危害行为、数个罪过。

我国刑法理论通说将犯罪构成定义为法律规定的确定行为构成犯罪所必须具备的主客观要件的总和，包含着认定犯罪的全部要件，所以，犯罪构成便自然而然地成为评价一罪与数罪的标准，这基本是妥当的。但是，犯罪构成当中所包含的犯罪客体、犯罪主体两大要件，对于评价犯罪个数的意义不大，传统刑法理论以犯罪构成为标准，实际上也是以犯罪构成的客观方面和主观方面为标准。无论行为人犯下了多少个罪，永远只有一个犯罪主体以及相同的犯罪客体。本书主张，犯罪构成是动态的判断而非静态的标准，能够评价犯罪个数的构成要件应当是以实行行为为中心的罪行和以罪过为中心的罪责。所以，区分一罪与数罪，需要以刑法分则罪状所规定的罪行和罪责为标准评价,如此,基本上能够做到对刑事案件进行充分而不过度的刑法评价,既避免重复评价,又避免评价不足。

无论是定一罪还是定数罪,以及对于数罪是否并罚,评价的目标和原则是:依据刑法对刑事案件作充分而不过度的评价,既要避免重复评价,又要避免评价不足。

区分罪数时注意的问题

一罪与数罪的类型

第二节　实质的一罪

一、继续犯

继续犯,也称持续犯,是指行为人出于同一罪过,针对同一法益,从着手实施犯罪到犯罪终了的一段时间内,犯罪行为一直处于持续状态的犯罪形态。《刑法》第89条规定,追诉期限从犯罪之日起计算;犯罪行为有继续状态的,从犯罪行为终了之日起计算。该规定虽然没有界定继续犯的定义,但是确认了继续犯的存在。

（一）继续犯的基本特征

1. 犯罪行为在一定时间内不间断地持续存在。具体来说：①犯罪行为具有时间上的继续性,即在一定时间内持续进展,持续的时间长短不影响继续犯罪的成立,但瞬间性的行为不可能构成继续犯。②犯罪行为从开始到结束一直没有间断,如果间断,可能形成同种数罪。例如,甲非法拘禁乙3天后将其放回,5天后又拘禁乙3天,则甲的前后两个行为都构成非法拘禁罪,虽然按照我国的司法传统,对同种数罪按照一罪认定,但前后两个行为不构成同一个继续犯,而是各自构成继续犯。③犯罪行为与不法状态同时继续。不法状态,指犯罪行为持续侵害法益的状态。继续犯必须是实施一个行为,而且犯罪行为与不法状态同时继续,不法状态未结束,犯罪行为也未结束。如果犯罪行为终了,仅仅是不法状态的继续,则不构成继续犯。如行为人骗取他人财物后,诈骗行为已经结束,诈骗罪已经构成既遂,但非法占有他人财物的不法状态一直在持续,刑法理论上称之为状态犯。而继续犯是犯罪行为本身的持续,行为的持续也导致不法状态的持续,但不仅仅是不法状态的持续。再如脱逃罪,行为人即依法被关押的罪犯、被告人、犯罪嫌疑人逃离司法机关监管的,构成犯罪既遂,既遂之后的不受羁押的状态处于持续之中,但是犯罪行为已经结束而不再持续,故脱逃罪不属于继续犯。

2. 犯罪行为出于一个故意。继续犯是出于一个故意所实施的行为，出于数个故意所实施的行为不可能成立继续犯。以非法拘禁罪为例，一个故意是指行为人在一个特定的时间里持续地剥夺一个或者多个公民人身自由的犯罪故意。

3. 犯罪行为侵犯了同一法益，犯罪行为自始至终都针对同一法益持续、不间断地侵害。如果数行为侵犯同一法益，或者一行为侵犯数种不同的法益，则不是继续犯。

非法拘禁罪被认为是典型的继续犯，除此之外，继续犯还有重婚罪、窝藏、包庇罪、因窝藏赃物而构成的掩饰、隐瞒犯罪所得、犯罪所得收益罪，非法持有、私藏枪支、弹药罪和持有假币罪、非法持有毒品罪等持有型犯罪，以及遗弃罪、拒不执行判决、裁定罪等纯正不作为犯罪。

（二）继续犯的处罚原则

继续犯只有一个罪行和罪责，实质上就是一罪。无论是在事实层面还是在规范层面，继续犯均不可分割，刑法只能将其规定为一罪，不可能将其规定为数罪。对于继续犯，不论其持续时间长短，只能认定为一罪。当然，犯罪行为持续时间的长短，应当作为量刑情节在量刑时酌情加以考虑。

二、想象竞合犯

想象竞合犯，是指行为人实施一个行为触犯数个罪名的犯罪形态。这种情况也称想象的数罪、观念的竞合、一行为数罪。我国刑法总则没有规定想象竞合犯的概念，但是刑法分则中存在着想象竞合犯的立法例，司法习惯也承认想象竞合犯概念的存在。

（一）想象竞合犯的基本特征

1. 行为人实施了一个行为。这是想象竞合犯成立的前提条件，如果实施了数个行为，则不可能成立想象竞合犯。所谓一个行为，是以法定客观罪行方面的行为要件为标准判断行为人的行为是一个行为，而不仅仅是基于自然的观察或者社会的一般观念认为是一个行为。极特殊情况下，一个行为可能仅仅是一个动作，但是在一般的情况下，一个行为不等于一个动作，一个行为往往包含着一系列动作。例如，持枪杀人，包括举起枪支、对准目标、手指触动扳机、扣动扳机等一系列动作，而不能认为每一个动作就是一个行为。这里的一个行为，既可以是故意行为，也可以是过失行为，还可以是出于一个故意而又因过失造成了另一个结果的行为。

2. 一个行为必须触犯数个罪名。所谓数个罪名，是指数个不同的罪名。一个行为触犯数个罪名，往往是因为该行为具有多重属性或者造成多种结果。尽管想象竞合犯同时符合两个犯罪的构成要件，但是，行为人只实施了一个行为，只能一次充足某一具体犯罪的构成要件，而不能两次充足，也就是不能被两次评价为犯罪，因而只能成立一罪，属于实质的一罪。

《刑法》分则中直接规定的想象竞合犯不多，《刑法》第329条第3款是其中一例。但是，审判实践中，想象竞合犯是一种大量存在的现象。例如，盗窃正在使用中的动力电线，盗窃数额较大，并威胁或者直接危害公共安全的情形，行为人的盗窃行为构成盗窃罪，触犯盗窃罪的罪名；同时，行为人的盗窃行为又具有破坏性，对公共安全构成了侵害，因而又构成破坏电力设备罪，触犯破坏电力设备罪的罪名，这样一来，行为人的行为同时触犯盗窃罪和破坏电力设备罪两个罪名，属于想象竞合犯。再如，行为人基于杀人的故意向人群扔一颗手榴弹，致1人死亡、3人重伤、房屋严重毁坏的情形，扔手榴弹的行为同时触犯了故意杀人罪、爆炸罪两个罪名，属于想象竞合犯。再如，对正在依法执行公务的国家机关工作人员实施暴力使之受轻伤的，同时触犯了妨害公务罪与故意伤害罪两个罪名，属于想象竞合犯。

（二）想象竞合犯的处罚原则

在想象竞合犯的场合，只存在一个犯罪事实，但是这一个犯罪事实可以评价为多个罪名，是观念（规范评价）上的数罪，实质（事实存在）上的一罪。所以，对于想象竞合犯，从一重罪论处，即按行为所触犯的罪名中的一个重罪定罪处罚，而不认定为数罪。

（三）想象竞合犯与法条竞合的联系与区别

法条竞合，也称法规竞合，是指数个刑法条文所规定的数个犯罪的构成要件之间存在包容或者重合的关系，当一个犯罪行为同时符合数个法条的规定时，只能选择适用其中的一个而排斥其他刑法条文适用的情况。原则上讲，如果法条之间存在着包容（重叠）关系，即一般与特殊的关系时（如诈骗罪的法条与合同诈骗罪的法条之间就存在着一般与特别的关系），采取特别法优于普通法的原则；如果法条之间存在着重合（交叉）关系（如诈骗罪的法条与招摇撞骗罪的法条之间），采取重法优于轻法的原则。

想象竞合与法条竞合是两个联系密切因而不好区分的概念,二者之间的界限问题,理论上尚未完全解决。一般来说,想象竞合犯是犯罪形态问题,是犯罪现象领域的问题,是真正的罪的竞合,研究想象竞合犯是为了解决罪数问题;法条竞合所要解决的问题是法条的关系问题,即存在着包容或者重合关系的法条如何适用的问题,是由于法条的错综复杂而在法律上抽象地自然存在的问题,不以案件事实为转移,不是真正的罪的竞合。想象竞合犯本质上是一个行为同时符合数个犯罪的构成要件、构成数个罪名、触犯数个法条,但行为所触犯的法条之间并不存在包容重叠或者交叉重合关系,而只存在一般评价观念上的联系(至多存在着交叉重合关系)。例如,盗窃汽车部件价值较大并威胁行车安全的,是一行为触犯数罪名的想象竞合犯,盗窃罪的法条(《刑法》第264条)与破坏交通工具罪的法条(《刑法》第116条)之间并不存在一般与特别的包容关系,也不存在交叉重合关系,而只存在一般评价观念上的联系,实施盗窃罪并不必然触犯破坏交通工具罪的法条,反之亦然,这种情况属于想象竞合犯,而不是法条竞合。再如,对正在依法执行公务的国家机关工作人员实施暴力阻碍其执行职务并使之受伤的情形,同时构成了妨害公务罪与故意伤害罪,是想象竞合犯,而想象竞合犯所触犯的数个法条之间又存在着重合(交叉)关系。这种情况既属于想象竞合犯,也可以说属于法条竞合。在这种情况下,按照想象竞合犯的处理原则,应从一重罪论处;按照法条竞合的处理原则,应采取重法优于轻法的原则,二者的处理原则与结果是一致的。

第三节 法定的一罪

一、转化犯

转化犯,是指行为人实施了一个较轻的犯罪,因具备法定条件而以较重的犯罪论处的犯罪形态。

(一)转化犯的基本特征

1. 由轻罪向重罪转化。转化犯是不同性质的犯罪之间的转化,是此罪转化为彼罪,轻罪转化为重罪。转化犯是两个性质不同的犯罪之间发生了转化,而不是同一性质的犯罪的轻重变化。如果是同一犯罪因为犯罪情节、危害结果的加重而导致法定刑轻重变化的，属于结果加重犯，而不是转化犯罪。

2. 具备特定的条件。在现实领域，犯罪之间的转化是经常能够见到的一种犯罪现象，例如，行为人先实行伤害犯罪，不过瘾，后产生杀人的故意而实行杀人犯罪。在刑法规范领域，犯罪之间一般不能发生转化，但是某一轻罪由于具备特定的条件，按照原来的轻罪定罪处罚，不能充分地满足罪刑相当原则的要求或者从重处罚此类情形的刑事政策要求，立法者遂设立转化犯，不是以轻罪从重处罚，而是按照一个重罪追究刑事责任。

3. 转化犯以刑法分则明文规定为限。转化犯属于法定的特殊犯罪形态。我国刑法规定的转化犯属于一种反逻辑、反理性的规定，在某种意义上表明立法者情绪上"很生气""很愤怒"，从而在某种程度上丧失理性、违反逻辑，因此，转化犯的范围只能以刑法明文规定为限；司法者无论如何愤怒，均不能在现实领域将具有特定严重情节的某一轻罪按照重罪论处，否则违背罪刑法定原则。

我国《刑法》分则规定的转化犯有以下四例：①《刑法》第238条关于犯非法拘禁罪，使用暴力致人伤残、死亡的，依照故意伤害罪、故意杀人罪定罪处罚的规定；②《刑法》第247条关于犯刑讯逼供罪、暴力取证罪，致人伤残、死亡的，依照故意伤害罪、故意杀人罪定罪处罚的规定；③《刑法》第248条关于犯虐待被监管人员罪，致人伤残、死亡的，依照故意伤害罪、故意杀人罪定罪处罚的规定；④《刑法》第292条关于聚众斗殴，致人重伤、死亡的，依照故意伤害罪、故意杀人罪定罪处罚的规定。

（二）转化犯的处罚

转化犯按照转化之重罪一罪认定，不实行数罪并罚。

二、结合犯

结合犯，是指数个原本独立的犯罪行为，根据刑法分则的明文规定，结合成为另一独立的新罪的形态。例如，《日本刑法》单独规定了强盗罪、杀人罪，但实施了强盗罪和杀人罪不构成数罪，而是规定构成强盗杀人罪一罪，就是结合犯的典型。刑法理论上普遍认为，我国没有规定结合犯。《刑法》第446条规定，战时在军事行动地区，残害无辜居民或者掠夺无辜居民财物的行为，构成战时残害居民、掠夺居民财物罪。其中，"残害"可包括杀人、伤害，

"掠夺"可包括抢劫、抢夺、聚众哄抢等，类似于结合犯。所以，结合犯的概念在我国刑法理论上多少有一点价值。

（一）结合犯的基本特征

1. 结合犯所结合的数罪，原本为刑法上数个独立的异种犯罪。所谓独立的犯罪，是指不依附于其他任何犯罪而独立存在的犯罪。数个独立的犯罪，必须是异种数罪，而不是同种数罪，同种数罪没有以法律规定为结合犯的必要。

2. 结合犯是将数个原本独立的犯罪，结合成为另一个独立的新罪，数个原本独立的犯罪被结合为另一新罪后，失去原有的独立犯罪的意义，成为新罪的一部分。用公式表示就是：甲罪 + 乙罪 = 丙罪，得出的丙罪就是结合犯。如果刑法将数个独立的犯罪结合成为其中的一个罪，另一个罪的行为成为该罪行为的一个量刑情节，则不是结合犯。例如，拐卖妇女并强奸被拐卖的妇女的，仍然定拐卖妇女罪，所以不属于结合犯。再如，以杀人的方式抢劫的，也不属于结合犯。

3. 数个原本独立的犯罪结合为另一个独立的新罪，是基于刑法分则的明文规定。如果刑法没有明文规定结合为新罪，则不是结合犯，所以称结合犯为法定的一罪。刑法之所以将数个原本独立的犯罪规定为另一独立新罪，有的是因为原本独立的数罪之间存在密切联系，容易同时发生；有的是因为一罪是为另一罪服务的；有的是因为数罪的实施条件相同。结合在一起所设定的法定刑，一般要重于按各独立的犯罪定罪后数罪并罚的刑罚。

（二）结合犯的处罚原则

对于结合犯，以所结合的新罪定罪处罚。

第四节　处断的一罪

一、连续犯

连续犯，是指基于同一的或者概括的犯罪故意，连续实施数个独立的性质相同的犯罪行为，触犯同一罪名的犯罪形态。《刑法》第89条规定，追诉期限从犯罪之日起计算；犯罪行为有连续状态的，从犯罪行为终了之日起计算。该规定确认了连续犯的存在。刑法分则的许多条文也认可了连续犯的存在。

（一）连续犯的基本特征

1. 必须实施了数个独立的性质相同的行为。如果只实施一次行为的，不可能成立连续犯。

2. 行为人必须是基于同一的或者概括的犯罪故意。一般来说，同一的犯罪故意，是指行为人具有数次实施同一犯罪的故意；概括的故意，是指行为人主观上具有只要有条件就实施特定犯罪的故意。

3. 数次行为之间具有连续性。行为是否具有连续性，要从主客观两个方面进行判断，既要看行为人有无连续实行某种犯罪行为的故意，又要分析客观行为是否具有连续性。由于我国司法习惯上对于不具有连续性的独立的同种数罪一般也按照一罪处理，因而对于连续犯的连续性并不需要过分地强调。由此，也可以说，连续犯的意义更多的是与诉讼时效制度相联，而不是与数罪并罚相关的。

4. 数次行为触犯同一罪名。触犯同一罪名，是指数次行为触犯同一具体罪名，而不是触犯同一法条的罪名的情况。连续犯是一种特殊的同种数罪，其特殊性表现在同罪名的具体犯罪在时间和空间上具有连续性，行为方式和犯意具有相同性。也就是说，每一次刑事违法行为之间存在着比一般同种数罪更为紧密的联系，所以在处理上视为一罪，以方便诉讼。实际上，刑法不仅将连续且每一次均构成犯罪的危害行为综合在一起作为一罪，而且将具有连续性的没有达到犯罪程度的单次危害行为也预设为罪行的内容，主要是将违法数额累计到犯罪总额之中或者作为定罪的情节。这样一来，不仅连续犯被作为一罪处理，没有连续性的同种犯罪行为也被作为一罪处理。

（二）连续犯的处罚原则

对于连续犯，按照刑法具体规定的一罪及相应的法定刑定罪处罚。

二、吸收犯

吸收犯，是指事实上存在数个不同的行为，由于法律规范上数个行为之间存在着紧密的联系，一行为吸收其他行为，仅成立吸收行为一个罪名的犯罪形态。

（一）吸收犯的基本特征

1. 具有数个独立的犯罪行为。这是吸收犯成立的前提，如果只有一个行为构成犯罪,而其他行为不构成犯罪,则不成立吸收犯。

2. 数行为之间具有吸收关系。前行为是后行为发展的必经阶段,后行为是前行为发展的当然结果。例如,制造毒品之后加以持有的,由制造毒品罪吸收非法持有毒品罪;盗窃枪支、弹药后持有枪支、弹药的,由盗窃枪支、弹药罪吸收非法持有枪支、弹药罪;伪造货币后,持有、使用、出售、运输伪造的货币的,成立伪造货币罪;盗窃珍贵文物后,过失损毁该文物的,成立盗窃罪;等等。在这些场合,重罪之所以可以吸收轻罪,是因为犯罪构成预设的两个犯罪构成要件之间在规范领域存在着自然的发展关系。前行为是后行为发展的必经阶段,后行为是前行为发展的当然结果。

吸收关系是认定吸收犯的关键。我国刑法理论通说主张,吸收犯的吸收关系有三种情况:①重行为吸收轻行为,即社会危害性大、罪质重、法定刑高的犯罪行为,吸收社会危害性小、罪质轻、法定刑低的犯罪行为;②实行行为吸收预备行为,即行为人已经着手实行了犯罪,而预备行为触犯另一罪名时,对预备行为不独立定罪,而由实行行为吸收;③主行为吸收从行为,即在共同犯罪中,行为人分别实施了实行行为、帮助行为和教唆行为,由起主要作用的行为吸收其他行为,仅以主行为定罪量刑。本教科书认为,上述三种吸收关系均无实际意义。重行为吸收轻行为,以法定刑的轻重进行比较,实际上是刑罚的比较与吸收问题,而不是犯罪的比较与吸收,况且社会危害性大小、罪质轻重,是十分模糊的概念;实行行为吸收预备行为,与主行为吸收从行为实际上是一回事,实行行为是主行为,预备行为是从行为,实行行为吸收预备行为,也就是主行为吸收从行为;主行为吸收从行为,是评断和评价危害行为是否符合构成要件阶段就可以解决的问题,无需在判断评价犯罪形态(一罪与数罪)阶段考虑。

(二)吸收犯的处罚原则

吸收犯的前后行为存在必经阶段与当然后果之间的关系,因而不认定为数罪,仅以吸收一罪定罪量刑。对此,刑法有时明确地加以规定。例如,《刑法》第399条第4款规定,司法工作人员收受贿赂而徇私枉法或者枉法裁判的,构成受贿罪和徇私枉法罪或者民事、行政枉法裁判罪的,从一重罪处罚。刑法有特别规定的,以吸收一罪从重处罚。例如,《刑法》第171条第3款规定,伪造货币后,出售、运输伪造的货币的,以伪造货币罪从重处罚。

三、牵连犯

牵连犯,是指以某种犯罪为目的实行的犯罪行为,与其手段行为或者结果行为分别触犯不同罪名的犯罪形态。牵连犯存在手段行为与目的行为的牵连,原因行为与结果行为的牵连。前者如伪造国家机关工作公文、证件、印章(手段行为)而冒充国家机关工作人员进行招摇撞骗、诈骗(目的行为);后者如行为人意图盗窃财物,结果盗窃到枪支、弹药,行为人随后将盗窃所得的枪支、弹药收藏起来,盗窃(在数额较大的情况下)行为构成盗窃罪,私藏枪支、弹药的行为构成非法持有枪支、弹药罪。

(一)牵连犯的基本特征

1. 出于一个最终的犯罪目的。如果行为人主观上具有多个犯罪目的,但是多个犯罪目的之间没有关联,没有最终犯罪目的的存在,则不构成牵连犯。例如,伪造武装部队公文、证件、印章进而冒充军人招摇撞骗的,有两个犯罪目的,但是最终的犯罪目的是冒充军人招摇撞骗非法获取利益。

2. 实施了数个独立的犯罪行为。行为人所实施的数个行为分别独立成立犯罪,且触犯了不同的罪名。

3. 数行为之间存在必然的牵连关系。牵连关系有手段行为与目的行为、原因行为与结果行为的牵连。对于是否具有牵连关系,要从主客观两个方面进行认定。"客观"是就事实而言,具体的案件事实决定了实施某一犯罪必须以另外一种犯罪为手段或者自然地发生另外一种犯罪,一般人通常也认为某种犯罪是另一种犯罪的手段或者结果。"主观"是就行为人的心理而言,行为人主观上将某一犯罪作为目的犯罪的手段或者作为原因犯罪的当然结果。例如,入室抢劫、杀人、强奸,手段行为触犯了非法侵入住宅罪,目的行为触犯了抢劫罪、故意杀人罪、强奸罪,抢劫、故意杀人、强奸等犯罪吸收非法侵入住宅罪。仅仅客观上具有牵连关系而主观上不存在牵连关系的,或者仅主观上具有牵连关系而客观上不具有牵连关系的,都不构成牵连犯。例如,行为人为杀人而盗窃枪支后实施了杀人行为,两个行为虽然在主观上有牵连关系,但客观上不存在必然的牵连关系,所以不构成牵连犯。再如,使用非法制造的枪支、弹药抢劫银行的,构成非法制造枪支、弹药罪和抢劫罪,数罪并罚。

第十一章　罪数

（二）牵连犯的认定

1. 牵连犯与想象竞合犯的区别。牵连犯与想象竞合犯都是出于一个犯罪目的，结果触犯了数个罪名。不同点在于：①想象竞合犯是一个行为，因而是实质的一罪；牵连犯是数个行为，因而是实质的数罪，处断的一罪。②对想象竞合犯，从一重罪处罚；对牵连犯，法律没有特别规定的，择一重罪处罚。以通过故意杀人、伤害（暴力）方法劫取他人财物的行为为例，这种情况属于想象竞合犯，而非牵连犯，在这种场合成立抢劫罪就没有故意杀人罪、故意伤害罪成立的余地，同理，成立故意杀人罪、故意伤害罪就没有抢劫罪成立的余地。也就是说，在想象竞合犯的场合，犯罪事实只能一次充足一个犯罪的构成要件的要求。

2. 牵连犯与吸收犯的区别。牵连犯与吸收犯两种犯罪形态十分相似，准确地区分二者之间的界限是比较困难的。大多数刑法教科书关于这两个概念的定义大同小异，但是两个概念之下的例证却常常相反，这本教科书中的牵连犯在另一本教科书里却是吸收犯，或者相反。这也是为什么一些学者主张干脆取消牵连犯和吸收犯的概念。本书主张，吸收犯与牵连犯都是数个犯罪行为，都构成了数罪，理论上都不实行数罪并罚。不同点在于数犯罪行为之间的关系不同，牵连犯的数行为之间存在着目的行为与手段行为、原因行为与结果行为的牵连关系，这种关系并非刑法所预设，而是事实上通常地存在；而吸收犯则是刑法预设一个犯罪行为是另一犯罪行为的必经阶段或者当然后果。例如，盗窃到枪支、弹药后，行为人将盗窃所得的枪支、弹药收藏起来，盗窃枪支、弹药罪与非法持有枪支、弹药罪之间构成吸收关系，因为盗窃枪支、弹药罪主观上以非法占有枪支、弹药为目的；行为人盗窃一般财物结果盗窃到枪支、弹药的情况则不同，盗窃（在盗窃数额较大的情况下）行为构成盗窃罪，私藏枪支、弹药的行为构成持有枪支、弹药罪，两个犯罪之间事实上存在牵连关系，但是规范上并不存在吸收关系。可见，吸收关系比牵连关系更加紧密。

（三）牵连犯的处罚原则

对于牵连犯的处理，法律有明文规定的，按刑法的规定定罪量刑；刑法没有明文规定的，司法实践中一般按照刑法理论的通说，实行从一重罪处罚的原则。

第十一章
问题与思考

第十一章
课后练习题

第十二章 刑罚概说

本章知识结构图

刑罚概说 { 刑罚概述 ⇨ 概念、特征; 刑罚的目的 { 一般预防; 特殊预防 } }

第一节 刑罚概念

一、刑罚及其特点

简单地说，刑罚是犯罪的法律后果。具体地说，刑罚是国家针对犯罪行为而规定的，由人民法院根据刑事法律对犯罪人适用的，建立在剥夺性痛苦基础上的最为严厉的制裁措施的总和。

对于刑罚概念，应当主要从以下几个方面把握其基本特征：

（一）刑罚的本质属性

刑罚是具有严厉的惩罚性和痛苦性的制裁措施，是最为严厉的法律制裁措施。惩罚是强加给犯罪人的痛苦是刑罚的本质特征。作为制裁体系而言，刑罚具有其他法律制裁体系无可比拟的惩罚性——强加之痛苦性，因为刑罚的内容是对公民之重要拥有的剥夺或者说损害。

（二）刑罚的人道属性

相对于其他制裁措施而言，刑罚强制制造的痛苦是最强烈的。但是，刑罚并非越痛苦越好、越严厉越好，刑罚只能剥夺它所能够剥夺的某些重要权益，人类的某些最为重要的权益，比如人的肢体的完整性、人格、尊严、宗教信仰自由等，是不能成为刑罚之剥夺对象的。在当代社会，将刑罚当作摧残人、折磨人的报复手段，不仅是错误的，而且是一种国际犯罪。

（三）刑罚的法治属性

刑罚是由刑法明文规定的。刑罚的这一特征既是罪刑法定原则的必然要求，也是这一原则的直接体现。对于什么样的犯罪处以什么样的刑罚，法律是有明确规定的，任何一个人在任何时间都应当有机会了解各种犯罪所可能判处的刑罚。法律之外无刑罚，法律所没有规定的制裁措施，不能作为刑罚加以运用。审判机关以外的任何国家机关、单位、个人无权决定刑罚的适用。

（四）刑罚的目的属性

剥夺犯罪人享有的某些权益而使之感受到一定的痛苦，是刑罚的本质属性，却不是刑罚的目的。我国刑罚的目的是预防犯罪，包括一般预防与特殊预防两个方面，后面我们将进一步谈到。立法者正是借助于刑罚的本质属性，发挥刑罚的基本功能，以达到预防犯罪的刑罚目的。刑罚的目的属性决定了惩罚与教育必须结合在一起，司法活动必须坚持惩罚与教育相结合的方针，为预防犯罪的目的服务。刑罚的目的属性是刑罚所不可或缺的基本特征。

二、刑罚权及其根据

刑罚权是国家权力的重要组成部分，并与国家主权密切相关，其内容表现为国家有权对犯罪人实行刑罚惩罚。

刑罚正当性也就是刑罚权的根据问题，主要有着两种不同的回答：一是功利主义的回答，二是非目的论的回答，由此形成了目的刑论和报应刑论的对立。目的刑论主张，刑罚的正当性根据在于其目的的正当性，预防犯罪或者说教育、矫治犯罪人。犯罪是一种恶，刑罚也是一种恶，刑罚之恶因为其正当的目的而具有正当性。报应刑论主张，犯罪是对法也就是对正义的否定，而刑罚是对于犯罪的否定之否定，于是法律通过法定之否定得到肯定，因而是正当的。

无论是报应刑论还是目的刑论，都不可能独自地解决刑罚的正当性问题，刑罚的正当性问题需要在报应刑论和目的刑论之间进行合理的综合和折中。刑罚的正当性根据应当是：因为有犯罪并为了预防犯罪而在立法上规定和司法中适用刑罚，即刑罚是因为存在犯罪并为了预防犯罪而存在，刑罚必须与犯罪相当而又"必需"与犯罪相当，刑罚应当与犯罪相适应而又必须能够制止犯罪的再次发生——最大限度地防止犯罪人本人再次犯罪以及预防一般人实施犯罪。这样一种折中的刑罚正当性理论，大体上明释了国家规定和适用刑罚必须是有目的的，因而才可能是正义的，同时又说明了刑罚的目的必须受到正义原则的制约，因而才是合理的。[1]

概括地讲，刑罚是"因为有犯罪并且为了没有犯罪"。"因为有犯罪"而科处刑罚，是"恶有恶报"正义观念的要求（报应刑）；"为了没有犯罪"而科处刑罚，是"预防犯罪"功利观念的体现（目的刑）。因此，实现社会正义观念、维护法益免受犯罪侵犯，就是刑罚权的根据。在我国理论中，有学者称之为并合主义。并合主义有利于同时保护个人权利与社会利益，有利于适当处理刑罚积极主义与刑罚消极主义的关系，有利于协调罪刑相当原则与刑罚个别化原则，可以使刑罚在整体上保持适当的程度。[2]

三、刑罚与其他法律制裁的联系与区别

法律制裁体系由多类制裁措施所构成，除了刑罚体系之外，还有民事制裁体系、行政制裁体系等。刑罚与其他法律制裁一样，都是国家法律规定的制裁体系，都对受制裁人产生不利的后果和影响，但是与民事制裁体系、行政制裁体系相比又有明显的区别：

1. 严厉程度不同。刑罚作为一个整体、一个体系，是最严厉的法律制裁，刑罚不仅可以剥夺犯罪人的财产权与政治权，还可以限制或者剥夺犯罪人的人身自由，甚至可以剥夺犯罪人的生命。其他法律制裁措施则明显轻于刑罚，行政制裁体系绝对排除剥夺生命的制裁方法，一般不（应当）剥夺违法行为人的人身自由。即使是剥夺其人身自由（如行政拘留），时间也相对较短，而且面临着合法性缺乏问题，尤其是曾经作为行政处罚措施存在的劳动教养，理论上普遍认为明显没有合法性而最终被废除。

2. 适用对象不同。刑罚只适用于触犯刑法禁令或命令而构成犯罪的人，对其他违法行为者不得适用刑罚。刑罚之外的其他法律制裁主要适用于仅有一般违法行为但没有构成犯罪的人，在一定条件下，刑罚与其他制裁并合，表面上看，其他制裁也可以适用于犯罪人，但是实际上，犯罪人不是因为犯罪，而是因为犯罪行为同时

---

[1] 曲新久：《刑法的精神与范畴》，中国政法大学出版社2003年版，第336页。
[2] 张明楷：《刑法学》，法律出版社2003年版，第396页以下。

属于某种违法行为而受到其他法律制裁,尤其当犯罪行为同时属于侵权行为的,刑事处罚并不能替代民事制裁,承担刑事责任的犯罪行为人必须同时承担民事责任。但是,犯罪行为人因犯罪而受到刑罚处罚的,不能因此而再次遭受自由剥夺(行政拘留)、罚款及财产没收等行政处罚,但是,责令停业整顿、吊销营业执照及资质等行政处罚不在其列。

3. 适用机关不同。刑罚只能由国家刑事审判机关决定适用,在我国,只能由人民法院(当中的刑事审判组织以人民法院的名义)决定适用。行政制裁由行政执法机关决定适用。

4. 适用根据不同。刑罚只能由人民法院根据刑法与刑事诉讼法予以适用,而其他法律制裁则分别依照其他实体与程序法律适用,即民事制裁依据民法与民事诉讼法等相关法律予以适用,行政制裁依据行政法与行政诉讼法等相关法律、法规予以适用。

5. 确立机关不同。刑罚只能由国家最高立法机关立法确立,即只能由全国人民代表大会及其常务委员会规定刑种与刑度,而其他法律制裁可能由其他有关机关确立。例如,行政法规可以设立除限制人身自由以外的行政处罚,地方性法规可以设立除限制人身自由、吊销企业营业执照以外的行政处罚,而行政法规与地方性法规的制定机关均无权设立刑罚。

第二节 刑罚功能

一、刑罚功能的概念

刑罚功能是指国家制定、适用、执行刑罚能够对犯罪人和社会其他成员产生的积极的、有价值的社会效应。刑罚功能是积极的、有价值的效应,负面的、消极的作用不属于刑罚功能,刑罚功能还是潜在的、可能的效用,刑罚功能能够转化为实际的效用,但并不是指纯客观的实际存在的作用。

刑罚的功能,主要或者说首先取决于刑罚的本质特征即严厉的惩罚性和痛苦性。刑罚的功能或者直接源于其本质特征,或者直接受制于其本质特征。正是刑罚之严厉的惩罚性和痛苦性的本质特性,决定了刑罚功能的存在,国家也正是利用刑罚的功能来实现刑罚的目的。

二、刑罚功能的内容

关于刑罚的功能，学者们视角不同，立论的基点不同，表述也就不完全相同。学者们一般承认，刑罚具有报应、预防、威慑、谴责、改造、教育、鼓励、抚慰等主要功能。

刑罚的报应功能，也可以称为惩罚功能，是指对犯罪人处以刑罚，就意味着使其权利遭受一定的剥夺或限制，使其感受到一定的痛苦，从而实现对于犯罪的法律与道德报应，这是刑罚的最基本功能。刑罚的本质特征与刑罚的报应功能紧密联系，刑罚施加于犯罪人就是惩罚，惩罚就是使犯罪人遭受痛苦，从而使犯罪人得到其实施犯罪行为所应得的"报酬"即报应。所以，在一定范围内可以说，"报应""惩罚""痛苦"是同义的。

刑罚的预防功能，也就是通过适用刑罚惩罚犯罪和犯罪人，预防犯罪的大量发生，把犯罪控制在一个社会可以容忍的范围和程度之内，从而保障刑法规范的普遍有效。刑罚的预防功能是刑罚的最重要功能，刑罚的预防功能与报应功能紧密相关，一般来说，刑罚的报应功能得以实现，刑罚的预防功能往往也能得以实现。但是，这两种功能又时常发生矛盾，有时刑罚的报应功能实现了，但其预防功能却受到了限制，或者相反。

刑罚的威慑功能，是指通过适用刑罚惩罚犯罪和犯罪人，使所有的人都感受到刑罚的严厉惩罚性和痛苦性，在一定范围和一定程度上起到使所有的人都不敢犯罪的作用。刑罚的威慑功能可以区分为个别威慑与一般威慑。个别威慑是指刑罚对于犯罪人本人所产生的威吓震慑作用，具体来说，通过对犯罪人适用刑罚惩罚，犯罪人心理受到震慑从而不敢再实施犯罪。一般威慑是指通过立法规定，犯罪要受到相应的惩罚以及对具体的犯罪人适用刑罚，使犯罪人以外的社会上的所有的人受到震慑，从而使所有的人得到鉴戒。刑罚的威慑功能历来受到统治者的重视甚至到极度夸张的地步，但一般来说，刑罚的威慑功能是十分有限的，一方面，某些犯罪人在受到惩罚之后，不仅没有受到心理震慑，反而产生了强烈的仇恨心理和反抗欲望，具有刑罚适应性；另一方面，许多人犯罪并不是因为不害怕刑罚，而是心存侥幸，认为自己不会被抓获，更多的人不犯罪也不是因为畏惧刑罚，而是因为他们习惯于遵守法律，还有一些人从来就没有什么长远打算，行动时从来不计风险，即使受到惩罚也不会吸取教训。

刑罚的改造功能，是指通过适用刑罚惩罚犯罪人，对犯罪人实行教育改造、劳动改造，通过个别化的矫正方法，消除其再次犯罪的危险性，使之成为一个能够适应社会生活的人。刑罚的改造功能并非与生俱来的自然功能，而是到近代时才被赋予的功能。改造或者说矫正，就是将犯罪人改造成为守法并适应社会生活的人，使之重返社会，积极地避免其再次实施犯罪行为。

刑罚的谴责功能，是指刑罚作为对于犯罪的惩罚，是对犯罪的一种道德表态，是对犯罪行为的一种道德非难与谴责。正是通过适用刑罚，社会对犯罪予以否定性评价和谴责。这一功能与报应功能相辅相成，在某种意义上可以说，"惩罚""报应""谴责"三者相同，只是强调的内容有所不同。

刑罚的安抚功能，是指对犯罪人适用刑罚，满足被害人要求惩罚犯罪人的强烈愿望，恢复其被犯罪行为侵害了的安宁的心理秩序，抚慰其受到的精神伤害，并使其从犯罪所遭受的精神痛苦中解脱出来。这是刑罚的一个重要功能，这一功能与民事制裁的补偿性、复原性功能不同。依法判决或者责令犯罪人赔偿被害人经济损失，是民事责任实现方式所起到的一种补偿作用，对于预防犯罪和求得被害人谅解都是十分重要的，但并不属于刑罚安抚功能的范围。

刑罚的感化功能，是指刑罚对受刑人所产生的心理感化。刑罚的感化功能主要是在适用刑罚时通过对犯罪人的从宽处罚而对犯罪人产生心理感化作用体现出来的，它可以消除犯罪人的抵触情绪，从而使之认罪服法。

刑罚的鼓励功能，是指通过立法规定和司法适用刑罚，对公众进行鼓励，鼓励他们同犯罪作斗争，增强他们对于国家运用刑罚打击犯罪和预防犯罪的信心，使他们确信善有善报、恶有恶报，国家能够确保刑法规范的有效性。

刑罚的教育功能，是指刑罚的适用对自觉守法的社会成员起着法制教育的作用，从而使全体社会成员提高辨别是非的能力，积极行动起来与犯罪作斗争。法院在决定对犯罪人适用刑罚时，应适当关注教育公民遵守法律。刑罚的教育功能与鼓励功能十分接近，但强调的侧重点有所不同。

刑罚的功能具有多向性，而且表现为多种多样的形式。刑罚的上述功能可以区分为针对犯罪人的、针对被害人的、针对社会的等不同的方面，其中，刑罚的报应、谴责、改造、感化等功能是针对犯罪人的，安抚功能是针对被害人的，鼓励、教育功能是针对社会上一般人的，预防、威慑等功能既是针对犯罪人的又是针对社会上一般人的。刑罚的各种功能密切联系，相互作用，相互制约，组成一个复杂的功能结构。为了实现刑罚的目的，国家（会而且必须）借助于这些功能，或者强化其中的某些功能，或者弱化其中的某些功能，调整各种刑罚功能的地位与作用，为特定的刑罚目的服务。由此可见，刑罚的目的与刑罚的本质属性、刑罚的功能既相互联系又相互区别，既应当一体化地加以考察，又要适当地加以区分。

第三节 刑罚目的

刑罚本身并无目的性可言，但是，国家制定、运用刑罚是有特定目的的。人们一般不能说刑罚本身具有什么目的，只能说人们意图利用刑罚的功能达到什么样的目标。

刑罚目的，是指国家制定、适用、执行刑罚的目的，也即国家的刑事立法采用刑罚作为对付犯罪现象的制裁措施及其具体适用和执行所预期实现的结果。

刑罚的目的就是为了预防犯罪，预防犯罪包括两个方面，即特殊预防与一般预防。这也是我国刑法学界的通说。

一、特殊预防

特殊预防就是预防犯罪人重新实施犯罪行为，即通过对犯罪分子适用刑罚，剥夺他们继续犯罪的条件，并将其改造成为守法的公民，不再重新犯罪。特殊预防的对象只能是实施了犯罪行为的人。

特殊预防目的的基本内容之一在于：永远地或者在特定的期限内剥夺犯罪分子继续实施犯罪行为的条件，排除犯罪人再次侵害社会的可能。犯罪是危害社会的行为，刑罚作为对付犯罪的一种自卫手段所要求达到的直接结果必然是及时剥夺犯罪分子继续犯罪的条件，排除犯罪人再次对社会构成直接危害的危险。对罪行极其严重的犯罪人适用死刑，就是永远地剥夺其重新犯罪的能力和可能，死人不会再犯罪，这是一个显而易见的道理。通过适用死刑以外的刑罚方法，如自由刑、财产刑等，使犯罪人不能或至少难以再次实施犯罪行为。就自由刑的适用而言,将一个实施了犯罪行为的人关押于监狱使之与社会隔离,他一般就不能再实施危害社会的犯罪行为,即使能够实施某些特殊犯罪——脱逃、杀死或伤害监狱里的其他服刑人员或管教人员等狱内犯罪,也是十分困难的。特殊预防的这一目的,是最低层次的、暂时性的目的,也是特殊预防最直接的、最容易达到的目的——只要对犯罪人判处并适用刑罚,这一目的就可以达到或者基本达到。但是,特殊预防目的不能仅仅以此为内容,因为即使通过适用刑罚达到这一目的,其保护社会的作用并不能持久,当刑罚执行完毕时,特别是当罪犯重新走出监狱时,这一目的的实现也就失去了其前提。所以,隔离犯罪人是刑罚特殊预防目的内容的消极方面。

特殊预防的另一个更为重要的内容,是通过适用刑罚把犯罪分子改造成为守法公民,不致再危害社会。这种改造是在惩罚的前提下强制进行的。实现这一目的,要从两个主要途径进行:①借助于刑罚的特别威慑功能,对犯罪人进行震慑,使之不敢再实施犯罪。犯罪心理学的研究表明:犯罪分子之所以实施犯罪,极为重要的心理动因在于其持有趋利避害的冒险心理和逃避惩罚的侥幸心理。对犯罪分子适用刑罚,剥夺他们一定的权益,必然使其亲身体验到受刑之苦,并认识到犯罪以受惩罚为代价,刑罚是犯罪的必然结果,从而抑制或弱化大多数犯罪分子的犯罪动机。换言之,一个犯罪人受到刑罚惩罚之后,可以体会到刑罚给他带来的痛苦,得到了一个刻骨铭心的教训,从而不敢再轻易地去实施犯罪行为。②通过对犯罪分子进行教育改造,彻底消除其人身危险性,改变其易于实施犯罪行为的性格,而不仅仅使其心理上产生痛苦和恐惧。这样一来,犯罪人也就不愿再去实施犯罪行为,社会最终也就得以保护。这是特殊预防所要追求的最主要和最重要的目的,实现这一目的是预防犯罪的最显著、最有效的途径,当然也是相当困难的——困难主要在于教育改造方案的设计与实现上,这是特殊预防目的内容的积极方面。

惩罚就其对罪犯的心理效应而言,也可以理解为一种教育,施加刑罚惩罚本身就是对罪犯的一种教育——强制性教育。但是,强制性教育是有其局限性的,这就是强制性手段与预期目标之间的矛盾,具体来说,这种局限性表现在以下两个方面:①单纯的惩罚只能起到抑制犯罪行为的治标作用,不能从内心深处消除罪犯的犯罪心理结构,结果有可能是将罪犯培养成为一个只知道服从而没有主动精神的现代"顺民";②单纯的惩罚容易使罪犯产生对立情绪而不利于矫正其危险的主观心理结构,甚至使罪犯成为一个只知危害他人和社会利益的"暴民"。因此,必须把惩罚与教育改造有机地结合起来,在惩罚的前提下,实行强制性的教育和改造,进行系统的、个别化的政治、道德、文化、职业技能教育,才有可能彻底消除犯罪人的非正常心理,建立正常的守法心理,使之逐渐成为一个自食其力的守法公民。

刑罚的特殊预防目的贯穿于我国刑事立法以及刑事司法的定罪、量刑、行刑活动的整个过程。在刑事立法阶段,我国刑法根据惩办与宽大相结合的刑事政策和特殊预防的需要确立刑罚体系以及具体的刑罚制度。例如,规定必须是没有人身危险性的犯罪人,才可以适用缓刑、假释;对于累犯,应当从重处罚,不得予以缓刑、假释;对于有自首、立功表现的,要予以从宽处罚;被判处管制、拘役、有期徒刑、无期徒刑的犯罪分子,在执行期间,如果认真遵守监规,接受教育改造,确有悔改表现的,或者有立功表现的,可以减刑;等等。上述规定都充分体现了我国刑法寓教育改造于惩罚之中,将惩罚与教育改造紧密地结合在一起,共同实现刑罚的特殊预防目的。

定罪量刑是刑事司法活动的基本环节。在定罪量刑过程中,法官必须始终坚持"以犯罪事实为根据,以法律为准绳"的总原则。法官查明犯罪事实,依法确定适度的法定量刑幅度,既是为了一般预防的需要,也是为了特殊预防的需要,但主要侧重于实现一般预防的需要。与此同时,充分考虑犯罪人的个人情况及对其教育改造的难易程度,以便选用适合特殊预防需要的刑罚方法,对于极少数不可改造的罪犯甚至适用死刑,以最佳的方式和效果实现刑罚特殊预防的目的。

行刑阶段是实现特殊预防目的最为直接、最为具体、最为重要的阶段,特殊预防的实现主要取决于这一阶段。我国的刑罚体系以自由刑为中心,因此,惩罚与改造是我国执行刑罚的最主要方式。我国《监狱法》第3条规定:"监狱对罪犯实行惩罚和改造相结合、教育和劳动相结合的原则,将罪犯改造成为守法公民。"第4条规定:"监狱对罪犯应当依法监管,根据改造罪犯的需要,组织罪犯从事生产劳动,对罪犯进行思想教育、文化教育、技术教育。"

在劳动改造中，监狱作为刑罚的执行机关，必须始终不移地执行"惩罚和改造相结合""教育与劳动相结合"的原则，通过劳动和法制、道德、文化、技术教育，最大限度地发挥刑罚的教育改造功能、感化功能，促使罪犯从被迫服刑转向自觉改造，成为能够遵守法律、自食其力的新人，从而最终重返社会。

二、一般预防

一般预防，就是预防社会上没有犯罪的人实施犯罪行为。具体来说，一般预防是指通过在刑法中规定犯罪应当受到惩罚以及对犯罪分子适用刑罚，威慑、警戒、教育社会上所有的人，防止人们走上犯罪道路。一般预防的对象是社会上的所有的人。一方面，立法者在刑事法律中规定各种各样的犯罪及其刑罚惩罚，可以静态地告知人们实施犯罪行为所可能产生的痛苦后果，使人们可以在实施犯罪行为之前就进行权衡，最终决定不实施犯罪行为；另一方面，通过对实施了犯罪行为的人适用刑罚惩罚，给犯罪人以痛苦，社会上一般人可以直接或者间接地感知到，当有人意图犯罪或者漠视刑法所保护的合法利益的时候，将会受到刑罚惩罚，使人们基于趋利避害的心理和利害关系的权衡而产生畏惧感，进而为避免受到刑罚惩罚放弃实施犯罪行为。更为重要的是，国家反复地惩罚一个个具体的犯罪人，公民的法律意识得以稳定和强化，刑法规范得到尊重、认同和普遍遵守。

我国刑法学界的一些学者主张，刑罚一般预防尤其是刑罚威慑的矛头，仅仅指向社会上少数的不稳定分子，即潜在犯罪人，一般守法公民不能也不应该成为一般预防的对象；另一些学者主张刑罚一般预防的对象不应当仅仅限于潜在犯罪人，而是包括潜在犯罪人在内的所有的人。本书原则上同意后者的意见，刑罚一般预防的对象应当是社会上的一般人，是全体社会成员，而不是少数人。因为刑法是以一般人为对象的，而不只是针对少数人的，刑法面向全体公民，平等地保护和威胁社会上的每一个人，而不论他是诚实的还是非诚实的，也不论他是稳定的还是不稳定的。刑罚平等地威胁社会上所有的人，而不仅仅是针对少数不确定的潜在犯罪人，立法上对犯罪规定刑罚，司法中对犯罪人适用刑罚，对所有的公民都会产生威慑、警戒、教育作用，而刑罚也追求达到这一目标。由于教育并非万能的，所以，在我国目前的条件下，利用刑罚威慑功能来防止一般人实施犯罪行为是必要的。

三、特殊预防与一般预防的关系

魏连志猥亵儿童案

到此为止,我们可以对刑罚目的进行如下简单的总结:刑罚的目的是预防犯罪,这是一个总目标,这一总目标包括一般预防和特殊预防两个方面,而每一个方面又包含着各不相同的多个层次。刑罚的目的即预防犯罪是一个两方面的、多层次的整体。这一整体的两个基本方面(即特殊预防与一般预防)紧密联系、相互依存、相互影响、相互作用、相辅相成。特殊预防目的的实现,有利于一般预防目的的实现;一般预防目的的实现,又有利于特殊预防目的的实现。当然,我们必须看到,特殊预防内部的积极预防方面与消极预防方面之间以及特殊预防的积极方面与一般预防之间也存在着相当的矛盾与冲突。在刑事立法和刑事司法实践中,我们必须将一般预防与特殊预防二者紧密结合、密切配合,以预防犯罪,保护社会。

当然,刑罚特殊预防与一般预防的统一,并不排斥在特定情况下有所侧重。一般来说,在刑事立法阶段,应侧重于一般预防,因为立法总是针对一般事项和一般人的。但是,又不能绝对。例如,就法定刑种类与幅度的设定而言,立法者应当重视一般预防的需要,而对于各种量刑情节的规定,则要将一般预防与特殊预防并重;在规定各种量刑情节时,对于犯罪情节应当侧重于一般预防的需要,而对于犯罪人个人情况方面的情节,则应侧重于特殊预防的需要。在刑事审判中,特殊预防与一般预防应当同时并重,但是又需要根据不同的案件情况有所侧重。例如,对于常见、常发的犯罪要侧重于一般预防,但是,对于偶发、少发的犯罪则侧重于特殊预防;在一定时期、一定地区的范围内,对于危害极大的常发犯罪,适用刑罚时需要侧重于一般预防的需要,反之,则需侧重于特殊预防的需要;对于人身危险性轻重明显的,适用刑罚时需要侧重于特殊预防的需要,而对于人身危险性轻重不明显的,则需要侧重于一般预防的需要;等等。在刑罚执行阶段,一般应当侧重于特殊预防,但是,仍然需要考虑一般预防的需要。总而言之,我们在预防犯罪时,一般预防与特殊预防应当同时并重,又有所侧重。侧重就是相对多一些地考虑特殊预防或者一般预防的某一方面,但并不放弃其他方面。

第十二章
问题与思考

第十三章 刑罚的体系与种类

本章知识结构图

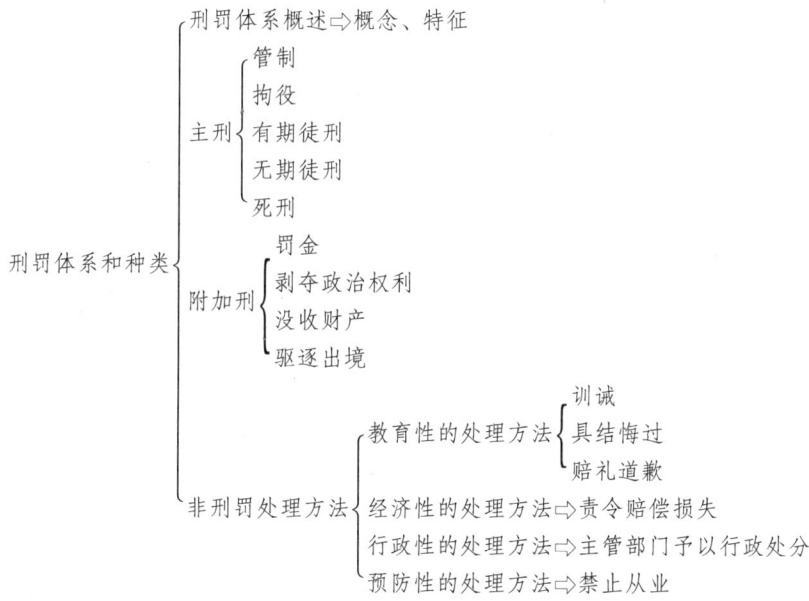

第一节 刑罚体系概述

刑罚体系是指各种刑罚方法按照一定的结构组合而成的整体。换言之，国家为了借助刑罚属性发挥刑罚功能、实现刑罚目的以及为了检索的方便而将刑法中规定的能够区分主次轻重的多种刑罚方法按照刑罚的轻重程度加以排列而成的系统，就是刑罚体系。刑罚体系以刑罚结构为基本内容，刑罚结构是刑罚方法的组合形式。刑罚体系作为一个系统整体应当具有一个合理的结构形式，即立法者应当合理地将各种刑罚方法（刑种）区分主次轻重并按照一定的顺序加以排列。

第二节 主刑

主刑,也称之为基本刑,是指只能独立适用的主要刑罚方法。主刑只能独立适用,不能附加适用;一个犯罪只能适用一个主刑,不能同时适用两个或两个以上的主刑。主刑包括管制、拘役、有期徒刑、无期徒刑和死刑。

一、管制

管制是对犯罪人不予关押,但限制其一定的自由,并依法实行社区矫正的刑罚方法。管制是我国的一种开放性的、限制人身自由的轻刑,具有以下特点与内容:

1. 不予关押,即不剥夺犯罪人的人身自由。管制具有不剥夺人身自由性,其执行具有开放性的特点,可以有效地避免短期自由刑的弊端,将罪犯仍然留在原来工作和生活的地方,可以保持其正常的工作与生活,有利于犯罪人的改造与社会秩序的稳定。

指导案例:"禁止令"的适用

2. 限制犯罪人一定的自由,而不是免予刑罚处罚。《刑法》第38条第2款规定:"判处管制,可以根据犯罪情况,同时禁止犯罪分子在执行期间从事特定活动,进入特定区域、场所,接触特定的人。"法院宣告禁止令,应当根据犯罪分子的犯罪原因、犯罪性质、犯罪手段、犯罪后的悔罪表现、个人一贯表现等情况,充分考虑与犯罪分子所犯罪行的关联程度,有针对性地决定禁止其在管制执行期间(以及缓刑考验期限内)"从事特定活动,进入特定区域、场所,接触特定的人"的一项或者几项内容。也就是说,应当根据犯罪情况,按照教育改造犯罪人以预防其再次犯罪以及有效监督、管理犯罪人以维护社会秩序的需要,判令禁止犯罪分子在执行期间从事特定活动,进入特定区域、场所,接触特定的人。例如,禁止犯罪人从事娱乐业,禁止犯罪人从事食品生产、销售等活动,禁止犯罪人进入网吧、酒吧、舞厅、体育场等场所,禁止犯罪人接触被害人、证人、同案被告人等。上述三种"禁止令"具有较强的限制人身自由的性质,但是并不属于刑罚。尽管"禁止令"不属于刑罚,但是"禁止令"的内容应当具体、明确,不能含混、笼统,也不能是法律已有规定的禁止性规定或者行政处罚措施。"禁止令"由司法行政机关指导管理的社区矫正机构负责执行。为了保证"禁止令"的有效实施,《刑法》第 38 条第 4 款规定:"违反第 2 款规定的禁止令的,由公安机关依照《中华人民共和国治安管理处罚法》的规定处罚。"根据《刑法》第 39 条的规定,限制自由的内容还有:①遵守法律、行政法规,服从监督;②未经执行机关批准,不得行使言论、出版、集会、结社、游行、示威自由的权利;③按照执行机关规定报告自己的活动情况;④遵守执行机关关于会客的规定;⑤离开所居住的市、县或者迁居,应当报经执行机关批准。但是,对犯罪人的劳动报酬不得进行限制,即对于被判处管制的犯罪分子,在劳动中应当同工同酬。

拓展阅读:
禁止令

3. 限制自由的期限相对较短。根据《刑法》第 38、40、41、69 条的规定,管制的期限为 3 个月以上 2 年以下,数罪并罚时不得超过 3 年。管制的刑期从判决执行之日起计算,判决执行前先行羁押的,羁押 1 日折抵刑期 2 日。管制期满,执行机关即应向本人和其所在单位或者居住地的群众宣布解除管制。

4. 依法实行社区矫正。《刑法》第 38 条第 3 款进一步地规定:"对判处管制的犯罪分子,依法实行社区矫正。"社区矫正,是指专门的国家机关在社会组织和社会志愿者的协助下,将判处管制(以及宣告缓刑、假释或者暂予监外执行)的犯罪人置于特定的社区内,进行教育改造,矫正其犯罪心理的刑罚执行活动。社区矫正对于犯罪人所实行的教育改造,具有一定的强制性,因而也构成对犯罪人人身自由的限制,但是并不属于刑罚方法,而是与监禁矫正相对应的非监禁刑罚执行活动。

拓展阅读:
社区矫正

二、拘役

拘役是短期剥夺犯罪人自由,就近实行教育和改造的刑罚方法。拘役具有以下特点与内容:

1. 拘役是剥夺自由的刑罚方法。拘役是剥夺犯罪人人身自由的刑罚方法,所以与管制具有明显区别。拘役是刑罚方法,与行政拘留、刑事拘留、司法拘留在法律属性、适用对象、适用机关、适用依据、适用程序、适用期限上存在明显的区别。

2. 拘役是短期剥夺自由的刑罚方法。拘役属于短期自由刑,根据《刑法》第 42、44、69 条的规定,拘役的期限为 1 个月以上 6 个月以下,数罪并罚时不得超过 1 年。拘役的刑期从判决执行之日起计算，判决执行以前先行羁押的，羁押 1 日折抵刑期 1 日。

3. 拘役是由公安机关就近执行的刑罚方法。拘役由公安机关在就近的拘役所、看守所或者其他监管场所执行；在执行期间，受刑人每月可以回家 1~2 天；参加劳动的，可以酌量发给报酬。

三、有期徒刑

有期徒刑是剥夺犯罪人一定期限的自由，实行教育和改造的刑罚方法。有期徒刑是我国适用最广的刑罚方法，是主刑中的主要刑罚方法，是我国刑罚体系的中心，具有以下特点与内容：

1. 有期徒刑剥夺犯罪人的自由。主要表现在将犯罪人拘押于监狱或其他执行场所，这是有期徒刑区别于生命刑、财产刑、资格刑以及管制刑的基本特征。

2. 有期徒刑具有一定期限。根据《刑法》第 45、50、69 条的规定，有期徒刑的期限为 6 个月以上 15 年以下，数罪并罚时，总和刑期不满 35 年的，最高不能超过 20 年，总和刑期在 35 年以上的，最高不能超过 25 年。刑期从判决执行之日起开始计算，判决执行以前先行羁押的，羁押 1 日折抵刑期 1 日。

3. 有期徒刑的基本内容是对犯罪人实行教育和改造。《刑法》第 46 条规定，被判处有期徒刑的人，"凡有劳动能力的，都应当参加劳动，接受教育和改造"。劳动改造具有强制性，除丧失劳动能力的以外，都必须参加劳动。强制劳动可以改掉犯罪人好逸恶劳的习性，学会一定的生产技能，养成良好的生活习惯，从而改造成为自食其力、遵纪守法的公民。

四、无期徒刑

无期徒刑是剥夺犯罪人终身人身自由，实行强迫教育和改造的刑罚方法。其特点与内容如下：

1. 无期徒刑是自由刑中最严厉的刑罚方法，主要表现在剥夺犯罪人终身人身自由。所以，刑法对非常严重的犯罪规定了无期徒刑，规定的方式主要表现为两种情况：①对于规定了死刑的犯罪，一般同时将无期徒刑规定为选择刑；②将无期徒刑规定为最高的法定刑，在这种情况下同时将较长的有期徒刑规定为选择刑。从理论上讲，无期徒刑是剥夺犯罪人终身人身自由的，但法律同时规定了

第十三章 刑罚的体系与种类

减刑、假释、赦免等制度,被判处无期徒刑的犯罪人实际上很少有终身被剥夺自由的。刑罚人道主义原则反对将判处无期徒刑的人终身监禁至死。

2. 无期徒刑的执行过程中要对犯罪人实行教育和改造。《刑法》第46条规定,被判处无期徒刑的犯罪分子,在监狱或者其他执行场所执行;凡具有劳动能力的,都应当参加劳动,接受教育和改造。

3. 对于被判处无期徒刑的犯罪分子,应当附加剥夺政治权利终身(《刑法》第57条),这与死刑一样。但是,被判处管制、拘役、有期徒刑的犯罪分子,不是必须附加剥夺政治权利,这从一个方面说明了无期徒刑的严厉性,其是仅次于死刑的严厉刑罚方法。

五、死刑

(一)死刑的概念

死刑是杀死犯罪人的刑罚方法,包括死刑立即执行与缓期二年执行。死刑的惩罚内容是剥夺罪犯的生命,故而被称为生命刑。生命是公民最宝贵的权益,死刑便成为刑罚体系中最为严厉的刑罚方法,故又被称为极刑。

废除死刑与死刑罪名的减少

(二)死刑的适用

我国刑法不以废除死刑为刑事政策的目标,但是坚持少杀、防止错杀的严格限制死刑适用的政策。司法实践中,应当以这一刑事政策为指导,根据刑法的有关规定严格地限制死刑的适用。

1. 严格遵守罪刑法定原则和严格限制死刑适用的刑事政策。罪刑法定原则要求,只有刑法分则条文明确规定了死刑的犯罪,才可判处死刑。绝对不能将没有规定死刑的犯罪判处死刑,也不能为了判处死刑而将法定刑没有死刑的犯罪认定为法定刑具有死刑的犯罪。严格限制死刑适用的刑事政策意味着:并非触犯了死刑条款的行为都必须判处死刑。

2. 死刑只适用于罪行极其严重的犯罪分子。《刑法》第48条规定,"死刑只适用于罪行极其严重的犯罪分子"。从法律上讲,适用死刑必须首先考虑犯罪情况,然后考虑犯罪人的具体情况,而不是单一地考虑犯罪状况。就犯罪而言,必须是"罪行极其严重"。首先,"罪行极其严重"是指客观罪行极其严重。所谓客观罪行极其严重,是指必须有犯罪实行行为的存在,犯罪实行行为完成并造成极其严重的危害结果,整个客观罪行均远远地超过犯罪既遂的标准。例如,故意杀人罪必须实行了杀人行为并造成死亡结果的发生,甚至造成多人死亡,以及同时具有杀人手段极其残忍等客观方面的严重情节,仅有预备、帮助、教唆等从行为而没有实行行为,或者犯罪未完成的,绝对不可以适用死刑。其次,"罪行极其严重"是客观罪行与主观罪责相统一的罪行——犯罪的性质与程度极其严重。例如,行为人主观上犯罪动机极其卑鄙、恶劣。最后,"死刑只适用于罪行极其严重的犯罪分子"还意味着:罪行极其严重是适用死刑的必要而非充分的前提条件,死刑只适用于罪行极其严重的犯罪分子,但是并非极其严重的犯罪都必须判处死刑,即使是对国家、社会、公民造成的危害后果特别严重,或者情节特别恶劣,也只是"可以判处死刑",而不是必须判处死刑。适用死刑还必须在充分考虑犯罪人全部罪行的基础上,客观地评价犯罪人的人身危险性程度,只有在犯罪人还有再次实施极其严重罪行的危险,甚至判处终身监禁也不足以防止其再次犯罪时,才可以考虑适用死刑。

3. 犯罪的时候不满18周岁的人和审判的时候怀孕的妇女,不得适用死刑。这是《刑法》第49条的明文规定。这里的"不适用死刑",既包括不适用死刑立即执行,也包括不适用死刑缓期二年执行,因为死缓也属于死刑。这一规定是特别保护青少年的刑事政策和人道主义原则在我国刑法上的具体体现。对案件起诉到人民法院以前,被告人在关押期间自然流产或者做人工流产的,视为审判时怀孕的妇女,不能判处死刑,绝对不能为了判处死刑而强制怀孕的犯罪嫌疑人、被告人人工流产。

4. 审判的时候已满75周岁的人,不适用死刑,但以特别残忍手段致人死亡的除外。这是《刑法修正案(八)》修正后第49条第2款的规定,体现了体恤老年人的刑事政策。国际公约禁止适用死刑的年龄是70周岁,我国《刑法》规定为75周岁,且有进一步的例外限制,相当保守。

5. 不得违反法定程序适用死刑。根据《刑事诉讼法》第20条的规定,死刑案件只能由中级以上人民法院进行一审,基层人民法院不得判处被告人死刑。根据《刑法》第48条以及《刑事诉讼法》的规定,死刑除依法由最高人民法院判决的以外,都应当报请最高人民法院核准。

6. 不得任意采用死刑执行方法。《刑事诉讼法》第 252 条第 2 款规定："死刑采用枪决或者注射等方法执行。"现代保留死刑的国家采取的死刑执行方法主要有枪决、绞刑、电刑、注射、毒气等。我国 1979 年《刑法》规定，死刑用枪决的方法执行。2012 年修订后《刑事诉讼法》规定，死刑用枪决、注射等方法执行。这里的"等"是止尾词，除了枪决、注射外，不得使用其他杀人方法执行死刑。

（三）死刑缓期执行

《刑法》第 48 条第 1 款的后半段还特别规定："对于应当判处死刑的犯罪分子，如果不是必须立即执行的，可以判处死刑同时宣告缓期二年执行。"这就是我国的死刑缓期执行制度，简称为死缓。死缓不是独立的刑种，而是死刑适用制度。死缓制度的目的和意义在于减少死刑的执行。

依据《刑法》的上述规定，宣告死缓必须具备两个条件：①"应当判处死刑"，即根据刑法的规定与罪行的严重程度，应当判处死刑。这是宣告死缓的前提条件。②"不是必须立即执行的"，即根据案件的具体情况，可以不立即执行死刑。刑法对于应当判处死刑的犯罪有明文规定，但对哪些属于"不是必须立即执行的"情况没有明确描述。根据刑事审判经验，应当判处死刑，但具有下列情形之一的，可以视为"不是必须立即执行的"：①犯罪后自首、立功或者有其他法定任意从轻处罚情节的；②在共同犯罪中罪行不是最严重的或者其他在同一或同类案件中罪行不是最严重的主犯；③被害人的过错导致被告人激愤犯罪或者有其他表明犯罪人容易改造的情节的；④有令人怜悯的情节的；⑤有其他应当留有余地情况的，如同案犯在逃的。

死缓不是独立刑种，判处死缓后会出现不同的法律效果。根据《刑法》第 50 条的规定，对于被判处死缓的犯罪人，最终有三种处理结果：①在死刑缓期执行期间，如果没有故意犯罪，2 年期满以后，减为无期徒刑。②在死刑缓期执行期间，如果确有重大立功表现，2 年期满以后，减为 25 年有期徒刑。重大立功表现，根据《刑法》第 78 条予以确定。③在死刑缓期执行期间，如果故意犯罪，情节恶劣的，报请最高人民法院核准后执行死刑；对于故意犯罪未执行死刑的，死刑缓期执行的期间重新计算，并报最高人民法院备案。司法实践中，故意犯罪必须是可以判处死刑的犯罪，即法定刑量刑幅度最高刑是死刑的犯罪，而且必须经人民法院审判确

王志才故意杀人案

定。"情节恶劣"需要严格解释，而不能宽松地适用，首先，必须是故意犯罪情节恶劣，这需要结合结果、手段、动机等情节综合判断；其次，必须是犯罪人人身危险性极高，这需要综合考虑死缓考验期间犯罪人的悔罪和悔改表现，特别需要考虑犯罪人是否有严重抗拒教育改造的情节，进行综合判断。原则上讲，被判处死缓的犯罪人，在死刑缓期执行期间所实行的故意犯罪，不能再次判处死刑的，不应该执行死刑。

《刑法》第 50 条还进一步规定："对被判处死刑缓期执行的累犯以及因故意杀人、强奸、抢劫、绑架、放火、爆炸、投放危险物质或者有组织的暴力性犯罪被判处死刑缓期执行的犯罪分子，人民法院根据犯罪情节等情况可以同时决定对其限制减刑。"可见，死刑实际上包括死刑立即执行、死缓、死缓并限制减刑三种形式。此外，《刑法修正案（九）》还特别补充规定，犯贪污罪、受贿罪，被判处死刑缓期执行的，人民法院根据犯罪情节等情况可以同时决定在其死刑缓期执行二年期满依法减为无期徒刑后，终身监禁，不得减刑、假释。这样一来，死缓并终身监禁（不得减刑、假释）成为死刑之下的另外一种特殊形式。总之，死缓包括死刑缓期二年执行、死刑缓期二年执行并限制减刑、死刑缓期二年执行并终身监禁三种形式。

关于死刑适用的司法解释

根据《刑法》第 51 条的规定，死刑缓期执行的期间，从判决确定之日起计算。死刑缓期执行减为有期徒刑的刑期，从死刑缓期执行期满之日起计算。死缓判决确定之前的羁押时间，不计算在缓期 2 年的期限之内，因为规定 2 年的考验期就是为了观察犯罪人在这 2 年内有无悔改表现，如果将先前羁押的时间计算在内，就失去了考验的意义。死缓减为有期徒刑的，不管何时裁定，应当在 2 年期满后不迟延地作出，有期徒刑的期限从死刑缓期执行期满之日起计算，而不是从裁定之日起开始计算。

第三节 附加刑

附加刑，也称之为从刑，是指补充主刑适用的刑罚方法。附加刑既可以附加主刑适用，也可以独立适用。《刑法》第 34 条规定了罚金、剥夺政治权利与没收财产三种附加刑，第 35 条还规定了适用于犯罪的外国人的驱逐出境。

一、罚金

（一）罚金的概念

罚金是人民法院判处犯罪分子向国家缴纳一定数额金钱的刑罚方法。

罚金属于财产刑的一种，在处罚性质、适用对象、适用程序、适用主体、适用依据等方面与行政罚款、赔偿损失等法律制裁措施明显不同。

（二）罚金的适用范围及立法方式

1979年《刑法》只有20个条文规定了罚金，适用范围相对较窄；1997年《刑法》扩张至147个条文规定了罚金，罚金刑的适用范围显著扩大，适用对象主要是破坏社会主义市场经济秩序罪、侵犯财产罪、妨害社会管理秩序罪、贪污贿赂罪。

《刑法》分则对罚金的规定方式有四种：①选处罚金，即罚金作为一种与有关主刑并列的刑罚，由人民法院根据犯罪的具体情况选择适用。②单处罚金，即只能判处罚金，而不能判处其他刑罚。对犯罪的单位只能单处罚金。③并处罚金，即在判处主刑的同时附加适用罚金。《刑法》规定"并处"罚金时，人民法院在对犯罪人判处主刑的同时，必须依法判处罚金；《刑法》规定"可以并处"罚金时，人民法院应当根据案件具体情况以及犯罪人的财产状态，决定是否判处罚金。④并处或者单处罚金，即人民法院既可以在判处主刑的同时附加适用罚金，也可以只适用罚金。对于犯罪情节轻微，适用单处罚金不致再危害社会并具有下列情节之一的，可以依法单处罚金：偶犯或者初犯的；自首或者有立功表现的；犯罪时不满18周岁的；犯罪预备、中止或者未遂的；被胁迫参加犯罪的；全部退赃并有悔改表现的；其他可以依法单处罚金的情形。

（三）罚金的数额

《刑法》第52条规定："判处罚金，应当根据犯罪情节决定罚金数额。"根据犯罪情节，是指依据具体犯罪的构成要件之外的罪行与罪责方面的情节，如违法所得的数额、造成损失的大小、犯罪的目的与动机等，决定罚金数额的大小，也就是根据犯罪的社会危害性及其程度，依据罪刑相适应原则作出决定。罚金作为犯罪的法律后果，除了考虑犯罪情节外，还必须考虑犯罪人的人身危险性状况，并且要考虑犯罪人的经济状况，即犯罪人审判时的经济支付能力以及其将来的经济状况。但是,"凡法律规定并处罚金或者没收财产的,均应当依法并处,被告人的执行能力不能作为是否判处财产刑的依据。确实无法执行或不能执行的,可以依法执行终结或者减免。对法律规定主刑有死刑、无期徒刑和有期徒刑,同时并处没收财产或罚金的,如决定判处死刑,只能并处没收财产;判处无期徒刑的,可以并处没收财产,也可以并处罚金;判处有期徒刑的,只能并处罚金"。[1]

决定罚金数额,当然必须在刑法分则规定的法定刑范围内。刑法分则对罚金数额分为三种情况:①没有规定具体数额。2000年11月15日《最高人民法院关于适用财产刑若干问题的规定》明确规定,罚金的最低数额不能少于1000元。②规定了相当确定的数额(如《刑法》第192条)。③以违法所得或犯罪涉及的数额为基准,处以一定比例或者倍数的罚金(如《刑法》第141、158、225条)。依据上述司法解释,对未成年人犯罪应当从轻或者减轻判处罚金,但罚金的最低数额不能少于500元。

(四) 罚金的执行

根据《刑法》第53条的规定,罚金在判决指定的期限内(应为从判决发生法律效力第二日起最长不超过3个月)一次或者分期缴纳。期满不缴纳的,强制缴纳。对于不能全部缴纳罚金的,人民法院在任何时候发现被执行人有可以执行的财产时,即应随时追缴。由于遭遇不能抗拒的灾祸等原因缴纳确实有困难的,经人民法院裁定,可以延期缴纳、酌情减少或者免除。

二、剥夺政治权利

(一) 剥夺政治权利的概念

剥夺政治权利,是指剥夺犯罪人参加管理国家和政治活动的权利的刑罚方法。

根据《刑法》第54条的规定,剥夺政治权利是剥夺下列权利:①选举权与被选举权;②言论、出版、集会、结社、游行、示威自由的权利;③担任国家机关职务的权利;④担任国有公司、企业、事业单位和人民团体领导职务的权利。

---

[1] 1999年10月27日发布的最高人民法院《全国法院维护农村稳定刑事审判工作座谈会纪要》。

（二）剥夺政治权利的适用对象

剥夺政治权利的适用对象比较广泛，既适用于严重犯罪，也适用于较轻的犯罪；既适用于危害国家安全的犯罪，也适用于普通刑事犯罪。在实践中，剥夺政治权利也是适用较多的附加刑。在适用方式上，剥夺政治权利既可以附加适用，也可以独立适用。

1. 剥夺政治权利附加适用于严重犯罪的，《刑法》总则作了原则性规定，包括两种情况：

（1）应当附加剥夺政治权利。在这种情况下，人民法院没有裁量的余地，必须依法附加剥夺政治权利。根据《刑法》第56条与第57条的规定，对下列两类犯罪人应当附加剥夺政治权利：①对于危害国家安全的犯罪分子应当附加剥夺政治权利。这是从犯罪性质上确定剥夺政治权利的适用对象，不管对其判处的主刑种类如何，均需要附加剥夺政治权利。②对于被判处死刑、无期徒刑的犯罪分子，应当附加剥夺政治权利终身。

（2）可以附加剥夺政治权利。在这种情况下，是否附加剥夺政治权利，由人民法院具体裁量。《刑法》第56条规定："对于故意杀人、强奸、放火、爆炸、投毒、抢劫等严重破坏社会秩序的犯罪分子，可以附加剥夺政治权利。"据此，除了对该条所列举的犯罪人以外，对其他严重破坏社会秩序的犯罪人，也可以附加剥夺政治权利，如对于故意伤害、盗窃等严重破坏社会秩序的犯罪，犯罪分子主观恶性较深、犯罪情节恶劣、罪行严重的，也可以附加剥夺政治权利。[1]

2. 剥夺政治权利独立地适用于罪质较轻的犯罪或罪质严重但情节较轻的犯罪的，由《刑法》分则特别规定。如果《刑法》分则没有规定可以独立适用剥夺政治权利的，不得适用。《刑法》分则主要对危害国家安全罪，侵犯公民人身权利、民主权利罪，妨害社会管理秩序罪，危害国防利益罪等几种类型的犯罪规定了可以选择判处剥夺政治权利。

（三）剥夺政治权利的期限与执行

剥夺政治权利的期限分为以下四种情况：①对于判处死刑、无期徒刑的犯罪分子，应当剥夺政治权利终身；②在死刑缓期执行减

---

[1] 1997年12月23日通过的《最高人民法院关于对故意伤害、盗窃等严重破坏社会秩序的犯罪分子能否附加剥夺政治权利问题的批复》。

为有期徒刑或者无期徒刑减为有期徒刑时，应当把附加剥夺政治权利的期限改为 3 年以上 10 年以下；③独立适用或者判处有期徒刑、拘役附加适用剥夺政治权利的期限，为 1 年以上 5 年以下；④判处管制附加剥夺政治权利的期限与管制的期限相等。

剥夺政治权利的刑期起算与执行分为以下几种情况：①被判处管制附加剥夺政治权利的刑期，与管制的刑期同时起算、同时执行。②独立适用剥夺政治权利的，按照执行判决的一般原则，从判决执行之日起计算并执行。③判处有期徒刑、拘役附加剥夺政治权利的刑期，以及死缓、无期徒刑减为有期徒刑附加剥夺政治权利的刑期，从徒刑、拘役执行完毕之日起或者从假释之日起开始计算；剥夺政治权利的效力当然适用于主刑执行期间，即对于这类犯罪人，在有期徒刑、拘役执行期间，当然剥夺政治权利。被判处有期徒刑、拘役、管制而没有附加剥夺政治权利的犯罪人，在执行期间仍然享有政治权利。④判处死刑、无期徒刑因而剥夺政治权利终身的，从主刑执行之日起开始执行剥夺政治权利。

除剥夺政治权利终身的以外，剥夺政治权利的期限届满时，应宣布恢复政治权利，恢复政治权利后，便享有法律赋予的政治权利。

三、没收财产

没收财产是将犯罪人所有的合法财产的一部或者全部强制无偿地收归国有的刑罚方法。

没收财产和没收与犯罪有关的物品性质不同。《刑法》第 64 条规定："犯罪分子违法所得的一切财物，应当予以追缴或者责令退赔；对被害人的合法财产，应当及时返还；违禁品和供犯罪所用的本人财物，应当予以没收。没收的财物和罚金，一律上缴国库，不得挪用和自行处理。"据此，追缴犯罪所得的财物，不属于没收财产；没收违禁品和供犯罪所用的本人财物，也不属于没收财产。因此，与许多法治国家刑法中的没收财产不同，我国刑法中的"没收财产"是没收犯罪人合法所有并且没有用于犯罪的财产，理论上称之为一般没收。与一般没收对应的是特别没收，类似于我国《刑法》第 64 条规定的没收，除了特别没收外，一些国家还规定了混合没收，即犯罪人故意将其合法财产混入犯罪所得及其产生的收益而难以分清的，一并予以没收。对于没收财产来说，在刑法规定有罚金刑的情况下，没收财产（即一般没收）是否正当，理论上是大有疑问的。但是，我国刑事立法不仅没有减少可以适用没收财产的罪名，相反有不断扩张没收财产适用范围的趋势，1997年《刑法》颁布实施以来，立法者为不少犯罪增加规定了没收财产刑。

没收财产只能适用于《刑法》分则明文规定可以判处没收财产的那些犯罪，从《刑法》分则的规定来看，主要适用于危害国家安全罪、破坏社会主义市场经济秩序罪、侵犯财产罪、贪污贿赂罪。根据《刑法》第59条的规定，判处没收财产时，既可以判处没收犯罪人所有的全部财产，也可以判处没收犯罪人所有的部分财产，至于是没收全部财产还是没收部分财产，要根据犯罪的社会危害性与犯罪人的人身危险性确定，但是，没收全部财产的，应当对犯罪分子个人及其抚养的家属保留必要的生活费用。在判处没收财产的时候，不得没收属于犯罪分子家属所有或者应有的财产。这有利于维护社会秩序安定，也是罪责自负原则的要求的体现。

根据《刑法》第60条的规定，没收财产以前犯罪人所负的正当债务，即犯罪人在判决生效前所负他人的合法债务，需要以没收的财产偿还的，经债权人请求，应当偿还。

四、驱逐出境

驱逐出境是强迫犯罪的外国人离开中国国（边）境的刑罚方法。尽管我国《刑法》形式上既没有将驱逐出境归入主刑，也没有将其归入附加刑，但是，由于驱逐出境由人民法院决定适用于犯罪的外国人，因而属于刑罚方法；由于驱逐出境既可以独立适用也可以附加适用，符合附加刑的基本特征；由于驱逐出境仅适用于犯罪的外国人（包括具有外国国籍与无国籍的人），故而是一种适用于特殊对象的特殊的附加刑。由于《刑法》中的驱逐出境属于附加刑，因此与《出境入境管理法》规定的作为行政处罚、由公安机关决定并适用于违反出入境管理法的外国人的驱逐出境相比有本质区别。

驱逐出境作为一种特殊的刑罚方法与国家主权和外交相关联。对于犯罪的外国人适用驱逐出境，既是防止他们继续在我国领域内危害我国国家和公民利益的有效措施，也是维护国家主权的具体体现。宣布享有外交特权和豁免权的外国犯罪人为不受欢迎的人并强制其离境，不属于刑法规定的驱逐出境。对于罪行较重，应判处有期徒刑的,也可以附加适用驱逐出境,原则上需要在刑罚执行完毕后执行,特殊情况下,对于侵害国家利益的犯罪可以直接执行驱逐出境。

第四节 非刑罚处理方法

一、非刑罚处理方法的概念

非刑罚处理方法,是指对免除刑罚处罚的犯罪人,给予刑罚以外的实体上的处罚与处理。这类处罚方法,称为非刑罚处理方法,或非刑罚处罚方法。

二、非刑罚处理方法的种类

《刑法》第37条规定:"对于犯罪情节轻微不需要判处刑罚的,可以免予刑事处罚,但是可以根据案件的不同情况,予以训诫或者责令具结悔过、赔礼道歉、赔偿损失,或者由主管部门予以行政处罚或者行政处分。"本条规定了以下三类、五种非刑罚处理方法。

(一) 教育性的处理方法

1. 训诫。训诫,是人民法院对犯罪情节较微不需要判刑的人,以口头的方式对其当庭公开进行谴责的教育方法。

2. 具结悔过。具结悔过,是指人民法院责令犯罪情节轻微不需要判刑的人用书面方式保证悔改,以后不再重新犯罪的教育方法。

3. 赔礼道歉。赔礼道歉,是指人民法院责令犯罪情节轻微不需要判刑的人公开向被害人当面承认错误、表示歉意的教育方法。

(二) 经济性的处理方法

经济性的处理方法即责令赔偿损失。责令赔偿损失,是指人民法院对犯罪情节轻微不需要判刑的犯罪人,责令其向被害人支付一定数额的金钱,以弥补被害人因犯罪行为而遭受的损失的处理方法。

根据《刑法》第37条的规定,责令赔偿损失是在免予刑事处罚的前提下所采用的处理方法。因此,它与《刑法》第36条提到的判处赔偿经济损失是有区别的:①适用对象不同。责令赔偿损失的适用对象是依法被免予刑事处罚的人，它以免除刑罚处罚为前提，是刑事责任的实现方法；赔偿经济损失则对依法被判处刑罚的人适用。②程序不同。责令赔偿损失并不以被害人提起民事诉讼为前提，在免除刑罚的情况下，即使被害人没有提起民事诉讼，人民法院也可以根据案件的具体情况责令赔偿损失。③处理结果不同。责令赔偿损失的适用条件是犯罪情节轻微不需要判刑的，因此，只让被告人赔偿损失而不对他判刑，所谓"只赔不罚"；判处赔偿经济损失的适用条件是罪行较重又需要判刑的，因此，对被告人既判刑又判决其赔偿，即"又罚又赔"。

（三）行政性的处理方法

行政性的处理方法，即由主管部门予以行政处分。由主管部门予以行政处分，是指人民法院根据案件的实际情况向犯罪人所在单位提出行政处分或者行政处罚的司法建议，而由主管单位决定给予犯罪分子适当处分的方法。

（四）预防性处理方法：禁止从业

《刑法》第37条之一规定："因利用职业便利实施犯罪，或者实施违背职业要求的特定义务的犯罪被判处刑罚的，人民法院可以根据犯罪情况和预防再犯罪的需要，禁止其自刑罚执行完毕之日或者假释之日起从事相关职业，期限为3年至5年。被禁止从事相关职业的人违反人民法院依照前款规定作出的决定的，由公安机关依法给予处罚；情节严重的，依照本法第313条的规定定罪处罚。其他法律、行政法规对其从事相关职业另有禁止或者限制性规定的，从其规定。"本条规定了"禁止从业"即"禁止从事相关职业"的预防措施，是2015年《刑法修正案（九）》新增加的一种非刑罚处理方法。

第十三章
问题与思考

第十三章
课后练习题

第十四章 刑罚的裁量

本章知识结构图

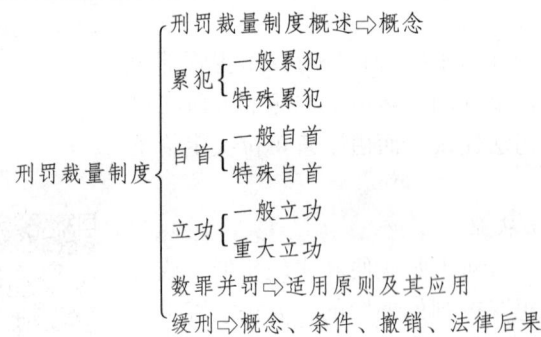

第一节 刑罚裁量概述

一、刑罚裁量的概念

刑罚裁量，简称量刑，是指审判机关即人民法院在查明犯罪事实、认定犯罪性质的基础上，依法对犯罪人裁量刑罚的审判活动。量刑是定罪之后刑事审判工作的基本环节。量刑具有以下特征：

1. 量刑的主体是审判机关即人民法院。量刑权是国家刑罚权的重要内容之一，从属于刑事审判权。刑事审判权专属人民法院，只有人民法院才可以依法行使量刑的权力。

2. 量刑是定罪之后的刑事审判活动。量刑的基础是查明犯罪事实、认定犯罪性质，也就是说，人民法院只有在查明了犯罪事实、认定了犯罪性质即定罪之后，才能进一步地进行量刑活动，只能是先定罪后量刑，绝不能先量刑后定罪。

3. 量刑的内容是裁量刑罚。首先决定是否对犯罪人判处刑罚；

在决定应当判处刑罚的前提下,进一步决定判处何种刑罚(选择刑种)、判处多重的刑罚(确定自由刑的期限、剥夺政治权利的期限、罚金的数额等)和是否立即执行(是否缓期执行)。在被告人犯有数罪的情况下,量刑还包括数罪并罚,即分别定罪量刑,然后按照一定的原则和方法予以并罚。

二、刑罚裁量的原则

《刑法》第61条规定:"对于犯罪分子决定刑罚的时候,应当根据犯罪的事实、犯罪的性质、情节和对于社会的危害程度,依照本法的有关规定判处。"根据这一规定,量刑的原则是以犯罪事实为根据,以刑事法律为准绳。这一原则是"以事实为根据、以法律为准绳"原则在量刑工作中的具体化,其中包含着罪刑相适应原则和罪刑法定原则,同时还包含着刑罚个别化原则等刑法基本原则。

(一)以事实为根据

以事实为根据,首先是以犯罪事实为根据,是指以犯罪的事实、犯罪的性质、情节和对于社会的危害程度为根据。这实际上是罪刑相当原则的基本要求,即适用刑罚要与犯罪的性质与程度相适用。我们知道,罪刑相当原则并不否定刑罚个别化原则,而是有着密切的联系。刑罚个别化原则要求刑罚要与犯罪人相适应,根据犯罪人情节裁量适用刑罚,以求教育改造犯罪人的最佳效果。所以,以事实为根据,还要求量刑时要考虑犯罪人的情节。

遵循这一规定,应当做到以下几点:

1. 认真查清犯罪事实。这里的犯罪事实,是指符合刑法规定的具体犯罪的构成要件的主客观事实以及超构成要件的各种能够影响行为人刑事责任的主客观事实。首先,要查清符合构成要件的犯罪事实,也就是说,查清被告人的行为、行为对象、危害结果等是否符合罪行要件的要求,主观上是否具有罪责。其次,要查清构成要件之外的各种能够影响行为人刑事责任轻重程度的主客观事实。认真查清犯罪事实,是正确量刑的第一个关键,是贯彻"以犯罪事实为根据"原则的前提。

2. 准确认定犯罪性质。这里的犯罪性质,即构成犯罪的主客观事实统一表现的犯罪性质,即具体犯罪的罪名。准确认定犯罪性质,就是正确地确定罪与非罪,准确地区分此罪与彼罪。确定了犯罪性质，也就确定了应当适用的刑法条文，从而基本确定了与该犯罪的性质和程度相对应的法定刑。

3. 全面掌握犯罪情节和犯罪人情节。犯罪情节，是指超犯罪构成要件的事实情况，这些事实情况与犯罪构成要件的主客观方面具有密切联系，能够进一步地反映主客观方面的性质与程度，从而影响犯罪的社会危害程度。犯罪人情节，属于犯罪人的个人情况，与犯罪人的人身危险性（再犯罪的危险性）密切相关，能够反映其人身危险性程度。虽然《刑法》第61条没有明文规定犯罪人情节，但是根据《刑法》总则的有关规定（自首、立功、累犯等制度）的精神以及实现刑罚特殊预防目的的需要，量刑时应当考虑犯罪人情节，这也是刑罚个别化原则的要求。犯罪性质相同的犯罪，若犯罪情节和犯罪人情节差异很大，犯罪的社会危害程度和犯罪人的人身危险性程度也不一样。量刑要使刑罚与犯罪的社会危害性及犯罪人的人身危险性相适应，符合罪刑相适应原则与刑罚个别化原则的要求，就必须全面掌握犯罪情节和犯罪人情节。

4. 综合评价犯罪的社会危害程度和犯罪人的人身危险性程度。犯罪的社会危害程度，是由犯罪的事实、性质与情节决定的。分别弄清了犯罪的事实、性质与情节后，还需要综合评价犯罪的社会危害程度。因为犯罪的社会危害程度大小，是对犯罪的事实、性质与情节进行全面评价所得出的结论。综合评价犯罪的社会危害程度，还要考虑国家的政治、经济、社会治安等方面的形势，即在一定的社会形势下综合评价犯罪的社会危害程度。对于犯罪人的评价来说，不仅需要关注自首、立功、累犯等法定犯罪人情节，还需要关注犯罪人的其他个人情况，如犯罪前的表现与犯罪后的态度、犯罪人的一贯表现等，以考察犯罪人再次实施犯罪的危险性。

（二）以法律为准绳

以法律为准绳，主要是以刑事法律为准绳，这是罪刑法定原则的必然要求，是在刑事领域实现法治的基本保障。以刑事法律为准绳，应当注意以下几点：

1. 必须依照刑事法律关于各种刑罚方法的适用权限与适用条件的规定裁量刑罚。例如，需要判处无期徒刑或者死刑的案件，必须由中级以上人民法院审理，基层人民法院不得判处无期徒刑与死刑。再如，死刑只适用于罪行极其严重的犯罪分子；判处无期徒刑或者死刑的，剥夺政治权利终身；对于危害国家安全的犯罪分子，必须附加剥夺政治权利等。

2. 必须依照刑法有关量刑制度的规定裁量刑罚。例如，《刑法》规定了自首制度、立功制度、累犯制度、缓刑制度、数罪并罚制度等，在裁量刑罚时，必须严格遵循这些制度。

3. 必须依照刑法关于各种量刑情节的适用原则裁量刑罚。《刑法》规定了各种从重、从轻、减轻与免除处罚的情节，其中有的是"应当"从轻、减轻或者免除处罚，有的是"可以"从轻、减轻或者免除处罚；从重、从轻、减轻或者免除处罚又各有其特定的规则要求，人民法院量刑时，必须遵守刑法有关量刑情节的各种具体规定。

4. 必须依照《刑法》分则规定的法定刑裁量刑罚。行为触犯哪一个《刑法》分则条文，就以哪一个条文规定的法定刑为标准，然后在法定刑内选择刑种与刑度，之后进一步地考虑各种法定与酌定量刑情节，决定从重、从轻、减轻处罚，最终确定应当判处的刑罚。

马乐利用未公开信息交易案

第二节　刑罚裁量的情节

一、刑罚裁量情节的概念

刑罚裁量情节，也就是量刑情节，是指在某种行为已经构成犯罪的前提下，人民法院对犯罪人裁量刑罚时应当考虑的据以决定判刑轻重或者免除刑罚处罚的各种情况。刑罚裁量情节是贯彻量刑基本原则所不可缺少的内容，没有量刑情节，就没有量刑基本原则的具体化，就没有量刑活动本身，也就不可能以法定刑为依据最终确定适当的刑罚处罚。

量刑情节是超构成要件（要素）的事实。如果某一事实属于构成要件（要素）的内容，则是区分罪与非罪以及此罪与彼罪的事实，不是量刑情节。例如，《刑法》第260条第1款规定："虐待家庭成员，情节恶劣的，处2年以下有期徒刑、拘役或者管制。"这里的"情节恶劣"属于定罪情节，而不是量刑情节，没有恶劣情节的，不构成虐待罪。第260条第2款规定："犯前款罪，致使被害人重伤、死亡的，处2年以上7年以下有期徒刑。"这里的"致使被害人重伤、死亡"，属于量刑情节，是在构成虐待罪的基础上从严量刑的情节，直接决定量刑幅度的选择。致使被害人轻伤，则不是量刑情节，但是可以作为恶劣情节即定罪情节对待，当这一情节以及其他情节被作为定罪情节后，不能再作为量刑情节使用，否则可能造成重复评价。

应当指出，同一术语对于有的犯罪来说是定罪情节，而对于另外的犯罪来说则可能是量刑情节。比如"情节严重"，对某些犯罪来说属于构成要件，因而不是量刑情节，但相对于不以"情节严重"为构成要件的犯罪来说，则是量刑情节。例如，《刑法》第313条第1款规定："对人民法院的判决、裁定有能力执行而拒不执行，情节严重的，处3年以下有期徒刑、拘役或者罚金。"这里的"情节严重"是作为犯罪的构成要件加以规定的，是定罪情节，不是量刑情节。《刑法》第312条第1款规定："明知是犯罪所得及其产生的收益而予以窝藏、转移、收购、代为销售或者以其他方法掩饰、隐瞒的，处3年以下有期徒刑、拘役或者管制，并处或者单处罚金；情节严重的，处3年以上7年以下有期徒刑，并处罚金。"这里的"情节严重"不影响定罪，只影响量刑，属于量刑情节。准确地区分定罪情节和量刑情节，对于防止重复评价，避免将已经用于定罪的案件事实再次作为量刑情节评价，具有重要的意义。

既然是量刑情节，当然是影响量刑的情节。当某种事实情况反映犯罪的社会危害程度以及行为人的人身危险程度时，就能够影响量刑，所以，反映犯罪的社会危害程度或行为人的人身危险程度的事实情况，直接影响刑罚的轻重，是量刑情节。除此之外，外在的社会环境——治安、经济、政治情况构成包括量刑活动在内的整个刑事审判活动的外在环境，对量刑也能产生一定的影响。

二、量刑情节的分类

量刑情节繁多，可以根据不同标准、从不同角度对量刑情节进行不同的分类。除了在讨论量刑原则时谈到的"犯罪情节"与"犯罪人情节"的区分外，量刑情节还有以下重要分类：

1. 法定情节与酌定情节。以刑法有无明文规定为标准，量刑情节可以分为法定情节与酌定情节，这是十分重要的分类。前者是刑法明文规定量刑时应当考虑的情节；后者是刑法未作明文规定，根据立法精神与刑事政策，人民法院从审判经验中总结出来的量刑时需要酌情考虑的情节。以刑法是否就法定情节的功能作出绝对性规定为标准，法定量刑情节可以分为应当型情节与可以型情节。前者是刑法明文规定的，对量刑应当产生从宽或从严影响的情节，如累犯；后者是刑法规定的，对量刑可以产生从宽影响的情节，如未遂犯。目前，刑法尚未规定对量刑可以产生从严影响的情节，即没有法定"可以从重处罚"的情节。

2. 从宽情节与从严情节。以情节对量刑产生的轻重性质为标准，可以将量刑情节分为从宽情节与从严情节。前者是指对犯罪人的量刑产生从宽或有利影响的情节，包括免除处罚的情节、减轻处罚的情节与从轻处罚的情节；后者是对犯罪人的量刑产生从严或不利影响的情节，即从重处罚情节。

3. 案中情节与案外情节。以情节与犯罪行为在时间上的关系为标准，可以将量刑情节分为案中情节与案外情节。前者是犯罪过程中出现的各种情节，如犯罪手段、犯罪动机等；后者是在犯罪行为之前或之后出现的情节，如犯罪人的一贯表现、犯罪后的态度等。一般来说，案中情节是影响行为本身的社会危害程度的情节；案外情节是影响行为人的人身危险性的情节。

法定量刑情节

4. 单功能情节与多功能情节。以同一情节对量刑影响的功能多少为标准，可以将量刑情节分为单功能情节与多功能情节。前者对量刑的影响只有一种可能性，如累犯只能对量刑产生从重影响，属于单功能情节；后者对量刑的影响具有两种以上可能性，如从犯情节可能产生从轻、减轻与免除处罚的影响。

酌定量刑情节

三、累犯

累犯，是指被判处一定刑罚的犯罪人，在刑罚执行完毕或者赦免以后，在法定期限内又犯一定之罪的情况。根据《刑法》第65、66条的规定，累犯分为一般累犯与特殊累犯，法律后果相同，主要是应当从重处罚以及禁止适用缓刑、假释。

（一）一般累犯

《刑法》第65条第1款规定："被判处有期徒刑以上刑罚的犯罪分子，刑罚执行完毕或者赦免以后，在5年以内再犯应当判处有期徒刑以上刑罚之罪的，是累犯，应当从重处罚，但是过失犯罪和不满18周岁的人犯罪除外。"这就是关于一般累犯的规定。据此，一般累犯的成立条件是：

1. 前罪与后罪必须是故意犯罪，而且犯罪人犯罪时满18周岁。

如果前后两罪或者其中一罪是过失犯罪,或者是不满18周岁的人犯罪,不成立累犯。这样规定是因为:过失犯罪的罪责轻于故意犯罪,过失犯罪人再次犯罪的危险性一般来说也比较小,没有必要针对过失犯罪设立累犯。基于教育、挽救、感化未成年犯罪人的刑事政策,也没有必要针对未成年犯罪人设立累犯。

2. 前罪被判处有期徒刑以上刑罚,后罪应当判处有期徒刑以上刑罚。累犯限定在严重犯罪的范围内,只有当前罪与后罪都是比较严重的犯罪时,才成立累犯。前罪被判处的是拘役、管制或者单处附加刑,后罪无论后罪多么严重,也不成立累犯;同样地,前罪被判处有期徒刑以上刑罚,后罪应当判处拘役、管制或单处附加刑的,也不成立累犯。

3. 后罪发生的时间,必须在前罪所判处的刑罚执行完毕或者赦免以后的5年之内。上述5年的期限,对于被假释的犯罪人,应从假释期满之日起计算。由于累犯的成立以前罪"刑罚执行完毕或者赦免以后"5年内再犯罪为条件,故被假释的犯罪人在假释考验期内再犯新罪的,被判处缓刑的犯罪人在缓刑考验期内再犯新罪的,以及被判处缓刑的犯罪人在缓刑考验期满后再犯新罪的,都不成立累犯。此外,刑罚执行完毕是指主刑执行完毕,附加刑是否执行完毕不影响累犯的成立。

(二)特殊累犯

《刑法》第66条规定:"危害国家安全犯罪、恐怖活动犯罪、黑社会性质的组织犯罪的犯罪分子,在刑罚执行完毕或者赦免以后,在任何时候再犯上述任一类罪的,都以累犯论处。"这是关于特殊累犯的规定。无论是1979年《刑法》还是1997年《刑法》,均将危害国家安全罪视为最严重、最危险的犯罪,遂规定特殊累犯并予以严厉打击。到2011年《刑法修正案(八)》时,可以成立特殊累犯的犯罪进一步地扩张到恐怖活动犯罪、黑社会性质的组织犯罪。

特殊累犯的成立条件是:

1. 前罪和后罪必须是危害国家安全犯罪、恐怖活动犯罪、黑社会性质的组织犯罪。如果前后两罪或者其中一个犯罪不是这三类犯罪当中的任一类犯罪,则不成立特殊累犯;符合一般累犯条件的,成立一般累犯。

2. 必须是在刑罚执行完毕或者赦免以后再犯罪。因此,如果前罪是免予刑罚处罚，也不存在赦免问题的，就不成立特殊累犯，因为免予刑罚处罚时，不存在刑罚执行完毕的问题。至于前罪所判处的刑罚种类，后罪应当判处何种刑罚，以及前罪与后罪的相隔时间，均不影响特殊累犯的成立。

《刑法》第356条规定："因走私、贩卖、运输、制造、非法持有毒品罪被判过刑，又犯本节规定之罪的，从重处罚。"有教科书将这一规定作为刑法分则规定的特殊累犯。由于第356条的规定与《刑法》第66条的规定基本相似，处罚原则完全相同，可以将其视为一种特殊累犯。类似于《刑法》第29条第2款的规定，该条款规定的处罚原则与《刑法》第23条处罚犯罪未遂的原则相同，所以，理论上将《刑法》第29条第2款视为教唆未遂的规定。理论和实务上，更多的是将这一规定称之为再犯。2000年4月4日，最高人民法院在《全国法院审理毒品犯罪案件工作座谈会纪要》中指出："关于同时构成再犯和累犯的被告人适用法律和量刑的问题。对依法同时构成再犯和累犯的被告人，今后一律适用刑法第356条规定的再犯条款从重处罚，不再援引刑法关于累犯的条款。"

（三）对累犯的处罚

根据《刑法》第65条第1款的规定，对累犯应当从重处罚。对于累犯，一律从重处罚，不管是一般累犯还是特殊累犯，都必须从重处罚。当然，在决定从重的幅度时，需要考虑后罪的事实、性质、情节和对社会的危害程度，还需要考虑后罪与刑罚执行完毕或赦免时间的间隔以及后罪与前罪的关系。

四、自首

刑法规定的自首制度适用于一切犯罪，包括过失犯罪。自首的本质在于犯罪分子自动投降，表现为犯罪人不再逃避或者抗拒刑事追究。通俗地讲，犯罪嫌疑人、被告人有逃避或者抗拒刑事追究的本钱（即使很少），但是放弃了逃避和抗拒，归顺司法机关（哪怕是不太情愿），接受刑事追诉。自首，通常能够表明犯罪人的人身危险性有所降低，依据刑罚个别化原则，应当予以从宽处罚。当然，我国刑法设立自首制度的目的比较广泛，包括鼓励犯罪人自动投案、悔过自新、放弃继续作案，或者放弃抵抗、逃跑，从而有利于案件的及时侦破与审判，节约司法资源。

自首可以分为一般自首与特别自首。

(一) 一般自首

一般自首，是指犯罪以后自动投案，如实供述自己的罪行的行为。根据《刑法》的规定以及1998年4月6日《最高人民法院关于处理自首和立功具体应用法律若干问题的解释》和2010年12月22日《最高人民法院关于处理自首和立功若干具体问题的意见》，一般自首的成立条件如下：

1. 犯罪以后自动投案。自动投案，是犯罪后自愿地将自己置于受刑事追诉的地位。自动投案，一般是指犯罪事实或者犯罪嫌疑人未被司法机关发觉，或者虽被发觉但犯罪嫌疑人尚未受到讯问、未被采取强制措施时，犯罪嫌疑人直接向公安机关、人民检察院或者人民法院投案，从而将自己置于司法机关的合法控制下，接受司法机关的审查与裁判的行为。

根据自首制度的立法精神和有关司法解释的规定，下列情形也应视为自动投案：①犯罪嫌疑人向所在单位、城乡基层组织或者其他有关负责人员投案的，例如，职务犯罪行为人尚未受到调查谈话、讯问或者未被宣布采取调查措施或者强制措施时向纪检、监察机关投案的；②犯罪嫌疑人因病、伤或者为了减轻犯罪后果，委托他人先代为投案的，或者先以信电投案的；③罪行尚未被司法机关发觉，仅因形迹可疑，被有关组织查询或者司法机关盘问、教育后，主动交待自己的罪行的；[1]④犯罪后逃跑，在通缉、追捕的过程中，主动投案的；⑤经查实犯罪嫌疑人确已准备投案，或者正在投案途中，被司法机关捕获的；⑥并非出于犯罪嫌疑人主动，而是经亲友规劝、陪同投案的；⑦司法机关通知犯罪嫌疑人的亲友，或者亲友主动报案后，将犯罪嫌疑人送去投案的；⑧犯罪后主动报案，虽未表明自己是作案人，但没有逃离现场，在司法机关询问时交待自己罪行的；⑨明知他人报案而在现场等待，抓捕时无拒捕行为，供认犯罪事实的；⑩在司法机关未确定犯罪嫌疑人，尚在一般性排查询问时主动交待自己罪行的；⑪其他符合立法本意，应当视为自动投案的情形。

---

[1] 可以视为自告有罪的一种特殊情形，至于犯罪人是否知道自己的罪行没有为公安、检察机关以及其他机关所掌握，不影响自首的成立。"但有关部门、司法机关在其身上、随身携带的物品、驾乘的交通工具等处发现与犯罪有关的物品的，不能认定为自动投案。"2010年12月22日发布的《最高人民法院关于处理自首和立功若干具体问题的意见》作出这样的规定，是因为犯罪人没有自动性，是被查获而不是犯罪人自动投案。

犯罪人的投案动机是多种多样的，有的是出于真心悔悟，有的是为了争取宽大处理，有的是因为亲友劝说，有的是由于潜逃后生活所迫。司法实践中有"自首不问动机"的政策规则，说的就是动机不影响自首的成立。自动投案意味着犯罪人自己主动投案，但任何投案都必然基于一定的原因，不要将引起犯罪人投案的原因看成犯罪人被迫的结果，不要因为出于争取宽大处理或生活所迫的动机而否认投案的自动性。但是，下列情形不能视为自动投案：①犯罪嫌疑人先投案交待罪行后，又潜逃的。②以不署名或化名将非法所得寄给司法机关或报刊、杂志社的。第①种情形中，犯罪嫌疑人不愿意将自己置于受刑事追诉的地位，原本具备的"自动投案"条件丧失；第②种情形中，犯罪嫌疑人实际上没有向司法机关投降，不具备自动投案的条件。

"犯罪以后"自动投案，是指被告人在其行为"构成犯罪"之时自动投案，一般是发生在犯罪之后，也可以发生于犯罪过程中。举例来说，犯罪人在实施犯罪的过程中通知司法机关前来处理而后继续实施犯罪的，构成自动投案；同样的道理，行为人先行通知司法机关自己即将在某地实施犯罪，然后实施相关犯罪，司法人员到达现场后束手就擒接受处理的，也是自动投案。

2. 如实供述自己的罪行。犯罪人自动投案后，如实交待自己所犯的罪行。基本涵义是：①如实供述"自己的罪行"。自己的"罪行"乃是犯罪人自己实施以及参与实施的以客观罪行为中心、为基础的主要犯罪事实——刑法规定的某一具体犯罪的客观罪行与主观罪过以及一些直接决定法定量刑幅度的重要的犯罪行为情节。对于共同犯罪来说，自己的罪行不仅包括自己亲手实施、实行的犯罪行为，还包括整个共同犯罪事实。当然，供述共同犯罪之外的别人的犯罪事实，属于揭发他人犯罪，不属于自首的范围，符合立功条件的认定为立功。②"如实"供述自己的罪行。"如实"，是指既不缩小也不扩大自己的罪行。司法实践中，犯罪人交待了自己的主要的犯罪事实就是如实交待，不要求犯罪人交待清楚所有的细枝末节。主要的犯罪事实，是以客观罪行为中心的直接影响定性与量刑幅度的犯罪事实。例如，犯罪人供述了抢夺他人财物的罪行，但是否定携带凶器抢夺的事实，则不属于如实供述。再如，行为人供述了自己参与实施了伪造货币的犯罪行为，但是隐瞒、虚构事实掩盖自己是"首要分子"的情节，不属于如实陈述。③犯罪嫌疑人、被告人为自己进行辩解、辩护，提出上诉，或者更正、补充某些事实的，应当允许，不能将这些行为视为没有如实供述自己的罪行。辩解与辩护本身，乃是犯罪嫌疑人、被告人的诉讼权利，自然不能阻却自首的认定。"被告人对行为性质的辩解不影响自首的成立。"[1] 对行为性质的辩解，是指针对行为是否构成犯罪以及罪行轻重问题的辩解，属于法律评价问题，超出犯罪事实范围，故不影响自首的认定。

"自首不尽"的处理

（二）特别自首

特别自首，也称准自首，是指被采取强制措施的犯罪嫌疑人、被告人和正在服刑的罪犯，如实供述司法机关尚未掌握的本人其他罪行的行为。《刑法》第 67 条明文规定，对这种情况"以自首论"。

根据《最高人民法院关于处理自首和立功具体应用法律若干问题的解释》，其中的"司法机关尚未掌握的罪行"，是指与司法机关掌握的或者判决确定的罪行属不同种罪行。如果如实供述司法机关尚未掌握的罪行，与司法机关已掌握或者判决确定的罪行属同种罪行的，可以酌情从轻处罚；如实供述的同种罪行较重的，一般应当从轻处罚。但是，办案机关所掌握线索针对的犯罪事实不成立，在此范围外犯罪分子交待同种罪行的，以自首论。

此外，有的行为人在被公安机关行政拘留期间，如实供述了司法机关尚未掌握的本人其他罪行，虽然其在供述时不属于"被采取强制措施的犯罪嫌疑人、被告人和正在服刑的罪犯"，但根据罪刑法定原则的精神，也可以视为特别自首。同样道理，因特定违法行为被采取司法拘留、强制隔离戒毒等司法、行政强制措施期间，主动向执行机关交待尚未被掌握的犯罪行为的，也属于特别自首。

单位自首的认定与处理

（三）自首的法律后果

《刑法》第 67 条第 1 款后段规定："对于自首的犯罪分子，可以从轻或者减轻处罚。其中，犯罪较轻的，可以免除处罚。"据此规定，对于自首的犯罪人应分清不同情况区别处理：

1. 犯罪以后自首的，无论罪行轻重，均可以从轻或者减轻处罚；其中如果犯罪较轻的，可以免除处罚。

2. 犯罪以后自首的，只是"可以"从宽处罚，不是"应当"

---

[1] 2004 年 3 月 26 日发布的《最高人民法院关于被告人对行为性质的辩解是否影响自首成立问题的批复》。

从宽处罚。

3. 具体确定从轻、减轻还是免除处罚以及从轻、减轻的幅度，应当综合考虑犯罪的轻重和自首的具体情节。依据上述司法解释，"对于具有自首情节的犯罪分子，应当根据犯罪的事实、性质、情节和对于社会的危害程度，结合自动投案的动机、阶段、客观环境，交待犯罪事实的完整性、稳定性以及悔罪表现等具体情节，依法决定是否从轻、减轻或者免除处罚以及从轻、减轻处罚的幅度"。

五、如实供述

如实供述，是指如实供述自己罪行的行为。理论上，也称之为坦白。自首与坦白存在相同之处：都以自己实施了犯罪行为为前提；都是在归案后如实陈述自己的犯罪事实；都是从宽处罚的情节。坦白与一般自首区别的关键在于是否自动投案：一般自首是犯罪人自动投案后，如实供述自己的罪行；坦白是犯罪人被动归案后如实供述自己的罪行。坦白与特别自首区别的关键在于所供述的罪行是否已被司法机关掌握：被采取强制措施的犯罪嫌疑人、被告人和正在服刑的罪犯，以及因特定违法行为被采取行政拘留、司法拘留、强制隔离戒毒等行政、司法强制措施的人，如实供述司法机关还未掌握的本人其他罪行的，是自首；如实供述司法机关已经掌握的本人罪行的，是坦白。因此，自首与坦白所反映的犯罪人的人身危险程度略有不同，相对而言，自首，特别是在犯罪事实和犯罪人都没有被发现的情况下自首，更能说明犯罪人的悔罪态度，进而说明其人身危险性的减轻乃至消失。此外，自首相对于如实供述来说，相对更节省司法机关的资源。当然，在犯罪人因其如实供述自己罪行，避免特别严重后果发生的情况下，坦白与自首相当，甚至比一部分自首更有意义，应当给予相对更宽大的处理。

所以，《刑法》第67条第3款规定："犯罪嫌疑人虽不具有前两款规定的自首情节，但是如实供述自己罪行的，可以从轻处罚；因其如实供述自己罪行，避免特别严重后果发生的，可以减轻处罚。"避免特别严重后果发生，包括犯罪人自己的罪行后续可以造成的特别严重后果，也包括同案犯可以造成的特别严重后果。可见，坦白具有类似但又略弱于自首的从宽处罚效果，其中，"因其如实供述自己罪行，避免特别严重后果发生的，可以减轻处罚"的规定，与自首的从宽处罚效果基本相当。

根据以往的司法解释,有下列情形之一的,可以酌情从轻处罚:①办案机关掌握部分犯罪事实,犯罪分子交代了同种其他犯罪事实的;②办案机关掌握的证据不充分,犯罪分子如实交代有助于收集定案证据的。犯罪分子如实交待犯罪事实,有下列情形之一的,一般应当从轻处罚:①办案机关仅掌握小部分犯罪事实,犯罪分子交待了大部分未被掌握的同种犯罪事实的;②如实交待对于定案证据的收集有重要作用的。

六、立功

立功是指犯罪人犯罪后为了自己抵罪而建立功绩,主要是揭发了他人犯罪、协助司法机关侦破了案件、抓捕了犯罪人以及制止了他人犯罪等有价值的表现。

立功分为一般立功与重大立功。根据前述司法解释,一般立功主要表现为:①犯罪分子到案后检举、揭发他人犯罪行为,包括共同犯罪案件中的犯罪分子揭发同案犯共同犯罪以外的其他犯罪,经查证属实;②提供侦破其他案件的重要线索,经查证属实;③阻止他人犯罪活动;④协助司法机关抓捕其他犯罪嫌疑人(包括同案犯);⑤具有其他有利于国家和社会的突出表现。

重大立功主要表现为:①犯罪分子到案后检举、揭发他人重大犯罪行为,经查证属实;②提供侦破其他重大案件的重要线索,经查证属实;③阻止他人重大犯罪活动;④协助司法机关抓捕其他犯罪重大犯罪嫌疑人(包括同案犯);⑤对国家和社会有其他重大贡献等表现。所谓"重大犯罪""重大案件""重大犯罪嫌疑人"的标准,一般是指犯罪嫌疑人、被告人可能被判处无期徒刑以上刑罚或者案件在本省、自治区、直辖市或者全国范围内有较大影响等。

依据《最高人民法院、最高人民检察院关于办理职务犯罪案件认定自首、立功等量刑情节若干问题的意见》的规定,可能被判处无期徒刑以上刑罚,是指根据犯罪行为的事实、情节可能判处无期徒刑以上刑罚。案件已经判决的,以实际判处的刑罚为准。但是,根据犯罪行为的事实、情节应当判处无期徒刑以上刑罚,因被判刑人有法定情节经依法从轻、减轻处罚后判处有期徒刑的,应当认定为重大立功。

《刑法》第 68 条规定,犯罪人有立功表现的,可以从轻或者减轻处罚;有重大立功表现的,可以减轻或者免除处罚。

认定立功需要注意的具体问题

第三节 量刑制度

一、从重、从轻、减轻与免除处罚

（一）从重处罚与从轻处罚

依据《刑法》第62条的规定，从重与从轻处罚，都"应当在法定刑的限度以内判处刑罚"。因此，从重处罚，是指在法定刑的限度内判处相对较重的刑罚；从轻处罚，是指在法定刑的限度内判处相对较轻的刑罚。对于有期徒刑的期限来说，在法定刑的限度内判处刑罚，可以包括法定刑的本数，但是不能高于法定刑或者低于法定刑判处刑罚。

苏楚洁贩卖毒品案

从重处罚是相对于既没有从重处罚情节又没有从轻处罚情节的一般情况下所应判处的刑罚而言的，即比没有上述情节时的刑罚要相对重一些；从轻处罚也是相对于既没有从轻处罚情节也没有从重处罚情节的一般情况下所应判处的刑罚而言的，即比没有上述情节时的刑罚要相对轻一些。因此，从重处罚不是一律判处法定最高刑，从轻处罚也不是指一律判处法定最低刑，否则是明显错误的。

可见，从重处罚、从轻处罚需要一个量刑起点，作为从重处罚或者从轻处罚相对确定的基点，否则从重处罚和从轻处罚便无从谈起。目前的基本做法与思路是"以定性分析为主，以定量分析为辅"的量刑方法：①根据法定基本犯罪构成事实（包括基本构成要件、加重构成要件以及减轻构成要件事实）——决定犯罪性质与轻重的基础性犯罪事实，在相应的法定量刑幅度内，确定量刑起点；②综合考虑超出上述基本（基础）构成要件的其他犯罪事实（犯罪数额、次数、后果等事实），在量刑起点的基础上增加刑罚量确定基准刑；③根据量刑情节调节基准刑，并综合考虑全案情况，遵循量刑的一般原则，确定应当判处的宣告刑。

《最高人民法院关于常见犯罪的量刑指导意见》

（二）减轻处罚

根据《刑法》第63条第1款的规定，减轻处罚是在法定刑以下判处刑罚，即判处低于法定刑的刑罚；刑法规定有数个量刑幅度的，应当在法定量刑幅度的下一个量刑幅度内判处适当的刑罚。例如，法定刑为3年以上7年以下有期徒刑的，减轻处罚时，所判处的刑罚必须低于3年有期徒刑。判处3年有期徒刑只能属于从轻处

减轻处罚的立法修改以及应当注意的问题

罚，只有判处的刑罚低于3年有期徒刑才是减轻处罚。当法定刑有两个或者两个以上的量刑幅度时，减轻处罚一般是指在下一个量刑幅度内（不包括该量刑幅度的上限本数）判处适当的刑罚。

如前所述，具有法定的减轻处罚情节时予以减轻处罚，没有法定减轻处罚情节的，是否可以酌情减轻处罚呢？依据《刑法》第63条第2款的规定，犯罪人虽然不具有刑法规定的减轻处罚情节，但是根据案件的特殊情况需要减轻处罚时，经最高人民法院核准，也可以在法定刑以下判处刑罚。这一种减轻处罚的规定是1997年《刑法》增加的，一方面是考虑到犯罪的复杂性，允许酌定减轻处罚；另一方面又对适用程序作了严格控制，限制地方各级法院法官量刑时的自由裁量权。

（三）免除处罚

刑法规定的"可以"与"应当"免除处罚的情节及其适用

免除处罚，也称免除刑罚处罚、免予刑事处罚，是指对行为作有罪宣告，但对行为人不判处任何刑罚。免除处罚以行为构成犯罪为前提，对于非犯罪行为不得适用免除处罚。依据《刑法》第37条的规定，免除刑罚处罚的，可以根据案件的不同情况，予以训诫或者责令具结悔过、赔礼道歉、赔偿损失，或者由主管部门予以行政处罚或者行政处分。

刘某某受贿免除处罚案

二、数罪并罚

（一）数罪并罚的概念

数罪并罚，是指人民法院对一人犯数罪分别定罪量刑，并根据法定原则与方法，决定应当执行的刑罚。数罪并罚制度具有以下特征：

1. 一人犯数罪。一人犯数罪，是指一人犯两个或两个以上的罪，这是实行数罪并罚的前提。一人犯一罪以及数人共犯一罪的，不存在数罪并罚的问题；数人共同犯数罪的，对数人应分别量刑，然后分别实行数罪并罚。

2. 数罪发生在法定期间以内。换言之，只有当刑罚执行完毕以前发现一人犯有数罪的，才能适用数罪并罚。具体包括以下具体情形：①判决宣告以前一人犯数罪；②判决宣告后，刑罚执行完毕以前，发现被判刑的犯罪人在判决宣告以前还有其他罪没有判决的（漏罪）；③判决宣告后，刑罚执行完毕以前，被判刑的犯罪人又犯罪的（新罪）；④被宣告缓刑或假释的犯罪人在缓刑或假释考验期内又犯罪或发现漏罪的。刑罚执行完毕以后发现犯罪人在判决宣告以前还有其他罪没有判决的，如果没有超过追诉时效，应依法定罪量刑，不是数罪并罚问题。

3. 对数罪分别定罪量刑后，根据法定原则与方法，决定执行的刑罚，即先对犯罪人所犯数罪分别定罪量刑，后决定合并执行的刑罚。故实行数罪并罚的结果是对数罪产生一个判决结果，而不是相互独立的几个判决结果。对数罪产生一个判决结果，不是采取"估堆"方法将数罪作为一个整体综合判断的结果（1979年《刑法》早期的司法实践曾经采用这一方法），而是先分别定罪量刑，然后根据一定原则与方法决定合并执行的刑罚。具体表现为两种情况：①在判决宣告以前一人犯数罪的，要一个一个地定罪量刑，然后根据法定原则与方法，决定合并执行的刑罚；②在判决宣告后刑罚执行完毕以前，发现被判刑的犯罪人在判决宣告以前还有漏罪或者犯了新罪，或者被宣告缓刑、假释的犯罪分子在缓刑、假释考验期内再犯新罪或发现漏罪的，只需要对漏罪或新罪定罪量刑，然后根据法定原则与方法，与前罪已经判处的刑罚合并决定应执行的刑罚。

（二）数罪并罚的原则

数罪并罚的原则，是指对一人犯数罪合并处罚所依据的原则。各国刑法所采取的原则主要有吸收原则、并科原则、限制加重原则与混合原则。吸收原则的内容是将数罪分别定罪量刑，然后选择最重的一种刑罚作为应当执行的刑罚，其余较轻的刑罚都被最重的刑罚吸收。并科原则也即相加原则，其内容是将数罪分别定罪量刑后，将各罪所处的刑罚相加在一起全部执行。限制加重原则的内容是以数罪中的最高刑罚为起点，在数刑的合并刑期（总和刑期）以下，并且不超过法定的加重刑期，酌情决定应当执行的刑罚。

《刑法》第69条第1款规定："判决宣告以前一人犯数罪的，除判处死刑和无期徒刑的以外，应当在总和刑期以下、数刑中最高刑期以上，酌情决定执行的刑期，但是管制最高不能超过3年，拘役最高不能超过1年，有期徒刑总和刑期不满35年的，最高不能超过20年，总和刑期在35年以上的，最高不能超过25年。"第2款规定："数罪中有判处有期徒刑和拘役的，执行有期徒刑。数罪中有判处有期徒刑和管制，或者拘役和管制的，有期徒刑、拘役执行完毕后，管制仍须执行。"第3款规定："数罪中有判处附加刑的，附加刑仍须执行，其中附加刑种类相同的，合并执行，种类不同的，分别执行。"这一规定经过《刑法修正案（八）》和《刑法修正案（九）》的修改补充而成，与1979年《刑法》相比有较大变化，主要变化是：《刑法修正案（八）》将有期徒刑数罪并罚的上限提高到25年，但是以总和刑期35年以上为条件，不满35年的并罚上限仍然是20年，这一提高与《刑法修正案（八）》开始减少死刑罪名相关。《刑法修正案（八）》还确认了附加刑并罚的习惯做法，同种附加刑的，合并执行，不同种类的，分别执行。《刑法修正案（九）》则弥补了一个立法空白，明确了数罪判处有期徒刑和拘役的、有期徒刑和管制的、拘役和管制的并罚方法。

按照上述规定，我国《刑法》混合规定了数罪并罚的吸收原则、并科原则、限制加重原则，实际上采取的是混合原则。

1. 对于判处死刑和无期徒刑的，采取吸收原则。①数罪中判处几个死刑或者最重的刑罚为死刑时，只执行一个死刑（不可能执行数个死刑），不执行其他主刑（执行其他主刑必定与死刑矛盾）；②数罪中判处几个无期徒刑或者最重的刑罚为无期徒刑时，只执行一个无期徒刑（不可能执行数个无期徒刑），不执行其他的主刑（执行其他主刑必定与无期徒刑相矛盾）。在第二种情况下，不能将两个以上的无期徒刑决定合并执行死刑。从形式上说，两个以上无期徒刑即使相加，也还是无期徒刑，不能引起质变，数罪并罚中没有质变；从实质上说，无期徒刑与死刑是性质截然不同的两个刑种，而刑法对死刑的适用又是实行严格控制的政策，将两个以上的无期徒刑合并为死刑，就不适当地扩大了死刑的适用范围，违反罪刑法定原则。而且既然被告人所犯各罪都只应判处无期徒刑，就说明被告人还有改造的可能性，不仅是司法上不能决定合并执行死刑，立法上也不能作出这样的制度安排。

2. 数罪均判处有期徒刑、拘役或者管制之一种的，采取限制加重原则。有期徒刑、拘役、管制都是有期限的，本身是可以合并相加的，但是采取相加原则过于严厉——对于有期徒刑来说尤为突出；如果采取吸收原则，又过于宽松，都不利于惩罚进而不利于预防犯罪；而采取限制加重原则，则是比较实用的。限制加重原则包括"限制"和"加重"两个方面：①"限制"表现为，应当判处的刑罚受到两个方面的限制：一是受总和刑期的限制，二是受数罪并罚法定最高刑的限制。以有期徒刑为例，被告人犯了两个罪，所判处的刑罚分别为10年和9年，总和刑期为19年，最高刑为10

年，故应在 10 年以上 19 年以下决定执行的刑罚，此时受总和刑期的限制。如果被告人犯了 3 个罪，所判处的刑罚分别为 10 年、9 年和 6 年，总和刑期为 25 年，最高刑为 10 年，但法律规定数罪并罚时有期徒刑（在总和刑期不满 35 年的情况下）不得超过 20 年，故只能在 10 年以上 20 年以下决定执行的刑期，此时受数罪并罚法定最高刑（有期徒刑为 20 年）的限制。②"加重"表现为，不仅应当在所判数刑中的最高刑期以上，而且可以超过有期徒刑、拘役、管制的一般法定最高限度，决定应当执行的刑期。有期徒刑在数罪并罚时可以超过 15 年达到 20 年，总和刑期超过 35 年的，可以达到 25 年；拘役可以超过 6 个月达到 1 年；管制可以超过 2 年达到 3 年。

3. 数罪中有判处有期徒刑和拘役的，采取吸收原则，执行有期徒刑；数罪中有判处有期徒刑和管制，或者拘役和管制的，采取并科原则，有期徒刑、拘役执行完毕后，管制仍须执行。数罪中有判处有期徒刑、拘役和管制的，应当如何处理？虽然《刑法》第 69 条第 2 款没有直接地具体规定，但是根据这一规定，合理的做法是应当同时采取吸收原则和并科原则，即有期徒刑吸收拘役，然后决定执行有期徒刑和管制，有期徒刑执行完毕后再执行管制。

4. 数罪中有判处附加刑的，附加刑仍须执行，其中，附加刑种类相同的，合并执行；种类不同的，分别执行。附加刑是附随主刑适用的刑罚方法，一人犯数罪被判处主刑，同时分别被判处罚金、没收财产与剥夺政治权利的，执行主刑的同时附加刑仍须执行。因为附加刑与主刑的性质不同，不得换算与吸收，应当一并适用，所以刑法规定"附加刑仍须执行"。《刑法》原来没有明文规定判处多个附加刑的如何并罚，但是根据有关司法解释，依法对犯罪人所犯数罪分别判处罚金的，应当实行并罚，将所判处的罚金数额相加，执行总和数额。一人犯数罪依法同时并处罚金和没收财产的，应当合并执行，但并处没收全部财产的，只执行没收财产刑。[1] 所以，《刑法修正案（九）》补充规定"附加刑种类相同的，合并执行，种类不同的，分别执行"。合并执行，对于多个同种附加刑，期限或者数额相加之后一并执行。例如，同时判处多个罚金的，将每一个罚金额相加之后一并执行；同时判处多个剥夺政治权利的，将剥夺政治权利的期限相加执行。

---

[1] 2000 年 12 月 13 日发布的《最高人民法院关于适用财产刑若干问题的规定》。

（三）适用数罪并罚的不同情况

根据《刑法》第69~71条的规定，适用数罪并罚有三种情况：

1. 判决宣告以前一人犯数罪的并罚。判决宣告以前一人犯数罪，并且数罪均已被发现时，根据《刑法》第69条规定的上述数罪并罚的原则实行数罪并罚。刑法理论通说认为，对于同种数罪一般不并罚，而以一罪论处，但是，也有意见主张，如果以一罪论处明显违反罪刑相当原则的，则可以实行并罚。目前的实际做法并不完全一致。前面在讨论《刑法》第69条规定的数罪并罚原则时，实际上基本阐明了如何适用，这里有必要再做以下简要的归纳。按照《刑法》第69条的规定，判决宣告以前一人犯数罪的，应当分别定罪量刑，区分以下情形分别处理：①数罪最高刑判处死刑的决定执行死刑，最高刑判处无期徒刑的决定执行无期徒刑。②判处有期徒刑、拘役或者管制的，采取限制加重原则：在总和刑期以下、数刑中最高刑期以上，酌情决定执行的刑期，但是，管制最高不能超过3年，拘役最高不能超过1年，有期徒刑总和刑期不满35年的，最高不能超过20年，总和刑期在35年以上的，最高不能超过25年。所谓"总和刑期"，是指数罪之各个犯罪分别确定的刑期的总和。所谓"数刑中最高刑期"，是指数罪之各个犯罪所判处的最长的刑期。③数罪中有判处有期徒刑和拘役的，执行有期徒刑。数罪中有判处有期徒刑和管制，或者拘役和管制的，有期徒刑、拘役执行完毕后，管制仍须执行。④数罪中有判处附加刑的，附加刑仍须执行，其中，附加刑种类相同的，合并执行；种类不同的，分别执行。

2. 刑罚执行完毕以前发现漏罪的并罚。《刑法》第70条规定："判决宣告以后，刑罚执行完毕以前，发现被判刑的犯罪分子在判决宣告以前还有其他罪没有判决的，应当对新发现的罪作出判决，把前后两个判决所判处的刑罚，依照本法第69条的规定，决定执行的刑罚。已经执行的刑期，应当计算在新判决决定的刑期以内。"这种数罪并罚的特点是：①一人所犯数罪均发生在原判决宣告以前。②原判决只对其中的部分犯罪作了判决，对另一部分犯罪（漏罪）没有判决。③不管漏罪即新发现的罪与原判决的罪是否为性质相同的犯罪。换言之，同种罪名的犯罪原则上实行并罚。[1]④将新

---

[1] 本书认为，新发现的犯罪轻微或者量刑结果不会对数罪并罚结果产生明显影响的，可以便宜处理，检察机关可以不起诉。

发现的漏罪定罪量刑，依照《刑法》第 69 条规定的并罚方法并罚。《刑法修正案（九）》以前的习惯做法是：将"前后两个判决所判处的刑罚"相加得出"总和刑期"，然后在前一个判决所判处的刑罚和后面所确定的一个刑罚（一罪的情况下）或者多个刑罚（数罪的情况下）的最高刑期以上确定应当执行的刑期。《刑法修正案（九）》以后，"总和刑期"的计算方法应当与《刑法》第 69 条实际规定的"总和刑期"一致。具体来说，将原判刑罚（无论是一罪之一刑还是数罪之数刑）与新发现的漏罪所判处的刑罚的刑期相加得出"总和刑期"。特别强调，在前一个判决是数罪并罚判决的情况下，前一个判决"所判处的刑罚"，应当解释为数罪之数刑，而不是数罪并罚之执行刑。⑤已执行的刑期计算在新判决决定的刑期以内。举例来说，一人犯有数罪，分别被判处 10 年、10 年、15 年有期徒刑，根据限制加重原则，被判处 23 年有期徒刑，刑罚执行 5 年后，发现有判决宣告以前还有漏罪，应当对漏罪作出判决，假设判处有期徒刑 10 年，然后，依照《刑法》第 69 条的规定确定总和刑期，总和刑期是 45 年（10＋10＋15＋10），数刑中最高刑为 15 年，所以，数罪并罚应当在 15 年以上 25 年以下决定应当判处的刑罚，依据罪刑相当原则，数罪并罚所最终决定的执行刑不能低于原判之 23 年，假设判处有期徒刑 24 年，那么减掉已经执行的 5 年刑期，犯罪人还需要继续服刑 19 年。这种数罪并罚方法称为"先并后减"。

实践中还存在刑满释放后再犯罪并发现漏罪的情况。在处理被告人刑满释放后又犯罪的案件时，发现他在前罪判决宣告以前，或者在前罪判处的刑罚执行期间，还犯有其他罪行，未经过处理，并且没有超过追诉时效的，如果漏罪与新罪属于不同种数罪，就应对漏罪与刑满释放后又犯的新罪分别定罪量刑，并依照《刑法》第 69 条的规定，实行数罪并罚。如果漏罪与新罪属于同种数罪，原则上以一罪论处，不实行并罚。

此外，在第一审人民法院的判决宣告以后，被告人提出上诉或者人民检察院提出抗诉，判决尚未发生法律效力时，第二审人民法院在审理期间，发现原审被告人在第一审判决宣告以前还有漏罪没有判决的，应裁定撤销原判，发回原审人民法院重新审理，一审法院应当依据《刑法》第 69 条的规定数罪并罚。

3. 刑罚执行完毕以前又犯新罪的并罚。《刑法》第 71 条规定：

"判决宣告以后，刑罚执行完毕以前，被判刑的犯罪分子又犯罪的，应当对新犯的罪作出判决，把前罪没有执行的刑罚和后罪所判处的刑罚，依照本法第69条的规定，决定执行的刑罚。"这种数罪并罚的前提是犯罪人在原判决宣告以后，刑罚执行完毕之前又犯新罪；新罪与原判决的罪是性质相同的犯罪的，也应并罚。并罚的基本方法是先将新罪定罪量刑，然后，将前罪没有执行的刑罚（实务中称之为残余刑、残刑）与新罪所判处的刑罚，依照《刑法》第69条的原则进行并罚，已经执行的刑期不得计算在新判决所决定的刑期以内。这种方法称为"先减后并"。

举例来说，被告人犯数罪被判处20年有期徒刑，执行19年后又犯新罪，又犯的新罪被判处15年有期徒刑。按照先减后并的方法，应当将没有执行的1年有期徒刑与新罪判处的15年有期徒刑实行并罚，即在15年以上16年以下决定应当执行的刑期，如果决定执行15年，那么被告人还需服刑15年。由于实际上已经执行了19年的刑期，被告人最终执行的刑期因而可能（若是后来没有减刑、假释的话）达到34年。如果采取先并后减的方法，实际执行的起点刑为20年，最高刑期不得（也不会）超过20年；采取先减后并的方法，实际执行的起点刑为34年，实际执行的最高刑期可以达到35年。可见，先减后并的结果比先并后减的结果要重一些。主要表现为：或者是实际执行的起点刑期提高了，或者是实际执行的刑期可能超过刑法规定的数罪并罚法定最高刑的限制，[1]或者上述两点兼而有之。《刑法》这样规定是有一定意义的，因为犯罪人在刑罚执行期间又犯新罪，说明其人身危险性比较严重，只有给予更重一点的处罚，才能有足够时间给予犯罪人更有力的教育和改造。也就是说，犯罪人在刑罚执行期间又犯新罪时间的早晚，与数罪并罚时决定执行刑罚的最低期限和实际执行的刑期的最低期限成反比关系。或者说，犯罪人在刑罚执行期间所犯新罪的时间距离前罪所判刑罚执行完毕的期限越近（即残余刑期越短），数罪并罚决定执行刑罚的最低期限和实际执行的刑期的最低期限也就越长。

上面的例子是前罪数罪总和刑期不满35年而并罚判处20年以下有期徒刑的例子，在这里可以再举一例，总和刑期超过35年而

---

〔1〕 当然，在前罪与后罪都是数罪，总和刑期不满35年的情况下，不会超过40年；在前罪与后罪都是数罪，总和刑期35年以上的情况下，不会超过50年。

并罚判处 20 年以上 25 年以下有期徒刑的情形。假设,犯罪人犯数罪分别被判处 10 年、10 年、15 年有期徒刑,根据限制加重原则,被判处 23 有期徒刑,刑罚执行 5 年后犯新罪,"前罪没有执行的刑罚"是 18 年(23-5)与新罪所判刑罚并罚,假设新罪判处有期徒刑 10 年,依照《刑法》第 69 条的规定确定总和刑期是 45 年(10+10+15+10),而残余刑 18 年(与新罪 10 年比)是"数刑中最高刑期",依据罪刑相当原则,数罪并罚所最终决定的执行刑不能低于原判之 23 年,假设判处有期徒刑 24 年,原来已经执行的 5 年刑期不计算在内,犯罪人还需要继续服刑 24 年,最终犯罪人将实际执行 29 年(24+5)。可见,这种"先减后并"的并罚方法并罚后的实际效果要比发现漏罪的"先并后减"实际上多执行 5 年。进一步可见,如果犯罪人再犯新罪时已经执行的刑期越长,那么按照《刑法》第 71 条的规定数罪并罚后实际执行的刑期就会越长,假设犯罪人再犯新罪时已经执行了 22 年,那么犯罪人最终实际执行的刑期可达 46 年(24+22),而接近最高限 50 年。

三、缓刑

(一)缓刑的概念、特征

缓刑,暂缓适用刑罚,附条件地不判处刑罚或者判处刑罚但是不执行刑罚,古今中外都有这样的规定与做法。但是现代缓刑制度是在西方国家发展起来的,现在已经成为世界各国所广泛采用的一种刑罚制度。缓刑的意义在于教育感化犯罪分子,促使犯罪分子改过自新、重新做人,也有利于减少监狱人口、少关押人,还有利于犯罪分子亲属生活和社会的安定团结。

在我国,缓刑是指人民法院对于判处拘役、3 年以下有期徒刑的犯罪分子,根据犯罪分子的犯罪情节和悔罪表现,认为暂缓执行原判刑罚,确实不致再危害社会的,规定一定的考验期,暂缓执行其刑罚,考验期间犯罪分子符合法定条件的,原判刑罚就不再执行的一种制度。缓刑的主要特征是:

1. 缓刑由人民法院决定,而不是由检察机关或者公安机关决定,其性质属于司法性质。缓刑适用于判处拘役、3 年以下有期徒刑的犯罪分子,被宣告缓刑的犯罪分子,如果同时被判处附加刑,附加刑仍须执行。缓刑不同于死刑缓期二年执行,二者虽然都是有条件地不执行原判刑罚,都不是独立的刑种,但在适用对象、执行方法、考验期限和法律后果等方面存在本质区别：①缓刑适用于被判处拘役或者3年以下有期徒刑的犯罪人；死缓适用于应当判处死刑但不是必须立即执行的犯罪人。②对于宣告缓刑的犯罪人不予关押；对于宣告死缓的犯罪人必须予以监禁，并实行教育和改造，以观后效。③缓刑依所判处的刑种与刑期不同而有不同的法定考验期限；死缓的考验期为2年，是固定的。④缓刑的后果要么是原判刑罚不再执行，要么是执行原判刑罚乃至数罪并罚；死缓的后果根据情况既可能减为无期徒刑或有期徒刑，也可能是执行死刑。

2. 缓刑属于一种附条件并附加监督考察的缓予执行（刑罚）制度，而不是一种缓予宣判（刑罚）制度。被宣告缓刑的犯罪分子必须在缓刑考验期内遵守法定的附加条件，接受公安行政机关的监督考察，否则将导致缓刑的撤销。所以，缓刑不是一种独立的刑种，也不是刑罚的执行。从裁量是否对犯罪人执行所判刑罚的意义上说，缓刑是一种量刑制度；从刑罚执行的意义上说，缓刑的监督考察虽然不属于刑罚执行，但是实际上与管制刑的内容以及假释的监督考察相同，因而在某种意义上具有一定的刑罚执行属性。

3. 缓刑的效果是刑的宣告归于无效。如果犯罪分子平安地度过缓刑考验期而没有发生问题，缓刑考验期满时刑的宣告便失去效力。我国《刑法》规定，如果被宣告缓刑的犯罪分子，在缓刑考验期内没有犯新罪，也没有发现漏罪，缓刑考验期间没有违反法律、行政法规或者国务院公安部门有关缓刑的监督管理规定、情节严重的情形，缓刑考验期满后"原判的刑罚就不再执行"。缓刑与战时缓刑在适用时间、适用对象、适用条件、考验内容、法律后果等方面存在相当明显的区别。《刑法》第449条规定："在战时，对被判处3年以下有期徒刑没有现实危险宣告缓刑的犯罪军人，允许其戴罪立功，确有立功表现时，可以撤销原判刑罚，不以犯罪论处。"战时军人缓刑的效果不仅是刑的宣告无效，还包括罪的宣告无效。战时缓刑不仅是一种特殊缓刑，而且是一种刑事责任消灭的特殊方式。

（二）缓刑的适用条件

依据《刑法》第72条的规定，缓刑适用的条件是：

1. 缓刑的适用对象是被判处拘役、3年以下有期徒刑的犯罪分子。也就是说，缓刑只适用于罪行较轻的罪犯。罪行轻重取决于宣告刑，而不是犯罪的个数，犯罪分子犯有数罪不是禁止缓刑的理由。也就是说，犯罪人犯有数罪，符合缓刑条件的依然可以宣告缓刑。总体上看，各国缓刑都适用于罪行较轻的罪犯，大部分国家又通过具体刑期作出规定，许多国家规定缓刑适用于被判处3年以下有期徒刑的犯罪分子，也有少数国家对缓刑适用对象的自由刑刑期没有具体规定，只要求适用于初犯或非危险犯。一般来说，判处的自由刑刑期的长短反映着犯罪人罪行的轻重和人身危险性的大小。被判处3年以下有期徒刑、拘役的犯罪分子，其罪行和人身危险性相对较小，对其适用缓刑，既不至于背离公众的公平报应观念，也不至于给社会造成新的危险，是较为适宜的。

2. 根据犯罪人的犯罪情节和悔罪表现、再犯罪的危险性以及对所居住社区的影响，决定是否适用缓刑。《刑法》第72条规定，同时符合下面四个准许性条件的才可以适用缓刑：①犯罪情节较轻。犯罪情节较轻，需要从罪行与罪责两个基本方面并将两个基本方面结合起来综合判断，既要考虑客观方面的情节，也要考虑主观方面的情节，主要是综合分析犯罪行为的性质、犯罪手段是否恶劣、残忍，危害后果超构成要件的实际情况，犯罪是故意还是过失，犯罪动机和目的是否卑劣等情节。②有悔罪表现。有悔罪表现是指犯罪后有悔恨自己罪行的表现。从悔罪情节上判断，应当考虑犯罪分子是否真诚悔罪，是否如实坦白自己的罪行，是否有自首或立功表现，是否赔偿其行为所造成的损失，是否积极退赃，等等。③没有再犯罪的危险。再犯罪的危险，也就是犯罪人的人身危险性，人身危险性的有无及其强弱主要应当从犯罪情节和悔罪表现两个方面进行判断。此外，还需要考虑犯罪人的一贯表现、有无受过刑事处罚、年龄与个性、境遇与犯罪原因等因素。④宣告缓刑对所居住社区没有重大不良影响。宣告缓刑，必须考虑社区居民的接受程度、被害人的态度、是否具有监护、帮教条件等。长期以来，对于未成年犯罪人、老年犯罪人是否适用缓刑，采取相对宽大的刑事政策。《刑法》第72条则明确规定，对于符合上述4个条件的不满18周岁的人、怀孕的妇女、已满75周岁的人，应当宣告缓刑。

3. 不是累犯和犯罪集团的首要分子。《刑法》第74条规定："对于累犯和犯罪集团的首要分子，不适用缓刑。"这是适用缓刑的禁止性条件。适用缓刑准许性条件赋予法官以较大的自由裁量权；适用缓刑禁止性条件则是对这种自由裁量权加以必要的限制，这样一来可以避免使一些特殊类型的罪犯被缓刑。累犯在执行一定刑罚之后再次犯罪，说明其再犯罪的危险性高，难以改造，适用缓刑可能再次危害社会,为消除犯罪人的人身危险性,需要执行所判处的刑罚,予以监禁和强制性的教育和改造,防止其再次犯罪。所以,我国1979年《刑法》和1997年《刑法》均规定对累犯禁止适用缓刑。2011年《刑法修正案(八)》修改后的《刑法》第74条增加了"犯罪集团的首要分子,不适用缓刑"的规定,这主要是考虑到犯罪集团首要分子的罪行与罪责严重,再犯罪的危险性也高,不宜适用缓刑。

(三)缓刑的考验期限及其附加条件

1. 缓刑考验期限。缓刑考验期限表明缓刑考验的开始与结束,只有在缓刑考验期满而且犯罪分子又未再犯新罪或者没有违反其他法定附加条件时,缓刑才告结束并且发生宣告之罪或者宣告之刑失效或者二者同时失效或者宣告之刑被免除的法律效果。因此,缓刑考验期限对犯罪分子来说是一种威慑,它促使犯罪分子在缓刑考验期限内谨慎从事,遵纪守法,积极向善。缓刑考验期限也是对犯罪人正当权利的一种保护,如果没有缓刑考验期限的规定,犯罪人将永远处于原判刑罚的威胁之下,那样是不公平的,缓刑考验期过长也是不合理、不公正的。依据我国《刑法》的规定,被宣告缓刑的人平安地度过缓刑考验期,原判刑罚就不再执行,法律效果是宣告之刑被免除。

刑法对拘役、有期徒刑规定了不同的考验期限。《刑法》第73条规定:"拘役的缓刑考验期限为原判刑期以上1年以下,但是不能少于2个月。有期徒刑的缓刑考验期限为原判刑期以上5年以下,但是不能少于1年。"

缓刑考验期限,从判决确定之日起计算。所谓判决确定之日,是指判决发生法律效力之日。依照我国《刑事诉讼法》的规定,一审判决以法定上诉、抗诉期满之日,二审判决以宣告之日,为发生法律效力之日。对于被判处拘役或者有期徒刑,宣告缓刑的犯罪分子,第一审宣判后,如当时仍在押,一审法院可以先作出变更强制措施的决定,改为监视居住或取保候审,并即通知有关公安机关,待判决发生法律效力后,再依法将犯罪分子交公安机关监督考察。缓刑是有条件地不执行原判刑罚,因此,判决前先行羁押的日期,不折抵原判刑期,也不折抵缓刑考验期,这几乎是各国的通例。尽管我国《刑法》对此没有明文规定,也应照此办理。因为缓刑考验期是为考验而设,不是刑期本身,与判决前先行羁押的性质迥然不同,不能因判决前先行羁押而减少。根据我国《刑法》

第 41、44、47 条的规定，判决前先行羁押折抵刑期，发生在执行判处管制、拘役或者有期徒刑判决的情况下，而判处拘役、3 年以下有期徒刑并宣告缓刑的犯罪分子，其原判刑罚实际上并未执行，因而根本谈不上刑期折抵的问题。

2. 缓刑的附加条件。附条件地适用缓刑，是缓刑的基本含义，是各国刑法的通例。缓刑的附加条件是缓刑考验期内考验被宣告缓刑者的具体内容，也是监督考察被缓刑人的具体内容。缓刑的附加条件可以划分为以下两类：

（1）禁止性条件。所有国家的刑法都禁止被宣告缓刑者再次实施犯罪，这是不言自明的。我国刑法没有直接规定这一禁止性条件，但是 1997 年《刑法》关于宣告缓刑的犯罪分子在缓刑考验期内犯新罪应当撤销缓刑的规定，隐含着这一禁止性条件。《刑法》第 77 条将禁止性条件进一步扩大，禁止性条件还包括禁止严重违反缓刑监督管理规定。为保证禁止性条件得以切实遵守，许多国家的刑法特别规定了一些具体的禁止性条件，我国《刑法》于 2011 年增加了这方面的规定：根据《刑法》第 72 条第 2 款的规定，宣告缓刑，可以根据犯罪情况，同时禁止犯罪分子在缓刑考验期限内（最低不少于 2 个月的期限）从事特定活动，进入特定区域、场所，接触特定的人。因此，可以说，"禁止令"也就属于我国缓刑制度的禁止性附加条件。

（2）义务性条件。1997 年《刑法》增加了这方面的规定。《刑法》第 75 条规定："被宣告缓刑的犯罪分子，应当遵守下列规定：①遵守法律、行政法规，服从监督；②按照考察机关的规定报告自己的活动情况；③遵守考察机关关于会客的规定；④离开所居住的市、县或者迁居，应当报经考察机关批准。"我国刑法规定的义务性条件相对较少，而且比较宽松。"为严肃缓刑的考察执行，被判处徒刑宣告缓刑仍留原单位工作的罪犯，在缓刑考验期内一般不得调动工作。对缓刑考验期已经过 1/2 以上，并有认罪、悔罪态度，工作表现良好，确因工作特殊需要调动的，应当由所在单位报经负责执行的公安机关批准后办理调动手续。"[1]

第十四章
问题与思考

第十四章
课后练习题

---

[1] 1997 年 1 月 20 日发布的《最高人民检察院关于被判处徒刑宣告缓刑仍留原单位工作的罪犯在缓刑考验期内能否调动工作的批复》（失效）。

第十五章 刑罚执行

本章知识结构图

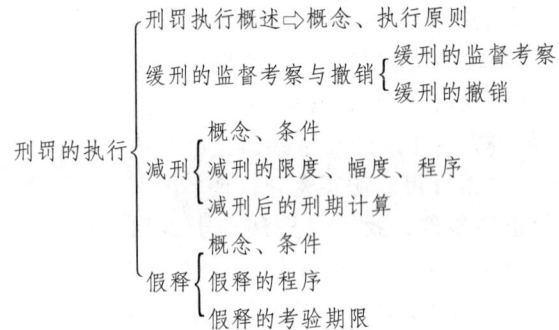

第一节 刑罚执行概述

一、刑罚执行的概念与特征

刑罚执行,是指法律规定的刑罚执行机关依法将发生法律效力的刑事判决、裁定所确定的刑罚付诸实施的刑事执法活动。刑罚执行有时又称为行刑。定罪、量刑、行刑一般被认为是刑事司法活动的三大主要环节,刑罚执行是最后的一个关键环节。刑罚执行主要有以下特征:

1. 刑罚执行的主体是有行刑权的刑罚执行机关。依照我国法律的规定,人民法院、公安机关、监狱等机关是我国特定的刑罚执行机关。检察机关是监督刑罚执行的机关,不是刑罚执行机关。具体地说,人民法院负责死刑、没收财产、罚金的执行。公安机关负责拘役、剥夺政治权利的执行,在《刑法修正案(八)》以前还曾经负责管制的执行以及缓刑、假释的监督考察。监狱负责有期徒刑、无期徒刑、死刑缓期二年执行的执行。依据《监狱法》(2012

年 10 月 26 日修正）第 15 条第 2 款的规定，罪犯在交付执行前，剩余刑期在 3 个月以下的，由看守所代为执行。《刑法修正案（八）》之后，司法行政机关负责管制的执行以及缓刑、假释的监督考察。前述刑罚执行机关以外的任何机关和个人都无权执行刑罚，上述刑罚执行机关也不得将其所应当依法执行的刑罚委托任何单位或者个人代为执行。

2. 刑罚执行的对象是被人民法院判决、裁定有罪并被判刑的罪犯。对于未决犯以及未犯罪的人不得执行刑罚。行刑是定罪量刑之后的刑事执法活动，刑罚执行机关在任何情况之下都不能在定罪量刑之前对任何人执行刑罚。

3. 刑罚执行的依据是已生效的人民法院判决、裁定。已经发生法律效力的判决、裁定是执行刑罚的唯一依据，严禁在判决、裁定之外执行刑罚。

4. 刑罚的执行应当依法进行。也就是说，刑罚执行机关必须根据刑法、刑事诉讼法、监狱法的规定执行刑罚，严禁法外用刑。

应当指出，刑罚执行并不是机械地执行刑事判决、裁定所判处的刑罚，而是需要根据犯罪分子服刑期间的具体表现和特殊情况，对犯罪分子予以减刑、假释、暂予监外执行、赦免等。

二、刑罚执行的基本原则

刑罚执行的基本原则，是指刑罚执行活动应当遵守的基本准则。我国刑法理论一般认为，刑罚执行主要有以下几个基本原则：

（一）合法性原则

刑罚执行必须依法进行，这是罪刑法定原则和法治原则的必然要求。各种刑罚方法的具体执行内容在我国刑法、刑事诉讼法、监狱法等有关部门法律之中有明确的规定，刑罚执行机关必须严格遵照法律执行，严禁以非法方式执行刑罚。

（二）教育性原则

刑罚的目的是预防犯罪，而不是惩罚。教育改造犯罪人是我国的一项重要刑事政策，教育改造罪犯在刑罚执行阶段尤其重要，是实现特殊预防的关键。我国《监狱法》规定，应当根据罪犯的需要，组织罪犯从事劳动，对罪犯进行思想教育、文化教育与技术教育。教育必须与劳动相结合，教育必须与惩罚相结合。教育离不开惩罚，离不开劳动。但是，如果不是为了教育罪犯，惩罚与劳动便无任何意义。

（三）个别化原则

行刑个别化原则是刑罚个别化原则的基本要求。在刑罚执行阶段，刑罚个别化原则有着十分重要的意义。刑罚个别化原则要求刑罚执行机关应当在犯罪事实的基础上充分考虑罪犯的人身危险性和其他个人情况，而不能只考虑行为人的犯罪事实、性质、情节和危害社会的程度。具体地说，刑罚执行机关在执行刑罚时，应当根据罪犯的犯罪性质、情节和对社会的危害程度以及罪犯的年龄、性别、性格特征、生活经历、生理状况以及其他个人情况，给予不同的处遇和教育。

（四）社会化原则

刑罚执行的社会化原则，是指刑罚的执行应当充分地依靠和利用社会力量对罪犯进行帮助教育，培养罪犯适应社会生活的能力和增强其社会责任感，促使罪犯早日重返社会。

（五）人道主义原则

罪犯是行刑的对象，但是并不是刑事司法的客体和奴隶。罪犯仍然是人，依然享受作为人的基本权利。人道主义原则的基本内容，就是要将罪犯当人看待，充分尊重罪犯的基本权利，禁止使用残酷的、不人道的以及其他侮辱罪犯人格的刑罚手段。

第二节 缓刑的监督考察及其撤销

一、缓刑的监督考察

关于缓刑的监督考察，各国规定并不完全相同，有的国家规定应当监督考察，有的国家未作规定。规定对缓刑犯实行监督考察的国家中，有些国家规定缓刑监督考察是必需的，有些国家规定是裁量性的。

1979年《刑法》没有规定缓刑监督考察，只规定缓刑犯"由公安机关交所在单位或者基层组织予以考察"。1997年《刑法》将这一规定修改为"由公安机关考察，所在单位或者基层组织予以配合"。将这一重大变化与《刑法》第75条关于缓刑附加条件的规定结合起来，我们可以看出，1997年《刑法》实质上规定了缓刑监督考察制度。到2011年，《刑法修正案（八）》将《刑法》第76条加以修改，规定"对宣告缓刑的犯罪分子，在缓刑考验期限内，依法实行社区矫正"，表明缓刑监督考察得到进一步的完善。

缓刑的监督考察，是指有关政府机关在缓刑犯所在单位或者基层组织的配合下，在缓刑考验期内，对被宣告缓刑的犯罪分子实行监督考察，主要是通过社区矫正来实现。我国缓刑监督考察制度的特点是：

1. 缓刑监督考察的主体是司法行政机关。2011年以前，刑法规定缓刑监督考察的主体是公安机关。以往，公安机关在对缓刑犯进行监督考察时，指定专门的公安人员负责，缓刑犯有工作单位的，其所在单位予以配合；缓刑犯没有工作单位的，基层组织如村民委员会、居民委员会应当配合。《刑法修正案（八）》改变了由公安机关和警察负责缓刑监督考察的规定，规定由有关政府机关负责监督考察。

2. 缓刑监督考察的内容是依法实行社区矫正。在依法实行社区矫正的过程中，监督考察缓刑犯是否遵守了缓刑的附加条件，特别是人民法院判决中的禁止令，是监督考察的重点内容。

3. 缓刑监督考察的结果有二：①缓刑犯平安度过缓刑考验期，在缓刑考验期内没有出现法定的应当撤销缓刑的情形，原判刑罚不再执行，缓刑监督考察机关应当及时向当事人及其所在单位、当地基层组织及当地群众宣告。"原判刑罚不再执行"，意味着原判刑罚失去效力，当事人在缓刑考验期满后再犯罪的，不因此而构成累犯。②缓刑考验期内出现法定的应当撤销缓刑的情形，应当撤销缓刑，根据不同情况做出处理。

二、缓刑的撤销

被宣告缓刑的犯罪分子，在缓刑考验期间，有下列情形之一的，应当撤销缓刑：

（一）犯了新罪

犯新罪，包括犯故意犯罪和过失犯罪；新罪可以是较重的犯罪，也可以是较轻的犯罪。被宣告缓刑的犯罪分子，在缓刑考验期间内所犯新罪，即使在缓刑考验期满以后发现，只要未过追诉时效，就应当撤销缓刑。撤销缓刑后，把前罪和后罪所判处的刑罚实行数罪并罚。缓刑考验期不能折抵刑期，因为缓刑考验期内犯罪人未受羁押，但是，对其在缓刑判决前羁押的时间应当折抵刑期。

（二）发现漏罪

在缓刑考验期内，发行被宣告缓刑的犯罪分子还有其他罪行（漏罪）没有判决的，应当撤销缓刑，对新发现的犯罪作出判决，把前罪和后罪所判处的刑罚实行数罪并罚。有观点认为，缓刑考验期满后发现被宣告缓刑的犯罪分子还有其他罪没有判决的，也应当撤销缓刑，对前罪和后罪所判处的刑罚实行数罪并罚。《刑法》第77条规定："被宣告缓刑的犯罪分子，在缓刑考验期限内犯新罪或者发现判决宣告前还有其他罪没有判决的，应当撤销缓刑……"按照严格解释的原则，缓刑考验期满后发现漏罪的，不能成为撤销缓刑的情形。如果漏罪没有超过追诉时效的，应当单独作出判决，原判刑罚不再执行。

（三）严重违法

违反法律、行政法规或者国务院有关部门关于缓刑的监督管理规定，或者违反人民法院判决中的禁止令，情节严重的，应当撤销缓刑，执行原判刑罚。这种缓刑的撤销，只有具有上述违法行为，并且情节严重的，才应当撤销缓刑。这里所说的"情节严重"，是指违反缓刑监督管理规定的行为尚未构成犯罪，但是情节严重，以及严重地违反禁止令。原判决宣告以前先行羁押的，应当折抵刑期。"违反法律"，当然不包括违反刑法，如果违反刑法，则是上述第一类缓刑的撤销，应当实行并罚，而不只是执行原判刑罚的问题。

第三节　减刑

一、减刑的概念和特征

减刑，是指对于判处管制、拘役、有期徒刑、无期徒刑的犯罪分子，在刑罚执行期间，如果认真遵守监规，接受教育改造，确有悔改表现，或者有立功表现的，适当减轻其原判刑罚的刑罚执行制度。其基本特征是：①减刑适用于所有的自由刑。②执行了一定的刑期。③经过法定程序。为避免减刑的错用和滥用，维护刑法的权威性和刑事判决的严肃性，《刑法》第79条规定，对于犯罪分子的减刑，由执行机关向中级以上法院提出减刑建议书。人民法院应当组成合议庭进行审理，对于确有悔改或者立功事实的，裁定予以减刑，非经法定程序不得减刑。[1]①减刑是在不改变原判决的基础上将原判决刑罚予以减轻。减刑制度是惩办与宽大相结合的刑事政策在刑罚执行中的具体体现，目的在于鼓励和奖励犯罪分子积极接受教育改造，改过自新，重新做人，尽早重返社会。2016年9月19日通过的《最高人民法院关于办理减刑、假释案件具体应用法律的规定》第1条："减刑、假释是激励罪犯改造的刑罚制度，减刑、假释的适用应当贯彻宽严相济刑事政策，最大限度地发挥刑罚的功能，实现刑罚的目的。"减刑（假释）属于激励罪犯改造的措施，不属于犯罪人的权利范畴，犯罪人无权以自己符合减刑（假释）条件为由提起司法程序。

减刑既不同于量刑阶段的减轻处罚，也不同于对错误判决的改判。减刑与减轻处罚不同：减轻处罚是人民法院在判决宣告或者确定前，对具有法定减轻处罚情节者，在法定最低刑以下判处刑罚；而减刑则是在判决确定以后、刑罚执行中，对符合法定条件的罪犯的原判刑罚予以适当减轻，即适度缩短自由刑的期限。

减刑与改判不同：改判是改正已经发生法律效力的在事实认定或者法律适用上确有错误的判决。改判必须依照审判监督程序进行，改判必定是改变原判决，其改判后的刑罚或者轻于原来的判决或者重于原来的判决。而减刑并不是以原来的判决有错误为前提，也不改变原判决，只是在承认原判决的基础上因刑罚执行中发生法定的事由而适当减轻原判刑罚，是一种刑罚执行制度。

二、减刑的适用条件

依据《刑法》第78条的规定，减刑有以下两个适用条件：

（一）对象条件

减刑适用于被判处管制、拘役、有期徒刑、无期徒刑的犯罪分子。

被判处拘役或者3年以下有期徒刑，并宣告缓刑的罪犯，一般不适用减刑。在缓刑考验期内有重大立功表现的，可以参照《刑

---

[1] 1997年修改《刑法》时，《刑事诉讼法》尚未修改，所以《刑法》对于减刑、假释程序要求作了原则性规定。

法》第78条的规定予以减刑,同时应当依法缩减其缓刑考验期。缩减后,拘役的缓刑考验期限不得少于2个月,有期徒刑的缓刑考验期限不得少于1年。

死刑缓期二年执行依法减为无期徒刑或者有期徒刑,实质上是减轻了刑罚,可以说是一种特殊减刑,但不是《刑法》第78条所规定的减刑。附加刑的减轻,例如,在死刑缓期二年执行或者无期徒刑减为有期徒刑的时候,应当把附加剥夺政治权利的期限改为3年以上10年以下,也是一种特殊的减刑,但也不是《刑法》第78条所规定的减刑。在有期徒刑罪犯减刑时,对附加剥夺政治权利的刑期可以酌减,但酌减后剥夺政治权利的期限,最短不得少于1年。

(二)实质条件

《刑法》第78条将减刑分为"可以减刑"和"应当减刑"两种情况。可以减刑,即具备一定条件时,人民法院可以裁定减刑;应当减刑,即有重大立功表现时,人民法院应当裁定减刑。所谓"可以",是指是否对罪犯减刑由法定机关自由裁量。所谓"应当",应理解为必须对有法定重大立功表现之一的罪犯予以减刑,有关监狱不向中级以上法院提出减刑建议书,有关中级人民法院不予以裁定减刑的,罪犯不仅有权提出申诉,更重要的是罪犯有权发动司法救济程序。但是,我国目前尚无这方面诉讼程序的规定,因此,罪犯的这一权利还缺乏有效的程序保障。因此,我国的减刑、假释制度是国家单方面对罪犯接受教育改造的奖励与鼓励,而不是罪犯应有的权利。

罪犯谢晨阳减刑案

1. 可以减刑的实质条件。在刑罚执行期间,犯罪人认真遵守监规,接受教育改造,并确有悔改表现的,或者有立功表现的,可以减刑。

罪犯付强不予减刑案

2016年9月19日通过的《最高人民法院关于办理减刑、假释案件具体应用法律的规定》第2条规定:"对于罪犯符合刑法第78条第1款规定'可以减刑'条件的案件,在办理时应当综合考察罪犯犯罪的性质和具体情节、社会危害程度、原判刑罚及生效裁判中财产性判项的履行情况、交付执行后的一贯表现等因素。"根据上述司法解释,"确有悔改表现"是指同时具备以下条件:①认罪悔罪;②遵守法律法规及监规,接受教育改造;③积极参加思想、文化、职业技术教育;④积极参加劳动,努力完成劳动任务。对职务犯罪、破坏金融管理秩序和金融诈骗犯罪、组织(领导、参加、包庇、纵容）黑社会性质组织犯罪等罪犯，不积极退赃、协助追缴赃款赃物、赔偿损失，或者服刑期间利用个人影响力和社会关系等不正当手段意图获得减刑、假释的，不认定其"确有悔改表现"。罪犯在刑罚执行期间的申诉权利应当依法保护，对其正当申诉不能不加分析地认为是不认罪悔罪的表现。

具有下列情形之一的，可以认定为有"立功表现"：①阻止他人实施犯罪活动的；②检举、揭发监狱内外犯罪活动，或者提供重要的破案线索，经查证属实的；③协助司法机关抓捕其他犯罪嫌疑人的；④在生产、科研中进行技术革新，成绩突出的；⑤在抗御自然灾害或者排除重大事故中，表现积极的；⑥对国家和社会有其他较大贡献的。第④项、第⑥项中的技术革新或者其他较大贡献应当由罪犯在刑罚执行期间独立或者为主完成，并经省级主管部门确认。

2. 应当减刑的实质条件。依据《刑法》第78条和2016年9月19日通过的《最高人民法院关于办理减刑、假释案件具体应用法律的规定》第5条，具有下列情形之一的，应当认定为有"重大立功表现"：①阻止他人实施重大犯罪活动的；②检举监狱内外重大犯罪活动，经查证属实的；③协助司法机关抓捕其他重大犯罪嫌疑人的；④有发明创造或者重大技术革新的；⑤在日常生产、生活中舍己救人的；⑥在抗御自然灾害或者排除重大事故中，有突出表现的；⑦对国家和社会有其他重大贡献的。第④项中的发明创造或者重大技术革新应当是罪犯在刑罚执行期间独立或者为主完成并经国家主管部门确认的发明专利，且不包括实用新型专利和外观设计专利；第⑦项中的其他重大贡献应当由罪犯在刑罚执行期间独立或者为主完成，并经国家主管部门确认。报请年满65周岁的老年罪犯、患严重疾病罪犯或者身体残疾罪犯减刑时，应当主要考察其认罪悔罪的实际表现。

罪犯梁刚减刑案

三、减刑的限度、幅度与间隔

减刑应当有一定的限度。减刑限度受到两方面的制约：一方面，减刑不能过多，否则违背罪刑相当原则，有害于刑罚的公正性，有损刑法的权威性和法院判决的严肃性，不利于刑罚一般预防目的的实现；另一方面，减刑也不能过少，否则刑罚个别化原则难以落实，罪犯得不到有效的鼓励，刑罚特殊预防的目的不易实现。

我国《刑法》第 78 条规定,减刑以后实际执行的刑期不能少于下列期限:①判处管制、拘役、有期徒刑的,不能少于原判刑期的 1/2;②判处无期徒刑的,不能少于 13 年;③人民法院依照《刑法》第 50 条第 2 款规定限制减刑的死刑缓期执行的犯罪分子,缓期执行期满后依法减为无期徒刑的,不能少于 25 年,缓期执行期满后依法减为 25 年有期徒刑的,不能少于 20 年。

减刑不仅有法定的限度,而且应有一定的幅度与间隔,包括从何时起可以减刑、一次可以减刑多少、间隔多长时间可以再次减刑。实践中,"减刑间隔时间"是指前一次减刑裁定送达之日起至本次减刑报请之日止的期间。确定减刑幅度与间隔的基本思路是:既要满足罪刑相当原则的需要,又要满足刑罚个别化的需要;既要有利于一般预防的实现,又要满足特殊预防的需要;既要有利于鼓励犯罪人积极接受教育改造,又要维护法律的权威性与判决的严肃性。

《最高人民法院关于办理减刑、假释案件具体应用法律的规定》

四、减刑后刑期的计算

减刑后刑期的计算,因刑种的不同而有所不同:①判处管制、拘役、有期徒刑的,减刑后的刑期从原判决执行之日起算,原判刑期已经执行的部分,计算在减刑后的刑期以内。②无期徒刑减为有期徒刑的刑期,从裁定减刑之日计算。已经执行的刑期和判决前先行羁押的日期,不计算在内。③无期徒刑减为有期徒刑以后,再次减刑的,其刑期的计算,应当从前次裁定减为有期徒刑之日起计算。④依法曾经被减刑,后因判决有误,经再审后改判的,原来的减刑依然有效,所减刑期,应从改判后的刑期中扣除。

第四节 假释

一、假释的概念和特征

假释,是指被判处剥夺自由刑的罪犯,在服刑一定时间后,按照一定程序被附条件提前释放的制度。假释是现代各国一项十分重要的刑罚制度。假释制度,最初被看成对罪犯的一种恩惠。随着教育刑思想的流行,世界各国的立法者、司法者以及理论工作者越来越认识到,刑法保卫社会的根本目的主要不是通过报应和威吓而是通过教育改造使罪犯重返社会，假释的意义主要就在于通过附条件地提前释放犯罪人这种优待措施鼓励犯罪分子悔过自新，及早重返社会。除此之外，假释还被看作减少监狱人口的有效措施。

在我国，假释是指被判处有期徒刑、无期徒刑的犯罪分子，在执行了一定刑期之后，确有悔改表现，不致再危害社会，而予以提前释放接受监督考察的一种刑罚适用制度。它具有以下基本特征：①罪犯被判处有期徒刑、无期徒刑的自由刑。假释的对象只限于被判处自由刑的罪犯，不包括被判处非自由刑的罪犯，这也是世界各国的通例。②执行了一定的刑期。附条件地从监禁中将罪犯提前释放，这是假释的最基本含义。如果罪犯未被监禁，也就谈不到假释问题，这也是世界各国的通例。③经过一定的程序。假释必须由特定的部门按照一定的程序予以批准，这也是世界各国的通例。有的国家由狱政部门或者专门的假释委员会批准，假释属于一种行政措施；有的国家由法院批准，假释属于一种司法措施。我国的假释制度属于后一种情况。为避免假释的错用和滥用，维护刑法的权威性和刑事判决的严肃性，依据《刑法》第79条和第82条的规定，对于犯罪分子的假释，由执行机关向中级以上法院提出减刑建议书。人民法院应当组成合议庭进行审理，对于符合假释条件的，裁定予以假释，非经法定程序不得假释。④假释附有一定的条件。假释不同于刑满释放之处就在于它被附以考验期和考验条件，假释是附条件地提前释放，暂不执行余刑，而不是刑罚执行的结束。"附条件"是指被假释的犯罪人，在一定期限内接受监督考察，符合一定的条件，即平安地度过考验期的，原判刑罚视为执行完毕，否则犯罪人仍需要承担原判刑罚没有执行完的部分。

假释不同于暂予监外执行：假释适用于执行了一定刑期、确有悔改表现、不致再危害社会的犯罪人，而暂予监外执行适用于因法定特殊情况不宜在监内执行的犯罪人；假释后如果没有遵守法定条件，余刑即原判刑罚没有执行完毕的部分仍需执行，所经过的考验期不计入原判刑期之内，而暂予监外执行的期间，均计入原判刑罚之内。

二、假释的适用条件

依照我国《刑法》第81条的规定，适用假释必须遵守以下条件：

(一) 对象条件

假释的对象是被判处有期徒刑、无期徒刑的犯罪分子，但是对累犯以及因故意杀人、强奸、抢劫、绑架、放火、爆炸、投放危险物质或者有组织的暴力性犯罪被判处10年以上有期徒刑和无期徒刑的犯罪分子不得假释。[1]

假释是就自由刑而言的，我国《刑法》规定的自由刑有管制、拘役、有期徒刑、无期徒刑四种，管制属于限制人身自由而不是剥夺人身自由，无所谓监禁与假释问题；拘役属于剥夺人身自由的刑种，但是刑期短，适用假释实际意义不大。因此，我国《刑法》规定适用假释的对象是被判处有期徒刑、无期徒刑的罪犯。但是累犯以及严重的暴力性犯罪分子人身危险性极大，教育改造难度大，如果将其提前释放到社会上，具有相当的危险性。因此，1997年《刑法》特别规定，不仅对于累犯，而且对于因故意杀人、强奸、抢劫、绑架、放火、爆炸、投放危险物质或者有组织的暴力性犯罪被判处10年以上有期徒刑、无期徒刑的犯罪分子，不得假释。

因故意杀人、强奸、抢劫、绑架、放火、爆炸、投放危险物质或者有组织的暴力性犯罪被判处10年以上有期徒刑、无期徒刑的犯罪人，不得假释。对于这一规定，应当注意以下几点：①理论上，故意杀人、强奸、抢劫、绑架、放火、爆炸、投放危险物质的犯罪可以解释为暴力犯罪，这几种暴力犯罪应当解释为具体的犯罪行为，而不是具体的罪名。②对有组织的"暴力性犯罪"除了上述列举的几种犯罪行为外，还包括其他对人身行使有形强制力的犯罪，如故意伤害、武装叛乱、武装暴乱、劫持航空器等。③实施了上述故意杀人等暴力性犯罪行为，并且被判处10年以上有期徒刑、无期徒刑的犯罪人，不得假释；被判处的刑罚低于10年有期徒刑的，仍然可以假释。④对于上述被判处10年以上有期徒刑、无期徒刑的暴力性犯罪人，即使减刑后其刑期低于10年有期徒刑，也不得假释。

《最高人民法院关于办理减刑、假释案件具体应用法律的规定》第27条规定，对于生效裁判中有财产性判项，罪犯确有履行

---

[1] 按照这一规定，自然而然地得出结论：因上述情形和犯罪被判处死刑缓期执行的罪犯，被减为无期徒刑、有期徒刑后，也不得假释。这也是《最高人民法院关于办理减刑、假释案件具体应用法律的规定》第25条第2款的规定。

能力而不履行或者不全部履行的，不予假释。这是司法解释对于假释对象条件设立的新的禁止性规定。该司法解释第 30 条规定，依照《刑法》第 86 条规定被撤销假释的罪犯，一般不得再假释。但依照该条第 2 款被撤销假释的罪犯，如果罪犯对漏罪曾作如实供述但原判未予认定，或者漏罪系其自首，符合假释条件的，可以再假释。这是司法解释对于假释对象条件设立的新的限制性规定。被撤销假释的罪犯，收监后符合减刑条件的，可以减刑，但减刑起始时间自收监之日起计算。

（二）时间条件

假释只适用于已经执行了部分刑罚的犯罪分子。被判处有期徒刑的犯罪分子，执行原判刑期 1/2 以上，被判处无期徒刑的犯罪分子实际执行 13 年以上。如果有特殊情况，经最高人民法院核准，可以不受上述执行刑期的限制。所谓特殊情况，是指有国家政治、国防、外交等方面特殊需要的情况。

被判处无期徒刑的犯罪是严重的犯罪；被判处有期徒刑的犯罪，一般是比较严重的犯罪，犯罪人往往具有较重的人身危险性。因此，对被判处有期徒刑、无期徒刑的犯罪分子必须执行一定的刑期，对犯罪分子进行教育改造，以消除其人身危险性，同时这也是罪刑相当原则、实现一般预防的刑罚目的以及公平报应观念的要求。我国《刑法》规定，被判处有期徒刑的犯罪分子，执行原判刑期 1/2 以上，被判处无期徒刑的犯罪分子实际执行 13 年以上。表明立法者认为被判处有期徒刑的犯罪分子需要执行原判刑期 1/2 以上，被判处无期徒刑的犯罪分子实际执行 13 年以上，方可保证犯罪的社会危害性和犯罪分子的人身危险性消失。只有在特殊情况下，方可不受上述执行刑期的限制，但是 1997 年修订后的《刑法》在程序上作了特别规定，即需要最高人民法院核准。

（三）实质条件

适用假释的实质条件是：犯罪分子认真遵守监规，接受教育改造，确有悔改表现，没有再犯罪的危险。也就是说，假释适用于没有人身危险性的犯罪分子。

所谓"没有再犯罪的危险"，是指犯罪分子不再具有实施犯罪危害社会的可能性。在 1979 年《刑法》、1997 年《刑法》中"没有再犯罪的危险"称之为"不致再危害社会"，即犯罪分子的人身危险性消失，这是适用假释的裁量性准许条件。2016 年 9 月 19 日通过的《最高人民法院关于办理减刑、假释案件具体应用法律的规定》第 22 条规定，办理假释案件，认定"没有再犯罪的危险"，除符合《刑法》第 81 条规定的情形外，还应当根据犯罪的具体情节、原判刑罚情况，在刑罚执行中的一贯表现，罪犯的年龄、身体状况、性格特征，假释后生活来源以及监管条件等因素综合考虑。

罪犯管钦志不予假释案

《刑法》第 81 条第 3 款规定："对犯罪分子决定假释时，应当考虑其假释后对所居住社区的影响。"依据这一规定，假释犯罪人对其所居住社区有重大不良影响，不能对该犯罪人决定适用假释。

三、假释的考验期、附加条件以及监督考察

对假释规定一定的考验期间，既是对犯罪分子的一种威慑，也是对他的一种保护，如果假释考验没有时间的限制或者考验期限过长，对被假释者来说是不公正的。《刑法》第 83 条规定："有期徒刑的假释考验期限，为没有执行完毕的刑期；无期徒刑的假释考验期限为 10 年。假释考验期限，从假释之日起计算。"关于假释的考验期限，各国刑法规定并不相同。我国刑法以没有执行完毕的刑期作为有期徒刑的假释考验期限，以 10 年作为无期徒刑的假释考验期限，是较为适宜的。假释考验期限，从犯罪分子被假释之日起开始计算。所谓假释之日，是指人民法院依法裁定对罪犯予以假释之日。

假释的附加条件以及考验期内的监督考察与缓刑完全相同，不再赘述。但是需要注意的是：如果被假释者平安地度过假释考验期，即假释考验期内未再犯新罪或者出现其他撤销假释的法定事由，就认为原判刑罚已经执行完毕，并公开予以宣告。"原判刑罚已经执行完毕"，等同于犯罪分子服刑完毕，意味着原判刑罚执行完毕，意味着刑罚权的消灭，但是并不意味着原判刑罚失去效力。因此，被宣告假释者在假释考验期满后再犯罪的，可能构成累犯。"原判刑罚已经执行完毕"与"原判的刑罚就不再执行"明显不同，这决定了假释与缓刑积极法律后果的差异。

四、假释的撤销

假释是附条件地提前释放受刑人，被假释者在假释考验期内违背法定考验条件的，将被撤销假释，产生不利于被假释者的消极法律后果。1979 年《刑法》只规定了在假释考验期内犯新罪撤销假

释的情形，1997年《刑法》又增加了两种撤销假释的情形。这样，在以下三种情况下应当撤销假释：

1. 假释考验期内再犯新罪。被假释的犯罪分子，在假释考验期内再犯新罪的，应当撤销假释，并依法实行数罪并罚。这里所说的"新罪"，包括故意犯罪，也包括过失犯罪；包括严重的犯罪，也包括较轻的犯罪。已经经过的假释考验期，与自由刑本身性质不同，不能折抵刑期。被假释的犯罪分子，在假释考验期内再犯新罪，假释考验期满以后才发现的，只要没有超过追诉时效，也应当撤销假释，并依法实行数罪并罚。

2. 假释考验期内发现被假释的犯罪分子在判决宣告以前还有其他罪没有判决。判决宣告以前其他没有判决的犯罪，习惯上称为"漏罪"。犯罪分子在假释前隐瞒了其他犯罪，表明其悔罪表现并不完全真实可靠，不符合适用假释的条件，在这种情况下，应当撤销假释，依法实行数罪并罚。

第十五章
问题与思考

3. 假释考验期内，被假释的犯罪分子违反法律、行政法规或者国务院有关部门关于假释的监督管理规定，尚未构成犯罪的，应依照法定程序撤销假释，收监执行未执行完毕的刑罚。假释的这一撤销理由，与缓刑相比，没有"情节严重"的限制，因此对被假释者的要求更高。

第十五章
课后练习题

第十六章 刑罚消灭

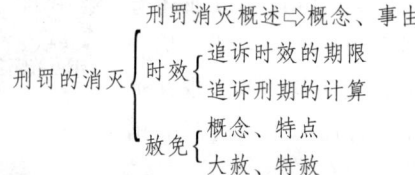

第一节 刑罚消灭概述

一、刑罚消灭的概念与特征

刑罚消灭，是指由于出现了法定的或者事实的原因，致使司法机关不能对具体的犯罪人行使刑罚权。

刑罚消灭具有以下主要特征：

（一）刑罚消灭以行为构成犯罪为前提

刑罚消灭以行为人的行为构成犯罪为前提。因为刑罚消灭以应当适用刑罚或者正在执行刑罚为前提，应当适用或者正在执行刑罚又以行为构成犯罪为前提，所以，刑罚消灭事实上以行为构成犯罪为前提。在行为不构成犯罪的情况下，没有讨论刑罚消灭问题的余地。

（二）刑罚消灭是具体刑罚权的消灭

刑罚消灭意味着司法机关不能对实施犯罪的犯罪人行使具体的刑罚惩罚权，而不是国家的抽象意义的刑罚权归于消灭，不是说国家永远不能惩罚犯罪。刑罚权包括制刑权、求刑权、量刑权与行刑权。制刑权只能由立法机关行使，刑罚消灭与制刑权无关，这里的刑罚消灭只是导致司法机关不能对具体的犯罪人行使求刑权、量刑权与行刑权。

（三）刑罚消灭以一定的事由为根据

刑罚消灭必须基于一定的事由，是由一定的事由引起的，刑罚的消灭以一定的事由为根据：①法定事由，如超过追诉时效、赦免。在超过追诉时效的情况下，虽然司法机关事实上可能行使刑罚权，但法律规定不得行使刑罚权。②事实事由，由于特定事实的出现而导致刑罚消灭，如犯罪嫌疑人、被告人死亡，在这种情况下，法律规定（《刑事诉讼法》第15条）不再追诉。

二、刑罚消灭的事由

刑罚消灭事由，包括使求刑权、量刑权与行刑权消灭的事由，其中有些事由兼有双重或者三重事由的性质。概括起来，刑罚消灭事由有：①超过追诉时效的；②经特赦令免除刑罚的；③告诉才处理的犯罪，没有告诉或者撤回告诉的；④犯罪嫌疑人、被告人死亡的；⑤其他法定事由，包括刑罚执行完毕、缓刑考验期满、假释考验期满等。

对于告诉才处理的犯罪来说，如果被害人没有告诉或者告诉后在判决确定以前撤回告诉的，导致刑罚消灭。在犯罪嫌疑人、被告人死亡后，司法机关难以行使刑罚权，也导致刑罚消灭。其他法定事由，如被判处罚金的犯罪人由于遭遇不能抗拒的灾祸缴纳确实有困难而免除缴纳罚金的，此即罚金执行权的消灭。一般认为，刑罚执行完毕、缓刑考验期满、假释考验期满也是刑罚消灭事由。

第二节　时效

一、时效概述

国家惩罚某一特定具体犯罪行为的权力在一定的期间内有效，超过一定时间期限的，刑罚权消灭，不能再追究犯罪人的刑事责任。

时效区分为追诉时效与行刑时效，我国刑法规定了追诉时效制度，没有规定行刑时效。

追诉时效是刑法规定的追诉犯罪人的有效期限。在追诉时效期限内，司法机关有权追诉犯罪人以追究其刑事责任；超过了追诉时效期限的，司法机关就不能再启动追诉程序进而完成刑事责任的追究。换言之，犯罪没有经过时效期限，即追诉时效还在进行中的，司法机关有权追究犯罪人的刑事责任，进而惩罚犯罪人；反之，犯罪经过了追诉时效期限，追诉权消灭，司法机关就不能再启动追诉程序以追究犯罪人的刑事责任，行刑权自然也就消失。所以，追诉时效期限届满是导致刑罚消灭的法定事由之一。

追诉时效制度是为了更有效地实现预防犯罪的刑罚目的，同时体现了惩办与宽大相结合的刑事政策，主要是"历史从宽、现行从严"的刑事政策，从而可以促使司法机关及时地惩罚犯罪，有利于司法机关集中精力惩治现行犯罪活动，有利于犯罪行为人悔罪自新，有利于维护社会秩序的稳定。

行刑时效，是指刑法规定的对被判处刑罚的人执行刑罚的有效期限。在此期限内，司法机关有权执行刑罚；超过了此期限，司法机关就不能执行刑罚。因此，超过行刑时效，意味着在作出了罪刑宣告后也不能行使行刑权。传统观念上，任何被判处刑罚的犯罪人都不能逃避法律的惩罚，所以我国刑法没有规定行刑时效。

二、追诉时效的期限

根据《刑法》第87条的规定，犯罪经过下列期限不再追诉：①法定最高刑为不满5年有期徒刑的，经过5年。②法定最高刑为5年以上不满10年有期徒刑的，经过10年。③法定最高刑为10年以上有期徒刑的，经过15年。④法定最高刑为无期徒刑、死刑的，经过20年；如果20年以后认为必须追诉的，须报请最高人民检察院核准。本条关于"追诉时效期限"的规定明确了以下三点：一是5年、10年、15年、20年的追诉期限，这也是追诉时效制度最为明确和具体的内容；二是与追诉期限正相关的"法定最高刑"概念，后来有关司法解释将其进一步明确为法定刑量刑幅度的最高刑；三是"犯罪因为经过刑法规定的时效期限而不再追诉"的追诉时效规则。

刑法规定的追诉时效期限的长短，与犯罪行为的社会危害程度密切相关，而社会危害性的显性指标是法定刑和应当判处的刑罚的轻重。社会危害程度低，法定刑和应当判处的刑罚以及实际上判处的刑罚也就会轻，追诉时效期限也就应当短；反之，社会危害程度高，法定刑和应当判处以及实际上判处的刑罚也就会重，追诉时效期限也就应当相应地更长。这也是罪刑相适应原则的直接体现。依据《刑事诉讼法》，是否起诉由检察机关审查决定，判处多重的刑罚由法院依法裁决。司法实践中，在决定是否追诉的时候，公安、检察机关不可能掌握刑事案件影响量刑的所有重要情节，在尚没有也不可能进行审判的情况下，以应当判处的刑罚为标准操作性太差，容易导致追诉与否的随意性。所以，追诉时效期限以法定最高刑为标准，而不是以实际应当判处的刑罚为标准，具有合理性。以法定最高刑为标准，是指根据犯罪事实、性质、情节初步判定应当适用的刑法条款及其相应的量刑幅度，对应法定最高刑确定追诉期限。具体来说，犯罪所触犯的刑法分则条文只规定了单一的量刑幅度的，按本条文的法定最高刑确定追诉期限；刑法分则条文有几个量刑幅度的，则以与犯罪相适应的量刑幅度的最高刑为标准确定追诉期限。

"追诉"的含义以及追诉时效的暂停与重启

法定最高刑为无期徒刑、死刑，20年以后认为必须追诉的，须报请最高人民检察院核准。"认为必须追诉的"犯罪，是那些社会危害性特别严重，犯罪人的人身危险性严重，当时造成了很大的社会影响，经过20年以后仍没有完全消失而仍然存在的犯罪。这里包括两个条件：①确定性条件，即法定最高刑为无期徒刑、死刑，法定最高刑是指与罪行相应的量刑幅度的最高刑，而不是指被告人实际可以判处的刑罚；②裁量性条件，即"认为必须追诉"。一般来说，故意伤害、抢劫、故意杀人而且致人死亡的严重暴力犯罪，是"必须追诉"的犯罪，但是，由于邻里家庭纠纷而引发，或者是被害人有明显过错，不会判处无期徒刑以上刑罚的刑事案件，不应当追诉。对于犯罪性质并非十分恶劣，社会危害性和影响已基本消除的，最高人民检察院一般不核准追诉。一般来说，犯罪人认罪、悔罪并已赔偿经济损失，被害人谅解或者被害人家属表示不再要求追究犯罪人责任的，属于社会危害性和影响已基本消除。犯罪曾经引起当地群众恐慌的，经过20年以后，被害人及其家属依然反映强烈，犯罪当地群众较为关注的，可以说是社会危害性和影响尚未消除。

最高人民检察院核准追诉的意义主要是为公诉而不是为立案侦查提供依据。所以，公安、安全等侦查机关"认为必须追诉的"，可以先于报请核准程序的启动而独立地展开立案侦查活动，人民检

追诉时效的两个公告

察院认为不是必须追诉的,可以要求公安机关撤销立案并不批准逮捕请求;人民检察院"认为必须追诉的",应当逐级报请最高人民检察院核准追诉。最高人民检察院依法审查是否需要核准追诉,最高人民检察院核准追诉之前,不得对犯罪行为人进行起诉和审判。司法实践中,对于法定最高刑为无期徒刑、死刑,犯罪经过20年以后,认为不必要追诉的,也必须层报最高人民检察院批准,所以,侦查机关"认为必须追诉的"完全可以先于报请核准程序立案侦查。

三、追诉期限的计算

根据《刑法》第88、89条的规定,追诉期限的计算有四种情况:

(一)追诉期限的一般计算标准

依据《刑法》第89条第1款的规定,计算追诉期限的一般标准是"追诉期限从犯罪之日起计算"。"犯罪之日"应是犯罪成立之日,即行为依法构成犯罪之日。由于刑法对各种犯罪规定的构成要件不同,因而认定犯罪成立的标准也就不同。对不以危害结果为要件的犯罪而言,实行行为完成之日即是犯罪之日;对以危害结果为要件的犯罪而言,危害结果发生之日,才是犯罪之日。例如,过失致人死亡罪、过失致人重伤罪、玩忽职守罪等过失犯罪,以危害结果为构成要素,所以,结果发生之日即犯罪成立之日,追诉期限从犯罪之日起计算。[1]对于工程重大安全事故罪等过失犯罪来说,在工程质量设计寿命期限范围内发生危害结果的,危害结果可以归责于行为人的行为,即使危害结果与实行行为之间实际上可能已经超过20年,也在所不问;超出上述期限,行为人无违反国家规定行为的,不负刑事责任。

(二)连续或继续犯罪追诉期限的计算

依据《刑法》第89条第1款的规定,"犯罪行为有连续或者继续状态的,从犯罪行为终了之日起计算"。犯罪行为有连续状态的,属于连续犯;犯罪行为有继续状态的,属于继续犯或持续犯。同样的道理,对于以"多次"为犯罪成立条件的犯罪(多次犯)来说,

---

[1] 例如,2003年11月13日最高人民法院在《全国法院审理经济犯罪案件工作座谈会纪要》中指出:玩忽职守行为造成的重大损失当时没有发生,而是玩忽职守行为之后一定时间发生的,应从危害结果发生之日起计算玩忽职守罪的追诉期限。

例如多次盗窃、抢夺、敲诈勒索等犯罪，追诉时效从最后一次违法行为完成之日起计算。对于惯犯的追诉期限的计算，刑法没有明文规定，但从刑法规定的精神以及惯犯与连续犯的关系来看，对于惯犯的追诉期限，也应从最后一次犯罪行为终了之日起计算。

（三）追诉时效的延长

追诉时效的延长，是指在追诉时效的进行期间，因为发生法律规定的事由而使追诉时效停止计算。我国刑法规定了两种追诉时效延长的情况：

1. 《刑法》第88条第1款规定："在人民检察院、公安机关、国家安全机关立案侦查或者在人民法院受理案件以后，逃避侦查或者审判的，不受追诉期限的限制。"据此，这种时效延长的情况必须具备两个条件：①被人民检察院、公安机关、国家安全机关立案侦查或者人民法院受理了的案件；②犯罪行为人逃避侦查或者审判。

逃避侦查或者审判，主要是指行为人在犯罪被立案侦查或者审判之后潜逃、隐藏，致使司法机关不能传讯或者采取强制措施。犯罪人犯罪之后，始终居住于原来居住的地方，或者正常外出打工、经商，没有隐姓埋名，也没有隐瞒新居住地的，不属于逃避侦查或者审判。《刑法》第88条第1款将两个条件并列规定，意味着立案时或者立案后司法机关已经将行为人列为犯罪嫌疑人、被告人而对其采取了调查、传讯、拘留乃至逮捕等强制措施，并且犯罪行为人也已经知道自己成为犯罪嫌疑人而被立案侦查，或者知道自己成为自诉案件刑事被告人，否则，无所谓逃避侦查或者审判，而且审判本身就意味着犯罪行为人已经成为被告人。所以，刑事案件发生之后，虽然侦查机关依法立案，但是立案当时或者之后的很长时间没有明确、具体的犯罪嫌疑人的，即司法机关不知道何许人是犯罪嫌疑人、被告人的，也就是说，立案是"对事"（针对犯罪事实）而没有"对人"（针对具体明确之犯罪嫌疑人）的，本条文关于追诉时效延长的规定不能适用。

"立案"的含义

2. 《刑法》第88条第2款规定："被害人在追诉期限内提出控告，人民法院、人民检察院、公安机关应当立案而不予立案的，不受追诉期限的限制。"因此，被害人在追诉期限内提出控告，符合立案条件而应当立案的，不管司法机关出于何种原因没有立案，不论行为人是否逃避侦查或者审判，不论经过多长时间，在任何时候都可以追诉。

《刑法》第88条第1款与第2款的差异

（四）追诉时效的中断

追诉时效的中断，是指在时效进行期间，因发生法律规定的事由，而使以前所经过的时效期间归于无效，追诉时效期限重新开始计算。法律规定的事由，是犯罪之后又重新犯罪。行为人实施了某种犯罪之后又重新犯罪，就说明他没有悔改，反映了其人身危险性并没有消失，追诉时效需要从犯后罪之日起重新计算。这是刑法规定追诉时效中断的立法理由。

《刑法》第89条第2款规定："在追诉期限以内又犯罪的，前罪追诉的期限从犯后罪之日起计算。"即在追诉期限以内又犯罪的，前罪的追诉时效便中断，其追诉时效从后罪成立之日起重新计算。

第三节　赦免

赦免是政府宣告对犯罪人免除其罪、免除其刑的一种法律制度，包括大赦与特赦。赦免导致刑罚权消灭。

大赦，通常是指国家对某一时期内犯有一定罪行的不特定的众多犯罪人免予追诉和免除刑罚执行的制度。大赦的对象既可能是国家某一时期的各种犯罪人，也可能是某一地区的全体犯罪人，还可能是某一类或者某一事件的全体犯罪人。大赦的效果涉及罪与刑两方面，既赦免罪，也赦免刑，罪与刑同时免除。

特赦的八次适用及其特点

特赦，一般是指国家对较为特定的犯罪人免除执行全部或者部分刑罚的制度。特赦的对象是较为特定的犯罪人；特赦的效果只是免除刑罚执行，不免除有罪宣告。

我国1954年制定的《宪法》规定有大赦和特赦，现在已经取消了大赦制度。现行《宪法》规定的特赦，由全国人大常委会决定，由国家主席发布特赦令。因此，《刑法》第65、66条所指的赦免应仅限于特赦。根据《刑事诉讼法》第15条的规定，"经特赦令免除刑罚的"是刑罚消灭的事由。

第十六章 问题与思考

赦免是对犯罪人的一种宽容，具有感化功能，有助于缓和社会矛盾和冲突，有利于社会的和谐与稳定。国外理论一般认为，赦免属于政府的行政权力，具有行政调节司法刚性的功能。但是，赦免适用不当也会对法律的稳定性和严肃性以及司法的权威性造成负面影响。因此，许多国家虽然有大赦的规定，但很少适用，对特赦的适用也比较谨慎。

第十六章 课后练习题

法学 e 系列教材

书　名	作　者
法理学	赵雪纲
宪法学	姚国建
行政法学	王敬波
行政诉讼法学	张　锋
中国法制史	马志冰
民法总论	姚新华
物权法	刘智慧
债法总论	费安玲
合同法	朱晓娟
侵权责任法	寇广萍
知识产权法	周长玲
公司法学	吴景明等
证券法	王光进
经济法学	薛克鹏　张钦昱
金融法学	魏敬淼
竞争法学	刘继峰　刘　丹
刑法学总论	曲新久
刑法学分论	阮齐林
民事诉讼法学	杨秀清
刑事诉讼法学	卫跃宁
国际法	马呈元
国际私法	刘　力
国际经济法	张丽英